Vor den Toren der Europäischen Union

Kristine Müller

Vor den Toren der Europäischen Union

Handlungsorientierungen
ökonomischer Akteure an
der östlichen EU-Außengrenze

Kristine Müller
Berlin, Deutschland

Zgl. Dissertation an der Universität Potsdam, 2012

ISBN 978-3-658-00909-0   ISBN 978-3-658-00910-6 (eBook)
DOI 10.1007/978-3-658-00910-6

Die Deutsche Nationalbibliothek verzeichnet diese Publikation in der Deutschen Nationalbibliografie; detaillierte bibliografische Daten sind im Internet über http://dnb.d-nb.de abrufbar.

Springer VS
© Springer Fachmedien Wiesbaden 2013
Das Werk einschließlich aller seiner Teile ist urheberrechtlich geschützt. Jede Verwertung, die nicht ausdrücklich vom Urheberrechtsgesetz zugelassen ist, bedarf der vorherigen Zustimmung des Verlags. Das gilt insbesondere für Vervielfältigungen, Bearbeitungen, Übersetzungen, Mikroverfilmungen und die Einspeicherung und Verarbeitung in elektronischen Systemen.

Die Wiedergabe von Gebrauchsnamen, Handelsnamen, Warenbezeichnungen usw. in diesem Werk berechtigt auch ohne besondere Kennzeichnung nicht zu der Annahme, dass solche Namen im Sinne der Warenzeichen- und Markenschutz-Gesetzgebung als frei zu betrachten wären und daher von jedermann benutzt werden dürften.

Gedruckt auf säurefreiem und chlorfrei gebleichtem Papier

Springer VS ist eine Marke von Springer DE. Springer DE ist Teil der Fachverlagsgruppe Springer Science+Business Media.
www.springer-vs.de

Danksagung

Zur Entstehung dieser Dissertationspublikation wurde in verschiedenen Phasen von vielen Seiten beigetragen. In erster Linie danke ich meinem Betreuer Hans-Joachim Bürkner, der die Anfertigung der Arbeit mit wertvollen Hinweisen, Motivation und Unterstützung begleitet hat. Neben ihm haben auch James W. Scott und Wilfried Heller als Gutachter mit ihren vielseitigen Einschätzungen und anregenden Kommentaren wesentlich zur Vollendung dieser Arbeit beigetragen.

Mein großer Dank gilt den Kolleginnen und Kollegen am Leibniz-Institut für Regionalentwicklung und Strukturplanung in Erkner (IRS), welches mir im gesamten Zeitraum der Dissertation weit mehr als ein Arbeitsort war. Die zahlreichen Gespräche und wissenschaftlichen Diskussionen, der vertrauensvolle und unterstützende Beistand in der Abteilung „Dynamiken von Wirtschaftsräumen" und nicht zuletzt der intensive Austausch und Zusammenhalt im Doktorandenkolloquium des IRS trugen in vielfältiger Weise zur Bearbeitung meines Forschungsvorhabens bei. Ein ganz besonderer Dank gilt dem IRS für die Gewährung einer Abschlussförderung und eines Arbeitsplatzes in den letzten Monaten der Ausarbeitung der Dissertation sowie für die finanzielle Unterstützung zur Erstellung dieser Publikation.

Die Bearbeitung dieses Forschungsvorhabens wäre undenkbar gewesen ohne die vielseitigen Anregungen und Unterstützungen im Rahmen des Projektes „Geographie(n) an den Rändern des europäischen Projekts". Ich danke vor allem meinen Projektpartner/inne/n am Leibniz-Institut für Länderkunde in Leipzig für ihre Unterstützung und Inspiration im Rahmen der gemeinsamen Grenzforschung. Aber auch vielen Personen an den Orten der Feldforschung an der finnisch-russischen sowie polnisch-ukrainischen Grenze möchte ich hiermit meinen herzlichsten Dank aussprechen für ihre unverzichtbaren Auskünfte und Hilfestellungen.

Für die wertvollen inhaltlichen Anregungen und Korrekturhinweise bei der Fertigstellung der Arbeit danke ich Judith Miggelbrink, Bettina Bruns, Kirsten Kunkel, Bianca Lüpke und meiner Mutter Heike Müller. Danken möchte ich auch Matthias Naumann, der mir in der letzten Bearbeitungsphase als Büronachbar mit seinen motivierenden und konstruktiven Hinweisen zur Seite stand. Und schließlich gilt mein Dank meinen Freunden und Verwandten, deren geduldiger Beistand und erholsame Ablenkungen den Weg zum Abschluss der Arbeit um vieles leichter gemacht haben.

Inhaltsverzeichnis

Abkürzungsverzeichnis 11
Abbildungsverzeichnis 13

1 **Einleitung** 15
   1.1   Eine neue Berliner Mauer? 15
   1.2   Politische Grenzen als Gegenstand der Sozialgeographie 17
   1.3   Das Forschungsvorhaben 21
   1.4   Der Aufbau des Buches 26

2 **Handlungsorientierungen an territorialen Grenzen** 29
   2.1   Politisch-territoriale Grenzen als Mittel der Verortung 29
      2.1.1   Ordnung und Territorialisierung durch politische Grenzen 30
      2.1.2   Sozialräumliche Verortung durch Grenzen 32
      2.1.3   Eine temporäre Ordnung? Die Institution Grenze im Gebrauch 34
      2.1.4   Schlussfolgerung 36
   2.2   Die Akteursebene: ein praxistheoretischer Zugang 37
      2.2.1   Warum Praxistheorie? Das Problem mit ‚Handlung und Sinn'. 37
      2.2.2   Grundannahmen eines praxistheoretischen Zugangs 42
      2.2.3   Schlussfolgerung 47
   2.3   Differenzierung in der Praxis: die Aushandlung der Verortung 48
      2.3.1   Praktiken und Differenzierungsprozesse 48
      2.3.2   Aushandlungen der räumlichen Ordnung 49
      2.3.3   Schlussfolgerung 50
   2.4   Kollektive Handlungsorientierungen in der und für die Praxis (an) der Grenze 51
      2.4.1   Zusammenfassung des theoretischen Konzepts 51
      2.4.2   Anforderungen an die Empirie 53

3 Der Forschungsansatz: Empirie an der Außengrenze ... 55
- 3.1 Methodologische Entscheidungen ... 55
  - 3.1.1 Welcher Zugang zum Feld? ... 55
  - 3.1.2 Gruppendiskussionen als Kern des Forschungsdesigns ... 57
  - 3.1.3 Kontextualisierung durch Interviews und Beobachtungen ... 60
  - 3.1.4 Die dokumentarische Methode ... 64
  - 3.1.5 Die Typenbildung als eine Frage des Vergleichs ... 67
  - 3.1.6 Zusammenfassung des Untersuchungsdesigns ... 69
- 3.2 Empirische Forschungen am östlichen Rand der EU: die Umsetzung ... 70
  - 3.2.1 Die Gruppendiskussionen in der Praxis ... 70
  - 3.2.2 Die Durchführung von Experteninterviews ... 78
  - 3.2.3 Beobachtungen im Feld ... 79
- 3.3 Zur Auswertung ... 80
  - 3.3.1 Die Aufbereitung des Materials: Transkription und Übersetzung ... 80
  - 3.3.2 Rekonstruktion und Typenbildung ... 82
- 3.4 Schlussfolgerung ... 85

4 Die Außengrenze der Europäischen Union als Zugangsfilter ... 87
- 4.1 Die Europäische Union als Akteur der Grenzziehung ... 87
  - 4.1.1 Europäisierung und EU-isierung: wachsende innere Integration ... 88
  - 4.1.2 Das Schengener Abkommen: Öffnungen und Schließungen ... 89
  - 4.1.3 Der Schengen-Raum: Territorialisierung einer fragilen Staatlichkeit ... 92
- 4.2 Kontrollierte Inklusion und Exklusion: die Verortungsmechanismen der EU ... 93
  - 4.2.1 Versicherheitlichung und Kontrolle ... 93
  - 4.2.2 ‚Smart border' – oder die legitimierte Selektivität ... 95
  - 4.2.3 Grenzmanagement – Homogenisierung – FRONTEX ... 97
- 4.3 Regulierungen der Einreise in die Europäische Union ... 98
  - 4.3.1 Die Einreise in die EU – ein mehrstufiges Verfahren ... 99

4.3.2	Visavergabe für Drittstaatenangehörige	102
4.3.3	Kontrollen an den Außengrenzen	104
4.3.4	Vereinheitlichung der Zollkontrollen	108
4.4	Schlussfolgerungen	110

5 Die Handlungskontexte an den Fallstudienorten ... 113

5.1	Von der einfachen Staatsgrenze zur EU-Außengrenze	113
5.1.1	Im Wandel der Grenzfunktionen: die polnisch-ukrainische Grenze	113
5.1.2	Alte und neue Abgrenzungen: die finnisch-russische Grenze	118
5.2	Lokale Handlungskontexte der Akteure	122
5.2.1	Handlungskontexte im Lvivsker Bezirk der Ukraine	122
5.2.2	Handlungsbedingungen im russischen Karelien	127
5.3	Die lokale Umsetzung des EU-Grenzregimes	133
5.3.1	Eine neue EU-Außengrenze: die polnisch-ukrainische Grenze	133
5.3.2	Grenzregulierungspraxis zwischen Finnland und Russland	142
5.4	Schlussfolgerung	151

6 Handlungsorientierungen an der östlichen EU-Außengrenze ... 153

6.1	Handlungsmöglichkeiten im Diskurs: vier Gruppendiskussionen	153
6.1.1	Fallbeschreibung 1 – Ukrainische Kleinhändler	154
6.1.2	Fallbeschreibung 2 – Ukrainische Unternehmer/innen	162
6.1.3	Fallbeschreibung 3 – Russische Kleinhändler	171
6.1.4	Fallbeschreibung 4 – Russische Unternehmer/innen	180
6.2	Vergleichende Auswertung und Typengenerierung	188
6.2.1	Die Vergleichshorizonte	188
6.2.2	Die Generierung von Typen grenzbezogener Praxis	191
6.3	Typen der Handlungsorientierung an der EU-Außengrenze	192
6.3.1	Typ 1 ‚Ohne Grenze geht es nicht'	193
6.3.2	Typ 2 ‚Die Zeiten sind vorbei'	196
6.3.3	Typ 3 ‚Das Handschuhfach halb voll mit Briefen'	199
6.3.4	Typ 4 ‚In der Tat ist diese Grenznähe letztlich ziemlich gut'	201

6.4		Verortungswirkungen der EU-Außengrenze	203
	6.4.1	Handlungsmöglichkeiten: Mittel der Aushandlung der Verortung	204
	6.4.2	Verdrängung ins Abseits. Differenzierte Verortungswirkung der Grenze	205
	6.4.3	Verortung im Prozess	207

7 Grenzziehung und Differenzierung – Fazit und Ausblick ... 209

7.1	Differenzierte Handlungsorientierungen an der EU-Außengrenze	209
7.2	Ein Zugang zur Handlungspraxis. Reflexion des Forschungszugangs	211
7.3	Lessons learned?	213
7.4	Weiterer Forschungsbedarf und Ausblick	215

Literatur ... 217

Dokumente der Europäischen Union und Nationalstaaten ... 231

Abkürzungsverzeichnis

BIP	Bruttoinlandsprodukt
EG	Europäische Gemeinschaft
EGKS	Europäische Gemeinschaft für Kohle und Stahl
ENP	Europäische Nachbarschaftspolitik
EU	Europäische Union
EWG	Europäische Wirtschaftsgemeinschaft
FI	Finnland
FRONTEX	European Agency for the Management of Operational Cooperation at the External Borders of the Member States of the European Union
GKI	Gemeinsame Konsularische Instruktion
IfL	Leibniz-Institut für Länderkunde
INTERREG	Initiative der grenzübergreifenden Zusammenarbeit in der Europäischen Union
IRS	Leibniz-Institut für Regionalentwicklung und Strukturplanung
KETI	Beratungszentrum für grenzüberschreitende Kooperation, Tohmajärvi (FI)
PHARE	Poland and Hungary: Aid for Restructuring of the Economies
PL	Polen
PKWN	Kommunistisches Polnisches Komitee der Nationalen Befreiung
RU	Russland
SDÜ	Schengener Durchführungsübereinkommen (Schengen II)
SIS	Schengen-Informationssystems
TACIS	Technical Assistance to the Commonwealth of Independent States
UA	Ukraine

Abbildungsverzeichnis

Abb. 1: Untersuchungsorte am östlichen Rand der Europäischen Union.. 24
Abb. 2: Kollektive Handlungsorientierungen und ihre Grundlagen.......... 45
Abb. 3: Konzeptionell begründete Schwerpunkte der Untersuchung........ 52
Abb. 4: Interpretatives Paradigma und Dokumentarische Methode......... 65
Abb. 5: Kriterien zur Auswahl der Diskussionsteilnehmer/innen............ 72
Abb. 6: Gruppendiskussionsort in Žovkva.. 73
Abb. 7: Beispiele von Eingangsfragen der Gruppendiskussionen............ 76
Abb. 8: Stufen der Personenkontrolle bei der Einreise in die EU............ 99
Abb. 9: Grenzverschiebungen in den Kriegsjahren, Stand 1944.............. 118
Abb. 10: Disparitäten an der polnisch-ukrainischen Grenze.................... 123
Abb. 11: Disparitäten an der finnisch-russischen Grenze........................ 128
Abb. 12: Lage der Untersuchungsorte, polnisch-ukrainischen Grenze....... 133
Abb. 13: Warten auf ein Visum am polnischen Konsulat in Lviv............ 136
Abb. 14: Grenzübergang Medyka/Šegyni.. 138
Abb. 15: Lage der Untersuchungsorte, finnisch-russische Grenze........... 142
Abb. 16: Grenzübergang Niirala/Vjartsilja... 143
Abb. 17: Entwicklung des PKW-Verkehrs von Russland nach Finnland... 144
Abb. 18: Einreisedokument für Russland, mit finnischer Übersetzung..... 150
Abb. 19: Passanten beim Grenzübertritt Ukraine-Polen (Medyka/Šegyni) 193
Abb. 20: Informeller Strassenverkauf in Žovkva (Ukraine)..................... 196
Abb. 21: Autos in Kontrolle am Grenzübergang Medyka/Šegyni............ 199
Abb. 22: Russisches Holz für Finnland, Übergang Niirala/Vjartsilja........ 201

1 Einleitung

1.1 Eine neue Berliner Mauer?

Bohdan[1]: „Die Grenze ist gar nicht so weit. Nur 30 km entfernt. Man kann sie aber nicht überqueren."
Arkadi: „Stimmt. Man kann sagen, dass eine große Mauer vor uns gebaut wurde, nachdem Polen in die EU aufgenommen wurde. Das ist eine richtig große Mauer."
Kyrilo: „Wie in Berlin."
Arkadi: „Genau. Eine neue, neue Berliner Mauer."[2]

Nachdem es in den deutschen Medien lange Zeit recht ruhig war um die Außengrenzen der Europäischen Union, nahmen im Frühjahr des Jahres 2011 die Meldungen in der Presse schlagartig zu. Die politischen Konflikte im Norden des afrikanischen Kontinents brachten das Thema der Migrations- und Flüchtlingspolitik der europäischen Staaten in unerwarteter Dringlichkeit auf den Tisch. Einige nationale Regierungen erwägen die Wiedereinführung von Grenzkontrollen an den inneren Grenzen der Europäischen Union. Während für die meisten Bürgerinnen und Bürger der Mitgliedsstaaten des Schengener Abkommens die Reisefreiheit und Freizügigkeit schon längst selbstverständlich geworden ist, spiegelt sich in diesen Entwicklungen und Debatten die Komplexität der Etablierung gemeinsamer Außengrenzen für ein solches Staatenbündnis wider.

Was jedoch nahezu gar nicht thematisiert wird, sind die Spuren, die diese gemeinsame politische Grenze schon längst im unmittelbaren Alltag der Bevölkerung entlang ihrer äußeren Ränder hinterlässt. Die innere Öffnung von Staats-

---

1 Für dieses und alle anderen in dieser Arbeit verwendeten Zitate aus Gruppendiskussionen gelten folgende Hinweise: Die Namen der teilnehmenden Personen wurden zur Absicherung der Anonymität geändert. Sprecher/innen, deren Redebeiträge bei der Transkription der Gespräche nicht eindeutig zugeordnet werden konnten, sind neutral als ‚Teilnehmer/in' gekennzeichnet. Infolge der Transkription und Übersetzung treten besondere Zeichensetzungen innerhalb der Zitate auf:
[ ] - unverständliches Textsegment
[Text] - schwer verständliches Textsegment
(...) - eigene Auslassung eines Textsegments
((lachen)) - zusätzliche Angaben zum Diskursverlauf
2 Gruppendiskussion mit Kleinhändlern in Žovkva (Ukraine), 22.07.2008)

grenzen im Zuge des Europäischen Integrationsprozesses ist nach außen hin mit einer konsequenten Schließung verbunden. Zum Schutz des gemeinsamen „Raumes der Freiheit, Sicherheit und des Rechts" (Vertrag von Amsterdam 1997: 7) wurden strenge Grenzregulierungen für die Einreise von Bürger/innen aus den sogenannten Drittstaaten, die nicht Mitgliedsstaaten des Schengener Abkommens sind, entwickelt. Im Zuge der Erweiterung des Staatenbündnisses der Europäischen Union wurde das gemeinsame Grenzregime, das Paket der im Rahmen des Abkommens und des Schengener Grenzkodex (2006) für die Außengrenzen geregelten Grenzbestimmungen, schrittweise weiter nach Osten verlagert. Grenzen, die vor einiger Zeit noch von den Politiken zweier Nationalstaaten bestimmt waren, wurden mit neuen Funktionen versehen. Die Folgen dieser Ausgrenzung[3] werden nicht nur für Migranten und Flüchtlinge, sondern vor allem auch für solche Menschen wirksam, die in direkter Nähe dieser Grenzen wohnen. Leben in Grenzregionen bedeutet meistens auch Leben in der Peripherie, verbunden mit wirtschaftlichen Einschränkungen, Versorgungsengpässen, unzureichenden Arbeitsplätzen und Einkommen. Für sehr viele Menschen beiderseits der Grenzen ist der grenzüberschreitende Austausch und Handel daher von essentieller oder sogar existentieller Bedeutung (u.a. Bruns 2010; Wagner 2011). Es sind diese Personen, die mit den vereinheitlichten Grenzregulierungen der Europäischen Union umgehen müssen und in deren Alltag sich der Ordnungsprozess zwischen EU und Nicht-EU abspielt.

Politische Grenzen, auch die von supranationalen Bündnissen wie der EU, bedürfen einer kritischen Hinterfragung und wissenschaftlich fundierten Analyse – einer Aufgabe, der sich die vorliegende Arbeit widmet. Die Untersuchung des Umgangs verschiedener Akteure außerhalb der EU mit den Bedingungen des EU-Grenzregimes verspricht neue Erkenntnisse, welche die Komplexität der Grenzziehung der Europäischen Union sicherlich nicht reduzieren können, aber nachvollziehbarer und in ihren Auswirkungen durchschaubarer werden lassen.

---

3 Auf die Europäische Union angewandt werden hier die Bestrebungen angesprochen, die Personen, die nicht durch staatsbürgerlich begründete Mitgliedschaft zur Union dazu gehören, von der Teilhabe an den (sozio-ökonomischen) Vorzügen der EU auszuschließen. Diese Exklusion wird mehrfach diskutiert, unter anderem durch Van Houtum/Pijpers (2005).

1.2 Politische Grenzen als Gegenstand der Sozialgeographie

„Geography is about boundaries."
(Bauder 2003: 167)

Die politische Grenzziehung der Europäischen Union wird in der vorliegenden Arbeit aus sozialgeographischer[4] Perspektive thematisiert und konkret in ihren Auswirkungen auf den Alltag ökonomischer Akteure an der Außengrenze untersucht. Die folgende Diskussion des bisherigen Forschungsstands in der Thematik soll die noch bestehenden Lücken aufzeigen und die Relevanz des hier durchgeführten Forschungsvorhabens aus wissenschaftlicher Sicht begründen.

Stadtgrenzen oder Gebirgszüge, Feldränder oder Staatsgrenzen sind oft sichtbare und nicht wegzudenkende Zeichen der Abgrenzung von Gebieten, von Räumen im geographischen Sinne. Besonderes Augenmerk bekamen Grenzen als Ausdruck politisch-territorialer Ordnung in der Ära der Gründung von Nationalstaaten seit Ende des 19. Jahrhunderts. Die Festlegung von Gebieten und ihren linienhaften Rändern, die Begründung von staatlicher Macht auf der Bindung von Personen und Gütern an abgegrenzte Territorien fachte die Auseinandersetzung mit politischen Grenzen auch in den damaligen wissenschaftlichen Kreisen an. Die damit verbundene geopolitische Definition von Grenzen als Ausdruck und Maßstab von staatlicher Macht (u.a. Ratzel, zitiert nach Paasi 1999c: 12) sollte die traditionelle, raumwissenschaftliche Auseinandersetzung mit Grenzen für einige Zeit prägen. Nachdem die umstrittenen und umkämpften Grenzziehungen infolge des Ersten und Zweiten Weltkriegs die politische Geographie insbesondere in deutschsprachigen Wissenschaftskreisen in Misskredit versetzt hatten, bekam die Beschäftigung mit dem Thema der Grenzen einige Jahrzehnte später erneuten Aufschwung (siehe auch Franke 2007a: 9). Erste Anstöße dafür kamen aus der anglo-amerikanischen Geographie. In den Werken von Prescott (1975) und Minghi (1963) wurden nun anstatt der Form oder Lage der staatlichen Grenzen vielmehr ihre Veränderbarkeit betont, und zunehmend soziologische sowie kulturelle Aspekten einbezogen (vgl. Paasi 2005b: 663 f.).

Die Einflüsse aus *Politik-, Sozial- und Kulturwissenschaften* (u.a. Eigmüller/Vobruba 2006a, 2006b; Donnan/Wilson 1999) bestimmen auch die gegenwärtigen Schwerpunkte der Untersuchung von Grenzen in der deutsch- und englischsprachigen Geographie. Grenzen werden zunehmend als gesellschaftliche Konstrukte und Institutionen begriffen (Paasi 1999b; Franke 2007a; Häkli 2008), die nicht notwendigerweise in allen Fällen mit einer sichtbaren materiellen Mar-

---

4 Sozialgeographie soll hier als Ausrichtung und Teilbereich der Humangeographie verstanden werden, welche(r) sich der raumwissenschaftlichen Sozialforschung widmet (siehe auch Pohl 2008; Werlen 2000).

kierung verbunden sind (siehe auch Kapitel 2.1.3). Für die Analyse *politischer* Grenzen, die auch den Gegenstand der vorliegenden Arbeit bestimmt, öffnete die Anerkennung der Konstruiertheit von Grenzen zum einen den Blick auf die Grenzen begründenden, gesellschaftlichen Prozesse und ermöglichte die kritische Auseinandersetzung mit diesen Exklusionsdynamiken. Zusätzlich rückte die Auffassung der Grenze als eine Institution, welche sich erst im Gebrauch tatsächlich herausbildet (Eigmüller/Vobruba 2006b), die Momente der Unbestimmtheit und somit Verhandelbarkeit der Umsetzung von Grenzziehungsprozessen ins Licht. Die Akteure, ihre Handlungen und informelles Alltagsverhalten stehen in der Untersuchung von gesellschaftlichen Grenzziehungen inzwischen sehr viel stärker im Vordergrund[5].

Auch die *humangeographische Theoriediskussion* stellt für die Erforschung von Grenzen wertvolle Ansätze bereit. Die Verknüpfung von Handlung und Raum und die darin eingeschlossene Thematisierung von Macht in ihrer räumlichen Durchsetzung insbesondere in den Ansätzen der neueren anglo-amerikanischen Humangeographie (u.a. Agnew 2000, 2001a; Harvey 2001) liefern entscheidende Grundlagen für eine kritische Analyse von Grenzziehungsprozessen (vgl. auch Belina/Michel 2007). Ebenso finden Praxis und Alltag zunehmend Beachtung in raumbezogenen wissenschaftlichen Untersuchungen (vgl. u.a. Reckwitz 2006; Ernste 2005; Lippuner 2005; Round/Williams 2010). Autoren wie Newman (2003, 2006) und Paasi (1999b, 2005a) befürworten die Untersuchung von Diskursen und sozialen Konstruktionen in der Erforschung von Grenzen. Die Ebene der alltäglichen Grenzüberschreitung, thematisiert als Aspekt der Offenheit bzw. Hybridität heutiger politischer Grenzen, verdient laut Van Houtum, Kramsch und Zierhofer (2005: 9) eine gleiche Beachtung auf Seiten des Forschers wie sichtbare Anzeichen begrenzter Räume. Der Fokus auf die Handlungspraxis einzelner Akteure wird für die Analyse von Grenzziehungen als Prozesse als dringend notwendig angesehen (Berg/Van Houtum 2003b: 2 f.; Bürkner 2011: 38 ff.).

In der *empirischen Umsetzung* von Grenzforschungskonzepten in der Geographie sind diese Paradigmen allerdings nur zum Teil anzutreffen. Die Bedeutung von handlungstheoretischen und akteurszentrierten Ansätzen schlug sich bisher zum Teil in der verstärkten Erforschung grenzüberschreitender Kooperationsbeziehungen und Netzwerke (Van Houtum 1998; Liika-

---

5 So weist beispielsweise Scott, J.C. (1998) darauf hin, dass es bei Prozessen sozialer Organisation im Raum zwar einerseits die planerische Ebene gibt, andererseits aber auch die „messiness and unpredictability of places". Daher wäre eine komplexere Sichtweise nötig, die auch das praktische, lokale Wissen und informelle Handlungen mit einbezieht. Solche alltäglichen Praktiken würden auch nach Meinung von Berking (2006a: 81) viel zu wenig untersucht oder als Randerscheinungen banalisiert, obwohl sie eine große Rolle für die Existenzsicherung verschiedener Akteure spielen können (siehe u.a. auch Bruns 2010; Round, Williams & Rodgers 2008).

nen/Zimin/Ruusuvuori/Eskelinen 2007; Kortelainen 1997; Tykkyläinen 1997; Kaczmarek 2003; Scott, J.W. 2006a) oder auch grenzüberschreitender Arbeitsmärkte nieder (De Gijsel/Janssen/Wenzel/Woltering 1998; Strüver 2005; Van der Velde/Van Houtum 2004; Pijpers/Van der Velde 2007). Untersuchungen auf der Ebene von Alltag und Lebenswelten (z.B. Bürkner/Matthiesen 2002) blieben bisher selten.

Die EU-Außengrenze stellt als Bestandteil einer neuartigen politisch-territorialen Einheit einen noch jungen thematischen Gegenstand der Grenzforschung dar. Aus politikwissenschaftlicher und soziologischer Perspektive werden die Regulierungen des Schengener Abkommens mit den darin zum Ausdruck kommenden politischen Zielsetzungen und ihre Umsetzung vor allem in Hinblick auf die Migrations- und Sicherheits- und die Souveränitätsdiskurse der EU intensiv und oft kritisch diskutiert (siehe Anderson/Apap 2002; Andreas 2003; Grabbe 2000; Guild/Bigo 2002; Kasparek/Hess 2010; Kaufmann 2006; Laitinen 2003; Walters 2002; Zielonka 2002). In der Geographie liegt die erkennbare Schwerpunktsetzung zunächst auf grenzüberschreitenden Mobilitäten, Nachbarschafts- und Kooperationsbeziehungen[6]. Die Fortführung regional und lokal fokussierter wissenschaftlicher Untersuchungen von Entwicklungen an einigen binationalen Grenzen auch nach ihrem Übergang zur EU-Außengrenze konnte bereits wertvolle Einblicke in die damit verbundenen Veränderungen ermöglichen[7]. Im Zuge der Erweiterung der EU rücken die neuen, äußeren Grenzen der Union in Osteuropa stärker in den Mittelpunkt des humangeographischen Forschungsinteresses (u.a. Heller/Arambaşa 2009; Franke 2007b; Waack 2008). Untersuchungen in diesen Ländern erfordern ein Untersuchungsdesign, welches abgestimmt ist auf die komplexen gesellschaftlichen Bedingungen, Umwälzun-

---

6 Diese wurden auch in größeren, EU-weit angelegten Forschungsverbünden unter zum Teil wachsender Beachtung von grenzüberschreitenden Akteursbeziehungen, Diskursen und zivilgesellschaftlichen Prozessen in lokalen Fallstudien untersucht (vgl. dazu die Projekte EXLINEA und EUDIMENSIONS. Im Rahmen dieser von der Europäischen Union (5tes und 6tes EU-Forschungsrahmenprogramm) geförderten Forschungsprojekte wurden die Beziehungen der EU und ihrer Nachbarstaaten in einer Vielzahl von Fallstudien untersucht. Der Schwerpunkt von EX-LINEA (Lines of Exclusion as Arenas of Co-operation: Reconfiuring the External Boundaries of Europe. Policies, Practices and Perceptions) lag vor allem auf der Analyse von grenzüberschreitenden Kooperation unter der Auswirkung von Politiken verschiedener Maßstabsebenen (u.a. Van Houtum/Scott, J.W. 2005). EUDIMENSIONS (Local Dimensions of a Wider European Neighbourhood: Developing Political Community through Practices and Discourses of Cross-Border Co-operation) fokussierte auf die Auswirkungen der geopolitischen Entwicklungen in Europa auf die zivilgesellschaftlichen Kommunikations- und Interaktionsprozesse in Grenzregionen (www.eudimensions.eu).
7 Als Beispiele sind unter anderem die Arbeiten von Liikanen, Zimin, Ruusuvuori & Eskelinen (2007) und nachfolgend von Eskelinen, Liikanen und Scott, J.W. (2012) zur finnisch-russischen Grenze, oder Heller und Arambaşa (2009) zu östlichen und vor allem südöstlichen Abschnitten der Außengrenze anzuführen.

gen und Kontraste an diesen Grenzen (Bürkner/Kowalke 1996: 5). Auch einige neuere Forschungsarbeiten der Nachbardisziplinen verdeutlichen den hohen Wert solcher empirischen Zugänge für die Erkenntnisgewinnung gerade in diesen Forschungsumfeldern (u.a. Bruns 2010; Grygar 2006; Wagner 2011; William/Baláž 2002). Dennoch wurde zu Praktiken, Alltag und Informalität innerhalb der sozialgeographischen Erforschung der EU-Außengrenze bisher nur selten vorgedrungen. Der bisherige Forschungsstand lässt die Notwendigkeit der Beachtung einiger Schwerpunkte für die Analyse von Grenzen erkennen, denen sich diese Arbeit besonders widmen wird:

Erstens sollen mit der Erforschung der lokalen Auswirkungen der Umsetzung der EU-Grenzpolitik die Kenntnisse über den noch recht neuen Prozess der Etablierung einer gemeinsamen EU-Außengrenze erweitert werden. Sowohl die bisher kurze Zeitdauer als auch die neuartige Eigenschaft dieser Grenze als Abgrenzung eines suprastaatlichen Bündnisses machen solche Untersuchungen dringend erforderlich. Nicht zuletzt ist davon auch ein vertieftes Verständnis des europäischen Integrationsprozesses selbst zu erwarten[8].

Zweitens trägt der hier vorgenommene sozialgeographische und damit raumtheoretisch informierte Zugang zur Grenzziehung der Europäischen Union zu einer differenzierten Perspektive der wissenschaftlichen Auseinandersetzung mit diesem Thema bei. Die Europäische Union nutzt das Mittel der territorialen Abgrenzung, um Sicherheit und Wohlstand der Bevölkerung ihrer Mitgliedsstaaten zu schützen. Die sozialen Auswirkungen dieses politisch begründeten, gesellschaftlichen Exklusionsprozesses zu verstehen und kritisch zu analysieren ist daher notwendigerweise auch ein wichtiges Anliegen der Humangeographie (vgl. Bauder 2003: 167).

Drittens ist es für ein aufgeklärtes Verständnis der Umstrukturierungsprozesse staatlicher Ordnungen notwendig, die Interaktion politisch-territorialer Institutionen mit anderen Akteursebenen und Prozessen zu untersuchen (Brenner 2009: 132). Die eigentlichen so-zialräumlichen Konsequenzen der Realisierung der EU-Außengrenze können erst verstanden werden, wenn man die tatsächlichen Handlungen der davon betroffenen Akteure näher in den Blick nimmt (vgl. auch Reuber 2006; Van Houtum 2005). Die Arbeit soll daher einen wichtigen und bisher noch zu wenig genutzten Zugang der Erforschung von Grenzziehungen und ihren Auswirkungen weiter ausbauen, indem sie Handlungen in ihrer alltäglichen Praxis empirisch untersucht.

---

8 Die EU von ihren Rändern her zu verstehen, wird unter anderem auch von Balibar (2004: 3) als möglicher und sinnvoller Weg betont: „We must privilege the issue of the border when discussing the questions of the European people and the state in Europe.".

Viertens besteht ein Defizit bisheriger Analysen der Auswirkungen der EU-Außengrenze darin, dass in nur wenigen Studien die Perspektive von außen, von den Exkludierten selbst eingenommen wird. So weist beispielsweise Sibley darauf hin, dass die Erklärung von Exklusionsprozessen insbesondere die Darstellungen von den *Ausgeschlossenen*, von *deren* Sicht auf die Barrieren, Verbote und Handlungsbeschränkungen benötige (Sibley 1995: x, eig. Herv.). Die vorliegende Arbeit nimmt diese Lücke als Herausforderung an und versucht, mit ihrem empirischen Forschungszugang eine bestmögliche Nähe zu der Praxis der durch die Grenziehung der Europäischen Union ausgeschlossenen Akteure aufzubauen.

Durch die Berücksichtigung dieser Aspekte und Zielsetzungen soll diese Arbeit einen Beitrag leisten zu den aktuellen Debatten der praxeologisch orientierten Sozialgeographie und kritischen Grenzforschung sowie zur methodischen Weiterentwicklung von raumbezogenen sozialwissenschaftlichen Forschungsansätzen.

1.3 Das Forschungsvorhaben

Gegenstand des hier dargestellten Forschungsvorhabens sind die Auswirkungen der Grenzregulierungen des Schengener Abkommens auf die Handlungsorientierungen von Akteuren, welche unmittelbar vor den Toren der EU in ihrer alltäglichen Praxis auf die Überschreitung der EU-Außengrenze angewiesen sind. Diese Grenze wird hier in ihrer Eigenschaft einer *sozialräumlichen Grenzziehung* verstanden und untersucht. Eine solche Definition lenkt den Blick sowohl auf die gesellschaftliche Konstruiertheit als auch auf die Prozesshaftigkeit dieser Grenze. Unter Anwendung eines praxistheoretischen Zugangs können mit der Analyse dieser Grenzziehungsprozesse auch die damit verbundenen sozialräumlichen Differenzierungen in den Blick genommen werden.

Eingebettet in den seit Mitte des vorigen Jahrhunderts zu verzeichnenden Prozess der europäischen Integration wird seit den 1980er Jahren der Abbau von inneren Barrieren und die Etablierung einer gemeinsamen äußeren Grenze der Europäischen Union verfolgt. Dies ist in erster Linie ein geopolitisches Vorgehen und ist als Versuch der Nutzung der Territorien von Mitgliedsstaaten zur Umsetzung gemeinsamer Interessen ein unsicheres und nicht ganz unumstrittenes Unternehmen. Gleichzeitig ist diese politische Abgrenzung aber auch Ausdruck einer sozialräumlichen Strukturierung. Das Vorhaben der EU, mithilfe der Regulierungen des Schengener Abkommens Sicherheit und Wohlstand auf dem Territorium der Mitgliedsstaaten zu schützen (Mitteilung der Kommission KOM(2002) 233 endgültig: 2) ist verbunden mit einer politisch und rechtlich vorangetriebenen und territorial begründeten, sozialen Ausgrenzung der Bevölkerung anderer Länder. Diese Exklusion hat besonders für die Bevölkerung der EU-Nachbarstaaten erhebliche Konsequenzen.

Die grundlegende theoretische Annahme der Arbeit ist, dass Akteure in den Staaten außerhalb des Schengen-Raums durch das EU-Grenzregime eine sozialräumliche *Verortung* bzw. Platzzuweisung (Harvey 2007; Bourdieu 1991) erfahren. Die von der Institution der Grenze ausgehende Handlungsstrukturierung hat nicht nur eine territorial einschränkende Wirkung, sondern bestimmt die Handlungsmöglichkeiten der Akteure – ihre Zugänge zu erwünschten Personen und Gütern – und somit auch ihre sozialen Positionierungen in wesentlichem Maße (u.a. Harvey 2007: 37, siehe auch Kap. 2.1.2). Allerdings ist die EU-Außengrenze als eine *Institution* nicht unveränderlich in ihrem Bestehen. So ist auch die von ihr ausgehende Strukturierung nicht festgeschrieben, sondern wird immer wieder in der Praxis ausgehandelt (Brand/Görg/Wissen 2007; Eigmüller/Vobruba 2006b; Paasi 1999b). Das Grenzregime der EU-Außengrenze, die in Brüssel erdachten Regulierungen, treffen an den Orten ihrer Umsetzung auf verschiedene lokale Kontexte (vgl. auch Boedeltje/Van Houtum 2011). Von den sozialräumlichen Auswirkungen der Grenzregulierungen sind daher vor allem lokale Akteure betroffen, die in ihren Aktivitäten eben solche ökonomischen Unterschiede ausnutzen, die durch die politischen Grenzziehungen geschaffen und aufrechterhalten werden. Zusätzlich zu ihrer wirtschaftlichen Ausrichtung werden diese Handlungen von vielfältigen Normen und Regeln – eben auch durch die Grenzregulierungen – strukturiert. Den Annahmen von Praxistheorien folgend entwickeln sich die tatsächlichen Wirkungen der Zielsetzungen und Normen erst in der Praxis, und können daher auch nur in der Praxis erforscht werden.

Der hier angewandte Fokus auf *Praktiken* soll daher helfen, die diversen Formen ökonomischen Handelns und die sie bestimmenden und auch beschränkenden Kräfte besser zu verstehen (vgl. Smith/Stenning 2006: 193). Als ein empirischer Zugang zur praktischen Aushandlung der Grenzziehung und ihrer Wirkungen werden die *Handlungsorientierungen* von Akteuren rekonstruiert. Diese kollektiven Orientierungen stellen in Anlehnung an praxistheoretische Zugänge (u.a. Hörning 2001/Reckwitz 2004) übergreifende Wissens- und Bewertungsschemata dar, welche innerhalb von alltäglichen, lebensweltlichen Bezügen herausgebildet und beständig aktualisiert werden. Die Praktiken der Akteure werden (u.a. nach Mannheim 1980) als Ausdruck eines solchen Hintergrundwissens verstanden. Daher lassen sich in den Handlungsorientierungen die Handlungsmöglichkeiten verschiedener Akteure ablesen, die ihnen als Spielräume der Praxis und Ausdruck ihrer sozialen Positionierungen im Alltag zur Verfügung stehen (Hörning 2001; Hörning/Reuter 2004; Lefebvre 1972, vgl. Kap.

1.3 Das Forschungsvorhaben

2.2.2). Die Untersuchung der in den Orientierungen vermittelten, bewährten Kenntnisse und impliziten Regeln soll dazu beitragen, tiefere Erkenntnisse über den Umgang der Akteure mit den Verortungsprozessen der EU-Grenzregulierungen zu gewinnen und daraufhin Schlussfolgerungen über die verortende (und somit differenzierende) Wirkung der Grenzregulierungen der EU-Außengrenze zu ziehen.

Ausgehend von diesen konzeptionellen Überlegungen widmet sich der erste Schwerpunkt des Buches der territorialen Begründung der EU-Grenzziehung. Dabei wird zunächst aus theoretischer Perspektive der Frage nachgegangen, welche Einflüsse diese Nutzung von Territorialität auf die Handlungsmöglichkeiten von Akteuren haben kann, und untersucht, wie sich diese Art der Grenzziehung in den konkreten Grenzregulierungen der EU-Außengrenzen widerspiegelt. Ein zweiter Schwerpunkt rückt die konkreten Kontexte der Handlungen an der Außengrenze näher in den Blick und erklärt die Relevanz sowie die Bedingungen der hier untersuchten Praktiken. Hierbei gilt es auch zu erforschen, wie die Beamten der jeweiligen lokalen Grenzbehörden die auf EU-Ebene entwickelten Grenzregulierungen und Maßnahmen tatsächlich umsetzen. Als dritter Bereich der Forschungsarbeit werden die alltäglichen, grenzbezogenen Praktiken aus der Perspektive der Akteure an der Außengrenze untersucht. Zielsetzung der Arbeit ist es, unter Zusammenführung dieser Erkenntnisse über die Praktiken von Akteuren an der Außengrenze folgende Leitfragen zu beantworten:

- *Welche Handlungsorientierungen entwickeln Akteure im Umgang mit den Grenzregulierungen am Außenrand der EU?*
- *Welche Differenzierungen der mit dem EU-Grenzregime verbundenen sozialräumlichen Verortung werden dabei sichtbar?*

Vor dem Hintergrund dieser Fragestellungen wurde ein empirischer Zugang für die Umsetzung des Forschungsvorhabens entwickelt. Um die Exklusionswirkung des Grenzregimes der EU auch tatsächlich von außen her untersuchen zu können (vgl. Abschnitt 1.2), wurden Orte und Akteure der empirischen Feldforschung außerhalb der EU, in ihren östlichen Nachbarstaaten ausgewählt. Der Schwerpunkt der empirischen Forschung richtete sich auf grenzbezogen handelnde Kleinhändler/innen und Kleinunternehmer/innen. Diese Vorgehensweise ist in zweierlei Hinsicht begründet. Zum einen konnte bei der Erforschung dieser Personengruppen davon ausgegangen werden, dass ihre ökonomische Existenz und Praxis deutlich vom Umgang mit den Grenzregulierungen geprägt ist. Eventuelle Auswirkungen des EU-Grenzregimes würden sich also vor allem in den Handlungsorientierungen dieser Akteure zeigen. Zum anderen nimmt dieses Tätigkeitsfeld des grenzbezogenen Handels generell einen hohen Stellenwert in der alltäglichen Praxis der grenznahen Bevölkerung ein. Aussagen über diese Untersuchungsgruppen wären somit von Bedeutung für die Regionen insgesamt.

Abbildung 1: Untersuchungsorte am östlichen Rand der Europäischen Union

Qu.: Karte: Leibniz-Institut für Länderkunde (IfL) 2009, Kartographie: Romana Schwarz, Karteninhalt: Frank Meyer, Christoph Waack. Graphik: Eigene Bearbeitung

1.3 Das Forschungsvorhaben

Verbunden mit dem Anspruch, möglichst vielseitige Erfahrungen mit der Umsetzung der EU-Grenzregulierungen in die Analysen einzubeziehen, wurden Akteure innerhalb zweier verschiedener lokaler Kontexte an der EU-Außengrenze untersucht (siehe Abb. 1). Im Norden der östlichen EU-Außengrenze fanden empirische Forschungen zu den grenzüberschreitenden Handlungen an einem Abschnitt der Grenze zwischen dem finnischen und dem russischen Karelien statt. Weiter südlich wurden die grenzbezogenen Handlungen ukrainischer Akteure des Bezirkes Lviv an der Grenze zu Polen untersucht. Auf diese Weise konnten auch Aussagen über verschiedene Entwicklungsstufen der Praxis dieser Grenzziehung getroffen werden.

Die theoretischen Vorannahmen des Forschungsvorhabens erforderten einen empirischen Zugang, der durch eine besondere Nähe zum Alltag und zu den Wissensbeständen der Akteure kennzeichnet ist. Gleichzeitig war eine große Offenheit und Flexibilität der Methoden notwendig, welche zur Entdeckung der ganz eigenen Handlungsregeln und Schemata der Akteure befähigten, und eventuelle Kategorien oder Vergleichshorizonte erst im Verlauf der Empirie entwickelten. Eine solche empirische Annäherung wurde über den Einsatz von Gruppendiskussionen als Kern der empirischen Feldforschung ermöglicht. Mit diesem Verfahren können (nach Bohnsack 1999 u.a.) die kollektiven Erfahrungen und Wissensbestände von Akteuren direkt im Austausch erfasst werden. Durch die im Gespräch stattfindenden Interaktionen und Aktualisierungen von Wissensbeständen wird zusätzlich auch der Zugang zum impliziten, praktischen Wissen der Akteure gefunden und somit die Entwicklung von gemeinsamen Handlungsorientierungen nachvollziehbar gemacht. Die Auswertung der Gruppendiskussionen wurde mit dem Verfahren der *Dokumentarischen Methode* vorgenommen, einem schrittweisen Vorgehen, welches letztendlich die Rekonstruktion der Handlungsorientierungen zulässt. Die Erkenntnisse aus den Gruppendiskussionen wurden in mehreren Phasen der empirischen Feldforschung durch qualitative Interviews und Beobachtungen an den Fallstudienorten ergänzt und vertieft.

Das Dissertationsprojekt stand in engem Zusammenhang mit dem Forschungsprojekt „Geographie(n) an den Rändern des europäischen Projekts. Räumliche Orientierung und Peripherisierung an der Außengrenze der erweiterten Europäischen Union", an dessen Bearbeitung die Autorin als wissenschaftliche Mitarbeiterin am Leibniz-Institut für Regionalentwicklung und Strukturplanung (IRS) beteiligt war. Das Projekt wurde unter der Leitung von Judith Miggelbrink am Leibniz-Institut für Länderkunde (IfL) in Kooperation mit dem IRS durchgeführt. Im Rahmen dieses von der Leibniz-Gemeinschaft geförderten Projektes wurden im Zeitraum von 2007 bis 2009 grenzüberschreitende ökonomische Aktivitäten an vier Abschnitten der östlichen EU-Außengrenze untersucht[9]. Die Einbettung des Dissertationsvorhabens in diesen größeren Projektzusammenhang stellte eine wesentliche Voraussetzung für die Durchführbarkeit der empirischen Feldforschungen dar.

Eine qualitativ ausgerichtete empirische Untersuchung in Gebieten fremder Sprachen und Kulturkreise wirft die Frage nach der Befähigung des Forschenden für solch ein Vorhaben auf. Der Zugang zu den lokalen Forschungskontexten, die Umsetzung der empirischen Methoden und die Bearbeitung der Ergebnisse konnte nur mithilfe lokal anwesender und muttersprachlicher Kooperationspartner/innen bewerkstelligt werden. Die Einflüsse dieser Bedingungen werden in den methodologischen und methodischen Abschnitten der Arbeit kritisch diskutiert. Auch von lokal ansässigen Forscher/inne/n werden Untersuchungen zu der hier angesprochenen Thematik durchgeführt. Besonderes Anliegen des hier besprochenen Vorhabens ist es allerdings, den Erkenntnisgewinn zu den Handlungsorientierungen von Akteuren zweier verschiedener Grenzabschnitte aus einer vergleichenden Perspektive heraus zu erweitern, und vor allem die Sichtbarkeit zu diesen Entwicklungen und den damit verbundenen Problemen über den lokalen und nationalen Kontext der Untersuchungsgebiete hinaus auch in deutsch- und englischsprachigen wissenschaftlichen wie auch anderen Kreisen zu erhöhen.

1.4 Der Aufbau des Buches

In den der Einleitung folgenden Abschnitten (*Kapitel 2*) werden zunächst die theoretischen Hintergründe für die Analyse der Handlungsmöglichkeiten an der EU-Außengrenze diskutiert. Nach einer Einführung zum Begriff der Grenze, ihrer Eigenschaft als teil-materialisierte Institution und den in verschiedenen Diskursen der Grenzforschung thematisierten, von Grenzen ausgehenden handlungsstrukturierenden Wirkungen wird in Anlehnung an Arbeiten von Harvey, Lefebvre und Bourdieu die Wirkung von Grenzregulierungen als Prozess der sozialräumlichen Verortung erklärt.

Diese Verräumlichung wird als ein dynamischer Prozess in Aushandlung aufgefasst, der also Handlungen nie vollständig vorbestimmen kann, sondern immer wieder auch Spielräume mit sich bringt – deren eigentliche Wirkung sich also erst in der Praxis erschließt. Daher werden entsprechend neuerer praxistheoretischer Ansätze (vgl. u.a. Reckwitz 2006) die Prozesse der tatsächlichen Praxis

---

9 Bei den vier Fallstudien handelt es sich um die Grenzrelationen Finnland-Russland, Polen-Weißrussland, Polen-Ukraine und Rumänien-Ukraine. Das Projekt wurde im Rahmen des Paktes für Forschung und Innovation durch die Leibniz-Gemeinschaft gefördert.

des Umgangs mit der Institutionalität sowie Materialität der EU-Außengrenze in den Vordergrund der konzeptionellen Begründung der Untersuchungen gerückt.

Anknüpfend an diese Grundlagen wird in *Kapitel 3* der empirische Forschungsansatz für die Untersuchungen an der östlichen Außengrenze entwickelt. In den ersten Abschnitten des Kapitels wird die Wahl der Feldforschungsmethoden aus methodologischer Sicht begründet. Im Mittelpunkt steht dabei das Verfahren der Gruppendiskussion, welches in Hinsicht auf seine methodologische Entwicklung und Eignung für den zu untersuchenden Forschungsgegenstand intensiv betrachtet wird. Weiterhin werden Erwartungen an die zusätzlich eingesetzten Experteninterviews und Beobachtungen formuliert sowie die Dokumentarische Methode als Auswertungsverfahren vorgestellt. Die Diskussion des Untersuchungsdesigns wird abgeschlossen durch eine kritische Reflexion der Umsetzung der empirischen Forschungsmethoden im Feld sowie des Vorgehens bei der Auswertung der empirischen Ergebnisse.

Kapitel 4 widmet sich der inhaltlichen Auseinandersetzung mit dem konkreten Forschungsanlass, der Etablierung der gemeinsamen EU-Außengrenze. Während der Beginn des Kapitels zunächst die politischen Hintergründe und Zielsetzungen dieser Grenze in den Vordergrund stellt, wird im zweiten Unterkapitel der Grenzziehungsprozess der Europäischen Union an ihren Rändern als sozialräumlich verortende Grenzziehung näher eingeordnet. Dazu werden die Verortungsmechanismen der EU-Außengrenze in Bezug auf ihre Sicherheitsfunktion, Selektivität und zunehmende Vereinheitlichung erläutert. Im Anschluss daran werden die konkreten Grenzregulierungen für die Einreise von Nicht-EU-Bürger/innen im Detail vorgestellt und die damit verbundenen Kategorisierungen und Differenzierungen erklärt.

Kapitel 5 führt in die näheren Kontexte der Untersuchungsorte an der finnisch-russischen sowie polnisch-ukrainischen Grenze ein. Eine genauere Kenntnis der konkreten Umstände und Dynamiken soll helfen, ein breiteres Verständnis für die Handlungsbedingungen der hier betrachteten Akteure aufzubauen. Neben einer rückblickenden Darstellung der Entwicklung der Grenzfunktionen an diesen Staatsgrenzen bieten die Ausführungen daher vor allem einen Einblick in die wirtschaftlichen, sozialen und institutionellen Kontextbedingungen der beobachteten Kleinunternehmer/innen und Kleinhändler/innen. Die dabei einfließenden Ergebnisse der lokal durchgeführten Interviews und Beobachtungen stellen wertvolle Kenntnisse und Einblicke aus verschiedenen Perspektiven bereit. Einen besonderen Schwerpunkt dieses Kapitels nimmt die Diskussion der lokalen Praxis der Umsetzung der Grenzregulierungen aus Sicht der sie ausführenden Beamten der jeweiligen Grenzbehörden ein.

Kapitel 6 stellt den Kern der empirischen Erforschung der verortenden Wirkungen der EU-Außengrenze auf die Handlungen lokaler Akteure dar. Im Ergebnis der Anwendung der Dokumentarischen Methode werden hier die Fallbeispiele der vier Gruppendiskussionen vorgestellt und die in ihnen enthaltenen Handlungsorientierungen der Akteure diskutiert. Die schrittweise Rekonstruktion der Handlungsorientierung ermöglicht die Ermittlung von Vergleichshorizonten für den differenzierten Umgang mit den Grenzregulierungen. In einem zweiten Schritt werden daher verschiedene Typen des grenzbezogenen Handelns generiert und in ihren Ausprägungen bezüglich der Vergleichsdimensionen dargestellt. Auf Basis der theoretischen Grundannahmen der Arbeit wird diese Typologie letztendlich hinsichtlich der in ihr zum Ausdruck kommenden Verortungswirkungen diskutiert und ausgewertet. Durch die Analyse der Praxis der Akteure wird die differenzierte Wirkungsweise der Platzzuweisung durch die EU-Außengrenze sichtbar gemacht.

Die abschließenden Ausführungen der Arbeit (*Kapitel 7, Fazit*) haben zum Ziel, die Ergebnisse der empirischen Untersuchungen vor dem Hintergrund der konzeptionellen Überlegungen der Arbeit zusammenfassend zu diskutieren. Im Zentrum steht dabei die differenzierte Bewertung der Auswirkungen der Grenzziehung der EU an ihren äußeren Rändern auf die Handlungspraxis von Akteuren, die in ihrem Alltag unmittelbar von der Grenze als Ressource abhängig sind.

2 Handlungsorientierungen an territorialen Grenzen

Betrachtet man politisch-territoriale Grenzen als sozial konstruiert und behält die Prozesshaftigkeit der mit ihnen verbundenen Ordnungen im Blick, so ermöglicht man nicht nur ein besseres Verständnis von Grenzen an sich, sondern hilft auch, die Nutzung von Grenzen als Mittel sozialer Exklusionsprozesse zu entlarven. Die Bestandteile ihrer Begründung, Institutionalisierung und Materialisierung und der damit verbundenen Verortung im sozialen Raum (Redepenning, auch Harvey, Bourdieu) können im jeweiligen Detail erfasst und in Frage gestellt werden.

Auf die Frage, wie sich die Ordnungsschemata von Grenzziehungsprozessen als mögliche Sinngebung auf die tatsächlichen Handlungen von Akteuren auswirken, findet sich in den Annahmen von praxistheoretischen Ansätzen[10] eine neue Perspektive. Für die wissenschaftliche Annäherung an Handlungsmöglichkeiten im Umgang mit der EU-Außengrenze bedeutet dies, dass sich die eigentlichen Verortungsprozesse dieser Grenze erst in der Praxis der Grenzüberschreitung und in den darin bestehenden Handlungsorientierungen der Akteure zeigen. Die folgenden Ausführungen haben das Ziel, diese Zusammenhänge auf theoretisch-konzeptioneller Ebene näher einzuordnen und auf diese Weise das begriffliche sowie konzeptionelle Instrumentarium für die darauf folgenden empirischen Untersuchungen dieser Arbeit bereitzustellen.

2.1 Politisch-territoriale Grenzen als Mittel der Verortung

> „Borders always delineate and delimit what is to be included or excluded within a particular category."
> (Wendl/Rösler 1999: 2)

Die politisch-territoriale Außengrenze der Europäischen Union soll in dieser Arbeit als ein besonderer Fall einer sozialräumlichen Grenzziehung diskutiert werden. Um die von ihr ausgehenden sozialräumlichen Verortungswirkungen

---

10 Zu den Vertretern von Ansätzen praxeologischer Kulturtheorie zählen unter anderem Pierre Bourdieu, Charles Taylor, Anthony Giddens, Theodore Schatzki und im Bereich der Ethnomethodologie Harold Garfinkel (Reckwitz 2004: 318).

näher zu erforschen, gilt es zunächst zu bestimmen, wie eine politisch-territoriale Grenze – auf theoretischer Ebene – die Handlungsmöglichkeiten von Akteuren beeinflusst, inwieweit sie einen handlungsleitenden Charakter hat. Dazu soll zuerst geklärt werden, auf welche Weise Grenzen strukturieren, ordnen und verorten, und im Anschluss daran die Aushandlung dieser Ordnung aus praxistheoretischer Sicht näher thematisiert werden.

2.1.1 Ordnung und Territorialisierung durch politische Grenzen

„No boundary, no state."

(Wallace 2002: 83)

Mit der Herausbildung moderner Flächenstaaten haben sich linienhafte Grenzen durchgesetzt, die eine genauere Abgrenzung und Orientierung ermöglichten (Ante 1995: 433). Diese Klarheit wurde zunehmend notwendiger im Zuge des Übergangs von Stadt-Land-Beziehungen zu den absolutistischen Staaten und später zu von industrieller Produktion geprägten Nationalstaaten (Dear 2000: 788; Giddens 1992: 252). Geltungsbereiche der verstärkt ausdifferenzierten Institutionen (politische, wirtschaftliche, soziale) wurden festgelegt und auf diese Weise ein effizienter Weg gefunden, die zentral gesteuerten Prozesse durchzusetzen. Regeln und Handlungsmuster wurden – als institutionalisierte Ausdrücke von Ordnungen, von sozialen Grenzziehungen – in Form von formalen Handlungsanleitungen oder Gesetzen materialisiert und letztendlich auch mit territorialen Aspekten verknüpft. So macht sich ein Staat als soziales System – wie es auch auf anderen Skalen und innerhalb anderer Grenzziehungsprozesse getan wird – die Territorialität eines Gebietes zunutze, um über dieses Gebiet und dessen Inhalt Macht auszuüben (Agnew 2000: 823; Wissen 2011: 17 ff.).

Redepenning (2005: 170) kommt auf der Suche nach den Gründen für derartige Markierungen von Grenzziehungen auf die Notwendigkeit von Verdeutlichung, Vereinfachung, Sichtbarmachung und Ordnung zu sprechen[11]. Auch Ratzel (1903, zitiert nach Redepenning 2005: 169) hätte im Rahmen früher politisch-geographischer Ansätze am Ende des 19. Jahrhunderts schon konstatiert, dass die genaue Markierung anhand von Landmarken zur politischen Organisation unvermeidlich, und somit ein notwendiges staatliches Mittel sei (ebd.: 170).

---

11 So spiegelt sich auch in der Herkunft des Begriffes 'Grenze' der bereits angesprochene Ordnungsgedanke wider. Im Zuge der Ostwanderungen im 13. Jahrhundert wurde mit dem vom slawischen Wort granica/greniz(e) ins Deutsche übernommenen Begriff (Drosdowski 1989: 254) der Punkt oder Ort bezeichnet, „an dem man das Fremde berührt und sich von ihm scheidet" (Zill 2002: 31), eine Markierung, die verbunden war „mit einer Klärung nach innen, in einem zunächst diffusen Feld" (ebd.).

2.1 Politisch-territoriale Grenzen als Mittel der Verortung

Der Aspekt der Nutzung materieller Bestandteile des geographischen Raumes, territorialer Gebiete und Markierungen zur Durchsetzung gesellschaftlicher Interessen und Ordnungsbestrebungen wurde auch in den Sozialwissenschaften des frühen 20. Jahrhunderts und insbesondere von Simmel erkannt und zum Ausdruck gebracht. Soziale Begrenzungsprozesse würden durch ihre Verräumlichung „eine unvergleichliche Festigkeit und Anschaulichkeit" erhalten[12]. Nicht selten bieten sich Elemente des natürlichen Raumes für diese Sichtbarmachung an[13]. Exklusionsprozesse machen sich Raum (materiellen, territorialen Raum) zunutze. Dieser Vorgang wird auch mit dem Begriff der *Territorialisierung* gefasst, der Zuordnung von Personen und sozialen Gruppen zu abgetrennten Gebieten unter Nutzung von Territorialität und ihren Grenzen. Als Mechanismen der Durchsetzung von Territorialität hält Agnew (2000: 824) fest:

(1) Verbreitete Akzeptanz von Klassifizierungen von Raum (,unser', ,euer')
(2) Kommunikation eines Raumgefühls (,sense of space'), wo territoriale Markierungen und Abgrenzungen eine Bedeutung haben
(3) Kontrolle über das Gebiet aufzwingen/durchsetzen mit Mitteln der Überwachung, politischen Maßnahmen und Legitimierung

Die Nutzung territorial basierter Markierungen für politische Organisation unterliegt einigen Wandlungsprozessen. So hat im Laufe der vergangenen Jahrzehnte neben der Bedeutung der Territorialität der Kirche und Staaten auch die territoriale Basierung transnationaler, diese klassischen Maßstabsebenen überlappender Organisationen und Institutionen zugenommen (Agnew 2000: 824). In den Entscheidungsprozessen über Differenzierungen und damit verbundenen territorialen Abgrenzungen wird eine Verschiebung auf andere Skalen sichtbar.

---

12 Eine jegliche Grenze wäre weiterhin „ein seelisches, näher: ein soziologisches Geschehen; aber durch dessen Investierung in einer Linie im Raum gewinnt das Gegenseitigkeitsverhältnis nach seinen positiven und negativen Seiten eine Klarheit und Sicherheit – freilich oft auch eine Erstarrung –, die ihm versagt zu bleiben pflegt, solange das Sich-treffen und Sich-scheiden der Kräfte und Rechte noch nicht in eine sinnliche Gestaltung projiziert ist und deshalb sozusagen immer im status nascens verharrt" (Simmel 1992/1908: 699).

13 „Man macht sich selten klar, wie wunderbar hier die Extensität des Raumes der Intensität der soziologischen Beziehungen entgegenkommt, wie die Kontinuität des Raumes, gerade weil sie objektiv nirgends eine absolute Grenze enthält, eben überall gestattet, eine solche subjektiv zu legen." (Simmel 1995/1908: 139). „Räumliche Grenzen" wären „nur die Kristallisierung oder Verräumlichung der allein wirklichen seelischen Begrenzungsprozesse" (Simmel 1995/1908: 141). Allerdings würden die Elemente und Untergliederungen des natürlichen Raumes die Beziehungen der Menschen untereinander und zu Außenstehenden „in einzigartiger Weise färben" (Simmel 1995/1908: 140). Somit würden die eigentlich zunächst psychologischen Grenzsetzungen an „natürlichen Gebietsabschlüssen eine Erleichterung und Betonung" finden (Simmel 1995/1908: 139).

„Though varying in form and complexity, territoriality is always with us."
(Agnew 2000: 824)

Nicht nur neoliberale Ansätze (z.b. die Globalisierungstheorien nach Castells in den 1990er Jahren) sprechen daher von einer verminderten Rolle des Staates in der modernen Welt. Wiederum andere Ansätze rücken die Nutzung staatlicher und auch transnationaler Territorien zur Durchsetzung ethnisch begründeter Interessen in den Vordergrund (u.a. Kolossov/O'Loughlin 1998: 262). Dennoch muss der Staat (weiterhin) als ein entscheidender Machtcontainer angesehen werden. Unter anderem für die Regulierung von Arbeitsmarkt, Finanzen, Recht und Sozialem finden sich angesichts der wachsenden Mobilität von Kapital, Waren oder Wissen auch gewisse Begründungen für die relativ beständige staatliche Organisationsebene, da sie – zumindest zeitweise – eine entscheidende Absicherung darstellen kann (vgl. Brenner 1997: 10). Auch Brand, Görg und Wissen (2007) verweisen in diesem Zusammenhang auf die notwendige Sicherung gewisser institutioneller Rahmensetzungen, welche durch politische Grenzen aufrecht erhalten werden kann.

2.1.2 Sozialräumliche Verortung durch Grenzen

Die mit politischen Grenzen verbundene Territorialisierung beinhaltet eine Verortung, eine „Platzanweisung" (Redepenning 2005: 175)[14], welche Harvey als „Zuweisung eines Ortes innerhalb einer sozialräumlichen Struktur auf bestimmte Rollen, Handlungsmöglichkeiten und Zugänge zu Macht in der gesellschaftlichen Ordnung" (Harvey 2007: 37) diskutiert.

> „Die Definition räumlicher Einheiten als Verwaltung-, Rechts- und Bilanzierungsentitäten legt Felder sozialen Handelns fest, die weit reichenden Einfluss auf die Organisation des sozialen Lebens nehmen."

---

14 Die Rolle von Territorialität wurde im Laufe der Zeit unterschiedlich bewertet. Lange Zeit stand die administrative/staatliche Ebene im Rahmen der Container-Theorie (Berking 2006b: 9) im Vordergrund. In diesem Zusammenhang wurden territoriale Grenzen bei der Untersuchung ihrer Wirkungen eher als gegeben betrachtet. In den 1990er/2000er Jahren kamen im Zuge der Diskussion der Globalisierung auch Ansätze der Entterritorialisierung oder Grenzenlosigkeit dazu (spaces of flows, Netzwerkgesellschaft (u.a. Castells 1996)). Demgegenüber stehen Ansätze, die Grenzen in ihrer Materialität auffassen und die Dynamiken in der Herstellung derartig verfestigter Differenzierungen in den Fokus rücken (Bourdieu, Harvey etc.).

Die Anknüpfung an Territorialität hilft bei der Koordination von Maßnahmen oder der Zuweisung von Verantwortlichkeiten (Sack 1986: 219). Sie wird, so Agnew (2000: 823), als Strategie angewandt, um als individuelle Person, Gruppe oder andere soziale Einheit Macht auszuüben, und kann auch genutzt werden, um die eigentlichen Quellen der Macht zu verschleiern (Sack 1986: 217, vgl. auch Bourdieu 1991: 27)[15].

„For humans, territoriality is not an instinct or drive, but rather a complex strategy to affect, influence and control access to people, things, and relationships."
(Sack 1986: 216)

„Einer der Vorteile, den die Verfügungsmacht über Raum verschafft, ist die Möglichkeit, Dinge oder Menschen auf (physische) Distanz zu halten, die stören..."
(Bourdieu 1991: 31)

Die derartig produzierten räumlichen Strukturen spielen „die Rolle eines Vermittlers" (Bourdieu 1998: 162 f.). Teils als unbewusste Erfahrungen in Denkstrukturen aufgenommen, teils als offensichtliche, formale Handlungsbeschränkungen, gehen erdräumlich verfestigte Ordnungsaspekte der Gesellschaft in die Wahl der Handlungsmöglichkeiten der Akteure ein.

Geht man von den Annahmen Bourdieus aus, so wird durch die Positionierung einer handelnden Person, durch ihre Lokalisierung an einem Punkt (im Sinne einer Bindung des Körpers an einen Ort) der Zugang zu Handlungsmöglichkeiten wesentlich vorbestimmt. Die Verortung gelte als eine Position im angeeigneten physischen Raum und somit gleichzeitig als „spontane Symbolisierung" ihrer Positionen in sozialen Räumen (ebd.: 160). Der soziale Raum nutzt den physischen Raum, um sich auszudrücken, er wird auf diese Weise „verdinglicht" (ebd.: 161). Dabei werden neben den Positionen der Akteure untereinander auch ihre Distanzen zu Gütern festgelegt. Durch die wiederholte Erfahrung der räumlichen Distanzen, in welchen sich auch soziale Erfahrungen bestätigen, wird die so aufgebaute Ordnung unmerklich „einverleibt", wird „naturalisiert" (ebd.: 162). Der physische Raum ist daher der Ort, an welchem „Macht sich behauptet und manifestiert", wenn auch zum Teil subtil und unbemerkt (ebd.: 163).

Ein Akteur sei somit charakterisiert durch den Ort, an dem er mehr oder weniger dauerhaft situiert ist (Bourdieu 1991: 26). Durch eine derartige Verfestigung im physischen Raum würden die Positionierungen im sozialen Raum eine gewisse *Trägheit* erfahren, sie seien nur unter gewissem Aufwand veränderbar. Die Chancen, mit Verortungen umzugehen, sich Güter und Dienstleistungen

---

15 Auch bürokratische Organisationsstrukturen können sich Territorialität zunutze machen und somit eine Stabilität aufbauen, mit der sie gegenüber tiefgreifenden gesellschaftlichen oder sozioökonomischen Veränderungen immun bleiben (Sack 1986: 219).

anzueignen und die dafür nötigen Aufwendungen (auch Zeit) gering zu halten, sind in Abhängigkeit der momentanen Positionierung sehr unterschiedlich. So

„werden die Personen ohne Kapital physisch oder symbolisch von den sozial als selten eingestuften Gütern ferngehalten und dazu gezwungen, mit den unerwünschtesten Personen and am wenigsten seltenen Gütern zu verkehren. Mit Kapitallosigkeit kulminiert die Erfahrung der Endlichkeit: an einen Ort gekettet zu sein. Umgekehrt sichert der Besitz von Kapital nicht nur die physische Nähe (Residenz) zu den seltenen Gütern; er verschafft darüber hinaus gleichsam Allgegenwärtigkeit aufgrund der ökonomischen und symbolischen Herrschaft über die Transport- und Kommunikationsmittel (häufig verstärkt durch den Delegationseffekt, jenem Vermögen, durch zwischengeschobene Personen aus der Distanz zu Existenz und Handeln zu kommen)."

(Bourdieu 1991: 30)

Dieser Argumentation Bourdieus wird hier nur zum Teil gefolgt. Die Konzeption einer Verortung in sozialräumlichen Dimensionen und die Ergründung der Möglichkeiten der Veränderung dieser Positionierungen liefern wichtige Erkenntnisse für die hier durchgeführte Untersuchung. Allerdings soll der Naturalisierung sozialräumlicher Positionen durch den physischen Standpunkt eines Akteurs aus einer praxistheoretischen Sicht entgegnet werden.

Die Unterschiede in der Verfügung über Kapital und die damit verbundenen sozialräumlichen Zugangschancen erklärt beispielsweise De Certeau mit verschiedenen Machtpositionen. Diese erlauben es den einen Akteuren, strategisch zu handeln, zu planen, verbunden mit einem Maß an Kontrolle über Raum und Zeit, während andere Akteure gezwungen seien, sich allenfalls mit taktischen Tricks und Kniffen spontan an die Gegebenheiten anzupassen (De Certeau 1988).

2.1.3 Eine temporäre Ordnung? Die Institution Grenze im Gebrauch

Die wichtigsten Auseinandersetzungen oder „Kämpfe" um derartige Verortungsprozesse und die darin ausgehandelte Aneignung von Raum finden, so Bourdieu (1998: 166, eig. Herv.), auf der Ebene *staatlicher* Politik statt. Auch nach Brand, Görg und Wissen (2007: 217 f.) wird durch die Schaffung staatlicher oder politischer Grenzen in Anlehnung an Poulantzas ein soziales Kräfteverhältnis – und oder somit auch ein sozialer Fragmentierungs- bzw. Exklusionsprozess[16] – institutionalisiert und materiell verdichtet.

---

16 Die Autoren heben die Bedeutung hervor, die der räumlichen Fragmentierung kapitalistischer Gesellschaften in miteinander konkurrierende Nationalstaaten für die Herstellung sozialer Kohä-

Diese Verdichtungen sind keinesfalls als unumstößlich anzusehen, sondern stellen ein allenfalls *temporäres* Gleichgewicht zwischen sich widersprechenden gesellschaftlichen Kräften dar, welches immer wieder ausgehandelt und bestätigt werden muss (Heeg 2008: 252). Auch Harvey (2007: 43) weist auf die Infragestellung und Veränderbarkeit solcher hegemonial definierten sozialen Räume hin und hebt den Fall der Berliner Mauer als ein „Zeichen des Angriffs auf eine eingerichtete Ordnung" (2007: 37) hervor. Politisch-territoriale Grenzen stellen somit ein entscheidendes Element für die Konstitution gesellschaftlicher Wirkungsbereiche dar, denn hier drückt sich die eigentliche Aushandlung der jeweiligen Ordnung aus, obwohl sie sich territorial gesehen am Rande eines Wirkungsraums befinden (Balibar 2004: 1).

Politische Grenzen beruhen auf teilweise recht komplexen Zusammenstellungen verschiedener Grenzziehungsprozesse der involvierten staatlichen oder suprastaatlichen Kräfte. Diese Funktionen der territorial(staatlich) basierten Politikbereiche finden sich in den Grenzregulierungen wieder und werden in *Interaktionen* an verschiedenen Orten umgesetzt. Als verfestigte Rahmensetzungen geben Grenzregulierungen eine Struktur für die Interaktionen und Handlungen im Moment des Grenzübertritts vor. Auf der Ebene dieser Dokumente und Anordnungen ist genau festgelegt, für welche Personengruppen bestimmte Regulierungen zutreffen und welche nicht von ihnen betroffen sind, welche Güter die Grenze auf welche Weise passieren können und welche Handlungen/Handlungsanpassungen diese Aktivitäten erfordern.

In dieser Reduzierung auf klare Kategorien, auf fest geltende Regeln für bestimmte Personen und Güter bei der Grenzüberschreitung liegt der Versuch, die Wirklichkeit innerhalb dieser Handlungskontexte in eine Ordnung zu bringen und sie dadurch zu beherrschen. Dabei werden auch technische Hilfsmittel eingesetzt, um die Abläufe der Durchsetzung der Gesetze zu vereinfachen und zu routinisieren. Pässe, Zäune und Schranken, Dokumente und Gebühren sind unmittelbar an der Umsetzung der Grenzziehungen beteiligt und tragen zu deren Selbstverständlichung bei (Hörning 2001: 167). Da die Konstruktion, Kontrolle und Bereitstellung einer solchen technischen Funktionsfähigkeit in Handlungszusammenhängen stattfindet, die für den Praktiker nicht leicht durchschaubar sind, „sichern die Regelwerke und Artefakte etwas zu, dem man als Laie vertraut oder vertrauen muss" (Hörning 2001: 237). Foucault betont die diesen Verfahren innewohnende moderne Art der Umsetzung von Macht, welche eben „nicht mit Recht, sondern mit der Technik [...], nicht mit dem Gesetz, sondern mit der Normalisierung, nicht mit der Strafe, sondern mit der Kontrolle" arbeite (Foucault 1977: 110, zitiert nach Hörning 2001: 172). Diese hergestellten Ordnungen

---

sion zukommt, und weisen auf einen großen Forschungsbedarf zu Prozessen der Institutionalisierung sozialer Prozesse hin (Brand/Görg/Wissen 2007: 221).

als dauerhaft fest und gesetzt zu betrachten würde den Grenzregimen inklusive ihrer technischen Verdeutlichung eine zu einfache Stabilität und selbstverständliche Akzeptanz verleihen.

„Materiell-technische Objekte und Verfahren geben ihre funktionelle wie kulturelle Bedeutung nicht eindeutig vor, sondern gewinnen diese erst in vielfältigen Prozessen der Aneignung und des Gebrauchs."

(Hörning 2001: 166)

Im hier vertretenen Verständnis entfalten Grenzen als andauernder Prozess oder Institution im Gebrauch ihre Wirkung erst innerhalb von praktischen Handlungen und bleiben somit in gewissem Grade veränderbar (vgl. u.a. Anderson 1996; Bruns/Miggelbrink/Müller/Wust/Zichner 2009; Bruns/Müller/Wust/Zichner 2010a; Eigmüller/Vobruba 2006b; Harvey 2006; Paasi 1999a,). Grenzen hören nicht auf, geformt zu werden, wenn sie in Funktion treten, sondern auch nach diesem Moment setzen sich die Prozesse ihrer (sozialen) Aushandlung fort. Erst ihre Analyse im eigentlichen Gebrauch ermöglicht auch die Inbetrachtnahme von Wirkungsprozessen.

2.1.4 Schlussfolgerung

Territoriale Grenzen drücken gesellschaftliche Differenzierungsprozesse aus, welche in einem Prozess von Institutionalisierung und Materialisierung durch die Nutzung von Territorialität eine zeitweise Fixierung erfahren (sollen). Dem Ansatz der sozialräumlichen Verortung folgend (Bourdieu 1991; Harvey 2007) muss dem Mittel des Territoriums gerade im Zusammenhang mit politischen Grenzen eine entscheidende und auch weiterhin bestehende Bedeutung beigemessen werden (Kolossov/O'Loughlin 1998: 262). Vor allem staatliche Territorien verdienen als „machtvolle Organisationsformen sozialräumlicher Vergesellschaftung" (Berking 2006: 11)[17] auch in Zukunft das Interesse der Wissenschaft.

Als Verfestigungen haben politische Grenzen eine handlungsleitende Wirkung, welche besonders über die territoriale Ebene und die damit verbundene Platzzuweisung eine spezifische Macht beinhaltet. Dennoch befinden sie sich als Institutionen in Prozessen immer währender Aushandlung. Die tatsächliche Wirksamkeit einer solchen Verortung macht sich daher erst in den Handlungen selbst bemerkbar, welche durch die Grenzbestimmungen reguliert und geordnet werden sollen.

---

17 Die „Verschiebung sozialräumlicher Maßeinheiten" wäre „nicht gleichbedeutend mit deren Verschwinden". „Auch durchlässige Grenzen sind immer noch Grenzen." (Berking 2006b: 10).

2.2 Die Akteursebene: ein praxistheoretischer Zugang

„Die implizite Regelpraxis ist oft reicher als die offizielle Regel."
(Hörning 2001: 223)

Grenzregulierungen gehen als handlungstrukturierende Normen in die Handlungsentscheidung von Akteuren ein. In Konsequenz der hier vertretenen raumtheoretischen Annahmen zur Umsetzung von Grenzen wird davon ausgegangen, dass die Handlungsstrukturierung erst in der eigentlichen Anwendung der Regulierungen wirksam wird. Mit den nun folgenden Ausführungen wird das Ziel verfolgt, die Handlungsspielräume der grenznahen Bevölkerung im Umgang mit dieser Normierung und deren materieller Umsetzung aus der Akteursperspektive theoretisch einzuordnen.

Die Erforschung der Handlungen an der EU-Außengrenze soll nicht nur helfen, von individuellen Handlungen zu erfahren, sondern auch zu verstehen, warum sie zustande kommen, ihren Sinn zu bestimmen. Um die Eignung einer Einbettung der hier vorgenommenen Untersuchungen in praxistheoretische Überlegungen zu erklären, soll daher zunächst die konzeptionelle Einordnung des *Bezuges zwischen verschiedenen Handlungssinnen oder -zielen und der Handlung selbst* diskutiert werden. Daran anschließend zeigt ein ausführlicher Blick auf praxistheoretische Grundannahmen, dass kollektive und kommunikative Prozesse ein wesentlicher Bestandteil von Praxis sind und einen möglichen Zugang für die empirische Forschung bieten.

2.2.1 Warum Praxistheorie? Das Problem mit ‚Handlung und Sinn'

Handlungstheoretische Ansätze beschreiben das Handeln als speziellen Verhaltenstypus vor allem dadurch, dass es *zielgerichtet* ist (u.a. Giddens 1992: 58 f.; Lenk 1994: 119 ff.; Werlen 1997: 38)[18]. Diese Annahme der Zielgerichtetheit oder auch Sinnhaftigkeit (Reckwitz 2004: 304) hat zur Folge, dass Normen, Zwecken, Wahrnehmungsschemata usw. eine relevante Rolle für das Handeln beigemessen wird. Die jeweilige Art der Bedeutung dieser Aspekte, vor allem

---

18 Die Begriffe 'Handeln' und 'Handlung' werden vielfach parallel bzw. synonym und ohne besondere Unterscheidung verwendet. Auch hier soll der Differenzierung nicht allzu große Aufmerksamkeit zuteil kommen. Mögliche Differenzierungen werden darin gesehen, dass 'Handeln' als Bezeichnung für die eigentliche, aktive Tätigkeit bevorzugt wird, während 'Handlung' einen etwas weiteren Rahmen aufspannt und auch die Ergebnisse der Aktivitäten mit einbezieht (Werlen 1997: 38). Dies bedeutet jedoch nicht, dass jedes Ziel auch erfüllt, und jedes Ergebnis von Handlungen den eigentlichen Intentionen entsprechen muss (für eine ausführliche Diskussion siehe Giddens 1992: 59 f.).

aber die Wirkung der Verknüpfungen zwischen ihnen und dem Handeln selbst wird in verschiedenen Handlungstheorien sehr unterschiedlich verstanden und beschrieben (vgl. Reckwitz 2004: 305). Für die hier vorgenommene Untersuchung ist es von besonderer Relevanz, die Art und Weise der Wirkung von Regeln und Normen auf tatsächlich ausgeführte Handlungen zu verstehen. Die folgende Diskussion handlungstheoretischer Ansätze soll die Entwicklung eines Verständnisses für diese Verknüpfung von Regeln und Handlungen aufzeigen und erklären, wie ein praxistheoretischer Zugang diese konzeptionelle Frage in geeigneter Weise lösen kann.

Zweckorientierte handlungstheoretische Ansätze betonen Rationalität[19] als das zentrale Element der Handlungsentscheidung. Handelnde Akteure würden – und damit ist die Verknüpfung von Sinn und Handeln in kausaler Weise beschrieben – ihre Ziele auf ‚mehr oder weniger intelligente Weise' verfolgen, das heißt, die Konsequenzen ihrer Handlungen bewerten und aufgrund dieser Evaluierung eine Wahl treffen (Lindenberg 2006a: 548). In einer Reihe von klassischen Ansätzen der ‚rational choice theory' wurde dabei in Anlehnung an den Typus des Homo oeconomicus der Akteur als ‚allinformiertes', auf maximalen Nutzen orientiertes Wesen angesehen (Esser 1991: 53; Lindenberg 2006a: 548). Rationalität wurde als ‚natürliche' Eigenschaft von Akteuren betrachtet, welche also gar nicht anders könnten, als zielstrebig oder gar egoistisch ihre individuellen Ziele zu verfolgen (Lindenberg 2006b: 616). Die Realität zeigte jedoch, dass beobachtete Handlungen diesem Entwurf in vielen Fällen nicht entsprachen. Diese Ansätze unterlagen daher der Kritik, zu individualistisch angelegt zu sein, und soziales Verhalten zu stark außer Acht zu lassen[20].

Normorientierte Zugänge räumen nicht nur dem Nutzen einer Handlung, sondern auch sozialen Normen, institutionellen Kontextbedingungen eine bedeutende Wirkung auf die Handlungsausrichtung ein (Parsons 1937: 44, nach Werlen 1997: 196; siehe auch Giddens 1992: 54). Die Regelsysteme oder auch Insti-

---

19 Rationalität, auch Klarheit und Deutlichkeit, kann diese Eigenschaften verkörpern im Sinne von a) formalen Logiken; b) praktischen Interessen des Handelnden (Esser 1991: 26 ff.).
20 Klingt die Zweckorientierung also zunächst nach recht klaren Begründungen und Abläufen wirtschaftlichen Handelns, so wird doch auch bei Weber schon die Komplexität des Phänomens erkennbar. „Sie [die „wirtschaftlichen" Vorgänge und Objekte] haben einen besondersartigen gemeinten Sinn: dieser allein konstituiert die Einheit der betreffenden Vorgänge und macht sie verständlich." (Weber 1980: 31). Um wirtschaftliches Handeln also im Detail begreifen zu können, müsste man demnach diesen Sinngebungen, den Herausbildungen von subjektiven Bewertungen der Bedarfe auf den Grund gehen. Diese Bewertungen oder Entscheidungen sind aber in hohem Maße kontextabhängig. Dadurch werden für den individuellen Akteur Handlungsspielräume vorgegeben, welche handlungsrelevant werden. Während zwar der Markt an sich ein (ökonomisch) rationales, effizientes Handeln befürworten würde, gäbe es in jedem gesellschaftlichen Kontext wiederum auch Normen, kulturell bedingte Handlungsregeln, die die individuelle Handlungsorientierung beeinflussen würden (DiMaggio 1994: 39 ff.).

tutionen, welche die Handlungsverläufe von Akteuren vorstrukturieren, umfassen nicht nur formale rechtliche Regeln, die durch das Rechtssystem und den Staatsapparat sanktioniert sind, sondern auch soziale Normen, die von den Akteuren im allgemeinen beachtet werden und deren Verletzung durch Reputationsverlust, soziale Missbilligung, Entzug von Kooperation und Belohnung oder sogar soziale Ächtung sanktioniert wird (Martin 2000: 84; Scharpf 2000: 77)[21]. Wie formale Institutionen auch vermögen es diese Regeln, Unsicherheiten beim Handeln zu verringern, eine gewisse Ordnung zu schaffen (North 1992: 4). Dabei verläuft Handeln meistens unter Einfluss *mehrerer* Bezugssysteme gleichzeitig, verschiedene Normen werden geltend (Weber 1980: 13). In Anlehnung an Parsons stehen sowohl Normen als auch Werte jeweils für Teilaspekte der Orientierung von Handlungen. Sie stellen für die Akteure jeweils in den konkreten Situationen der Handlungswahl ein mögliches Bezugssystem für verschiedene Alternativen dar (Werlen 1997: 196 ff.), sie legen innerhalb ihrer Gültigkeitsbereiche fest, welche Formen von Interaktion und Beziehungen als legitim angesehen werden und welche Mittel eingesetzt werden dürfen (Werlen 1997: 191).

Normorientiertes Handeln heißt „Handeln, dass sich sowohl an der der Handlung vorgängigen *Geltung* von Normen bzw. an der (zukünftigen) *Erfüllung* von Normen durch das Handeln orientiert" (Gaffer/Liell 2001: 188, eig. Herv.). Durch diese Erweiterung handlungstheoretischer Annahmen finden neben den Handlungsregeln auch ihre intersubjektiven Beziehungen Eingang in die Betrachtungen (vgl. Reckwitz 2004: 309), allerdings fehlt weiterhin die Berücksichtigung der Kollektivität von Handlungsaspekten (vgl. Reckwitz 2004: 313). Außerdem bleibt die Entstehung der Normen an sich noch ungeklärt und somit auch ihre Art und Weise der Einflussnahme auf die Handlungen weiter im Verborgenen.

In Erweiterung zu der Bedeutung von Normen wurde im Rahmen von *kulturtheoretisch* orientierten Handlungstheorien die Aufmerksamkeit auf kollektive Handlungsmuster gelenkt und somit die mentale, kognitive Ebene als Erklärungsgrundlage von Handlungen gewählt. Dieser Theoriebereich baut unter anderem auf der Richtung der interpretativen, überwiegend subjekt-orientierten Ansätze der Phänomenologie (nach Alfred Schütz) und Hermeneutik sowie den Traditionen des eher objektivistisch ausgerichteten Strukturalismus auf (vgl. Reckwitz 2004: 312). Gemeinsam ist diesen Ansätzen, dass kognitive Wissensordnungen als den Handlungen Sinn gebende Elemente betrachtet werden

---

21 Martin (2000: 80) spricht in diesem Zusammenhang von der Handlungsausrichtung innerhalb lokaler 'institutional regimes', welche sich sowohl aus Aspekten formeller (Gesetze etc.) und informeller Regeln (Normen, Bräuche) ('institutional environment'), als auch der spezifischen Organisationsformen (z.B. Unternehmen, Städtische Ämter, Staat) ('institutional arrangements') zusammensetzen.

(Reckwitz 2004: 312). Die Konstruktion der Wirklichkeit wird auf symbolischer Ebene geordnet, indem entsprechend den kulturellen Codes oder gemeinsamen Wissensvorräten den Dingen gewisse Bedeutungen zugeschrieben und auf dieser Basis die Handlungsentscheidungen getroffen werden. Diese „kollektiven Wirklichkeitsmodelle" (Reckwitz 2004: 313) können recht stabil werden, im Sinne von Routinen das Handeln vorbestimmen und auf diese Weise auch Ordnung erzeugen (Reckwitz 2004: 316; siehe auch Soeffner 2004: 22). Nach Schütz orientiert sich alltägliches Handeln an Gewohnheiten, an „Faustregeln" oder „Rezepten", welche sich „in unserem Erfahrungsschatz als bereits in einer ähnlichen Situation bewährt" herausgestellt haben (Schütz 1982: 184). Diese Habitualisierungen, die Reproduktion von Handlungsschemata sind eine Vorstufe der Institutionalisierung, der Verfestigung (Guttandin 1995: 261). Wie auch andere institutionelle[22] Regeln und Rahmen geben diese informell entstandenen Routinen oder Handlungsweisen ein Muster vor, an dem sich die Akteure orientieren. Dabei wird die Handlungsbestimmung allerdings im Gegensatz zu normativen Ansätzen nicht aufgezwungen, sondern durch die kognitive Strukturierung der Wirklichkeit ermöglicht (Reckwitz 2004: 313). Die kollektiven Wissensordnungen haben daher eine große Bedeutung für die Handlungsentscheidungen:

> „Erst die zentralen Unterscheidungen und Typisierungen seines Hintergrundwissens ermöglichen es dem Akteur, Normen sowohl zu verstehen und situationsadäquat anzuwenden als auch sie als legitim zu bewerten und ihnen zu folgen."
>
> (Reckwitz 2004: 315)

Derart betrachtet sind Habitualisierungen „weitgehend kritikfest und einwandsimmun" (Guttandin 1995: 261). Durch sie entsteht ein gewisser Anspruch an die Abläufe von Handlungen, eine Vorstellung der Möglichkeit der Vorhersagbarkeit (vgl. auch Berger/Luckmann 2004: 67). Allerdings werden dabei die möglichen Einflüsse der tatsächlichen Handlungssituation, die Lücken in den Routinen, die Spielräume und unerwarteten Herausforderungen außer Acht gelassen, das im habituellen, routinierten Handeln eingesetzte Wissen wird in seiner Anwendung wenig reflektiert.

In konzeptioneller Erweiterung zu sowohl zweckorientierten als auch normorientierten Handlungstheorien stellen die kulturtheoretischen Ansätze mit ihrem Fokus auf die *Wissens*bestände der Akteure ein Konzept bereit, welches überhaupt erst die Grundlagen für eine Wahl von Handlungszielen (Normen, Zwecke

---

22 Während formelle Institutionen auf „planvolle organisatorische Festlegungen" zurückgehen, werden mit „informell" eher Erscheinungen bezeichnet, die „sich ungeplant, durch spontane Verbindung – meist in Reaktion auf Herausforderungen der formellen Organisation – bilden" (Laatz/Klima 1995: 209). So können beispielsweise Gruppen entstehen, die einem formellen Leistungsdruck durch „eigene Normsetzung und Leistungszurückhaltung begegnen" (ebd.).

2.2 Die Akteursebene: ein praxistheoretischer Zugang

oder andere Orientierungen) zu erklären versucht (Reckwitz 2004: 315) und dabei auch (erwartete) Situationsbedingtheiten und Einordnungen in Legitimierungsbezüge berücksichtigt. Problematisch bleibt jedoch auch bei diesen Ansätzen die Erklärung der Verknüpfung zwischen Handeln und Sinn – bzw. auch über einen Zwischenschritt die Frage nach der Verknüpfung von Handlung und Wissen. Wenn Ordnung nur durch Routinen entsteht, diese aber nur aufgrund einer kognitiven Ordnung der Wirklichkeit, also lediglich auf der mentalen Ebene möglich sind, dann bedeutet das für jegliche, dieser Orientierung nicht folgende Handlung, dass sie Chaos und Isolation zur Folge haben müsste (Schatzki 1996: 15). Durch diese Trennung der mentalen Ebene und der Verhaltensebene, durch die einseitige Bedeutungszuweisung an die erstere der beiden, vermögen es diese Ansätze nicht, das Handeln an sich auf intensive Weise zu analysieren (Hörning 2001: 157; Reckwitz 2004: 319; siehe auch Ernste 2005: 162 ff.). Bourdieu wirft daher den Vertreter/inne/n dieser Ansätze vor, den Begriff des Handelns auf eine Weise zu „intellektualisieren", die der „Logik der Praxis" nicht gerecht werde (Bourdieu 1997: 61 ff.).

Eine weitere Richtung kulturtheoretischer Handlungstheorien nimmt sich dieser Frage der Verbindung von Handeln und Sinn auf ganz eigene Weise an. Auch hier geht man davon aus, dass Handlungsmuster in symbolische Wissensordnungen eingebettet sind (Reckwitz 2004: 320). Allerdings wird in den *praxeologischen* Ansätzen die vormals unterstellte Trennung von Handeln und Sinn (und die darauf begründete Notwendigkeit der Frage nach ihrer Verknüpfung) angezweifelt, indem Handlung und Wissen als untrennbar miteinander vereint angesehen werden. Wissen wird nicht mehr nur auf der kognitiven Ebene angenommen, sondern findet sich als *know-how* in der Anwendung, in der Praxis. Daher werden dann auch die Praktiken zum eigentlichen Ort des Sozialen, dem Ort, an dem Ordnung entsteht, und der somit als Untersuchungseinheit gelten sollte (Reckwitz 2004: 318). Routinisierte Handlungen sind auch hier die Basis für soziale Ordnungen. Da aber das Verhalten nicht zweifelsfrei den kognitiven Vorgaben Folge leistet, sondern in den Interaktionen selbst auch immer wieder Interpretationsleistungen eingeschlossen sind, werden auch Änderungen im Verhalten, Anpassungen, Aufbrechungen bisher etablierter Regeln als sehr wohl erklärbare Phänomene und Teile der Praxis selbst angesehen (Reckwitz 2004: 324). Praxis entwickelt in diesem Sinne ein eigenständiges „Leben" (Hörning 2001: 161, Herv.i.Orig.), ein Zugang, der auch den in der Umsetzung von Regeln entstehenden Spielräumen, Brüchen oder Lücken Beachtung schenkt. Handeln als Praktik wird in dieser Herangehensweise wieder stärker als etwas Körperliches wahrgenommen, die in anderen Ansätzen vernachlässigte Materialität wird als bedeutsam angesehen (Reckwitz 2004: 318). Objekte finden nicht nur in der tatsächlichen Handlung Anwendung, sondern sind als *materielle Kultur* auch

Vorraussetzung für das Zustandekommen und die Wiederholung von Praktiken (Reckwitz 2004: 313):

> „Wenn soziale Praktiken ‚soziale Ordnung' sichern, dann gelingt ihnen dies aus praxeologischer Perspektive nicht isoliert unter der Bedingung von Intersubjektivität, sondern auch der der ‚Interobjektivität' mit der materialen Kultur."
> (Reckwitz 2004: 323)

Im praxistheoretischen Verständnis werden also Sinne oder Orientierungen zum Bestandteil der Praxis selbst erklärt. Regeln und Normen, die auf die Orientierungen einwirken, tun dies somit erst in der Praxis selbst. Eine solche praxeologische Untersuchungsperspektive erklärt, warum die Wirksamkeit der Regulierungen der EU-Außengrenze in ihrem Gebrauch, also in den Handlungen und Interaktionen der Akteure zu erforschen ist.

2.2.2 Grundannahmen eines praxistheoretischen Zugangs

> „Praxis ist zugleich regelmäßig *und* regelwidrig, sie ist zugleich wiederholend *und* wiedererzeugend, sie ist zugleich strategisch *und* illusorisch. In ihr sind Erfahrungen, Erkenntnisse und Wissen eingelagert, manchmal sogar regelrecht einverleibt."
> (Hörning 2004: 33, Herv. i.Orig.)

Die Untersuchungen dieser Arbeit, die Erforschung der Handlungen und ihrer Orientierungen am äußeren Rand der EU folgen den Annahmen der Praxistheorien. Doch was bedeutet das genau für das theoretische Konzept? Was macht Praktiken im Gegensatz zum Begriff der Handlung aus? Und wie lassen sich ihre Eigenschaften präzise umfassen? Die folgenden Seiten sollen in die Bestandteile eines praxistheoretischen Konzeptes einführen und die wesentlichen Begriffe für die hier vorgenommenen Analysen klären.

2.2.2.1 Praxis/Handlung

Der Begriff der *Handlung* ist in den praxeologischen Ansätzen eng verbunden mit dem der Praxis. Dadurch wird nach Reckwitz der Mangel der zu starken Punktförmigkeit, Individualisierung und einseitige Orientierung von Verhalten überwunden, welche den Begriff der Handlung im klassischen Sinne prägte (Reckwitz 2004: 320). Die einzelne Handlung wird „als Teil von kollektiven Handlungsgefügen, von gemeinsamen sozialen Praktiken" (Hörning 2001: 162) verstanden. Soziale Praktiken würden sich von bloßem habitualisiertem Verhalten darin unterscheiden, dass sie als Ausdruck eines Hintergrundwissens gesehen werden können (Schatzki 1996: 109 f., so in Hörning 2001: 227 f.). Dieses in der Praxis relevant werdende Hintergrundwissen beschreibt Mannheim (1980: 250 f.) als einen „über die Vorstellungen der Einzelindividuen hinausragenden geistig-systematischen Zusammenhang, der sich aus dem sinnvollen Zusammenspiel der individuellen Bewußtseinsvollzüge" zu einem bestimmten Zeitpunkt ergibt.

Praxis betont zum einen die *Routine*-Eigenschaft von Handeln. Nicht jede Aktivität wird schon als Praxis angesehen, sondern erst durch regelmäßige, gemeinsame Wiederholungen von Abläufen entstehen „gemeinsame Handlungsgepflogenheiten", die sich zu „kollektiven Handlungsmustern und Handlungsstilen" entwickeln (Hörning 2001: 160). Praxis ist zum anderen auch unberechenbar. Routinen reichen nicht aus, denn die Situativität der Praxis verlangt ständig nach Veränderung und Anpassung der Handlungsorientierungen (ebd.). Besonders bei neuen Herausforderungen, bei auftretenden Problemen oder Misslingen setzen Prozesse der Reflexion und der Suche nach neuen Spielräumen ein, werden Veränderungen an den habitualisierten Handlungsabläufen vorgenommen (Hörning 2001: 168 ff.).

2.2.2.2 Wissen und Handlungsorientierungen

> „Praktiken sind immer beides: Wiederholung *und* Neuerschließung."
> (Hörning 2001: 163, Herv.i.Orig.)

Die Betrachtung von Handeln im Sinne von sozialen Praktiken zeigt die Relevanz von sowohl expliziten als auch impliziten Formen von *Wissen* auf, welche in wechselseitiger Ergänzung zueinander stehen (vgl. Hörning 2001: 226). Dabei liegt die Betonung auf dem „Hervorbringen von Denken und Wissen *im* Handeln" (Hörning 2001: 164, Herv.i.Orig.) und weniger auf der kognitiven Ebene eines Vorwissens. Das Wissen umfasst sowohl Lösungsansätze, als auch – im Hintergrund, in kollektiven Handlungen und Interaktionen entstehende – gemeinsame Kriterien dafür, welche Lösungsansätze eingesetzt werden, und wann und auf welche Weise Handlungsroutinen angepasst werden müssen. Darin unterscheiden sich Praktiken von klarer Regelanwendung/Normorientierung, reiner Zweckverfolgung (wie in den Rational Choice Ansätzen angenommen) oder der unangezweifelten Wiederholung von Gewohnheiten (Habitualisierungen) als singuläre Handlungsorientierungen.

Durch den in der Praxis erlernten Umgang mit Dingen und die Einbeziehung vorheriger Erfahrungen bildet sich zum einen ein *bewährtes Wissen* als ein

Repertoire an Regeln und Wissensbeständen heraus, welches *explizit* ist, gegebenenfalls auch in Daten und Texte gefasst und weitervermittelt und mit Erwartungen an seine Gültigkeit verknüpft werden kann. Dieser Teil des Wissens besteht in gemeinsamen Geschichten und Erfahrungen, welche in informellen Kontexten konstruiert, meist mündlich weitergegeben, und in eher seltenen Fällen in irgendeiner Form dokumentiert werden (Beckford/Barker 2007: 118). Als praktische Erkenntnis trägt es in immerwährender Überarbeitung dazu bei, eine Normalität durch Routinen herzustellen und zu aktualisieren (Hörning 2001: 228 ff.). In Kommunikationsprozessen orientiert man sich an vorherigem Verhalten und gibt wiederum dadurch Erfahrungen und Orientierungen weiter.

Das *praktische Wissen* – also der *implizite* Anteil des Wissens - bildet sich zum anderen in der Praxis selbst heraus, im Handeln. Es entsteht durch die soziale Einübung und Erfahrung im fortlaufenden Handlungsvollzug. Ähnlich den Konzepten des „Habitus" als soziale Disposition bei Bourdieu und des „praktischen Bewusstseins" als praktische Fähigkeit des Handelnden bei Giddens stellt dieses Wissen eine Art „Urteilskraft" aus der Fülle des Alltags heraus dar (Hörning 2001: 163). Erst mit den damit verbundenen impliziten Normen werden die expliziten Handlungsregeln wirksam (Hörning 2001: 225, in Anlehnung an Wittgenstein 1984: 344 f.). Dabei dient die Praxis als Medium, welche die Geeignetheit von einer Sache oder Handlung herausstellt.

Je nach Situation erlaubt diese Gleichzeitigkeit dieser Wissensformen sowohl den adäquaten Einsatz bereits erprobter Handlungsmuster als auch gegebenenfalls neue Zusammensetzungen von implizitem und explizitem Wissen und damit Umdeutungen in den Habitualisierungen (Hörning 2001: 168 ff.). Ein Zugang zu diesen Wissensformen kann daher auch die Reaktion von Akteuren auf neue Bedingungen aufzeigen – ein Umstand, der für die Untersuchung der Handlungsorientierungen an den sich verändernden Grenzabschnitten besonders relevant ist.

2.2 Die Akteursebene: ein praxistheoretischer Zugang

Abbildung 2: Kollektive Handlungsorientierungen und ihre Grundlagen

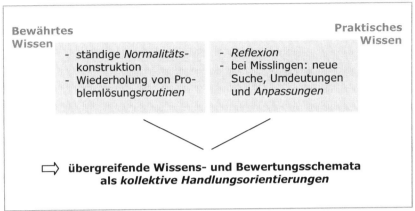

Qu.: Eigene Darstellung

Beide diese Wissensformen sind auf kollektiver Ebene wirksam, entstehen in gemeinsamen Prozessen. In ihrer Kombination stellen das bewährte und das praktische Wissen der Praxis daher Wissens- und Bewertungsschemata bereit, welche den Akteuren als *kollektive Handlungsorientierungen* Fähigkeiten für die Bewältigung von Situationen vermitteln und somit die Handlungsentscheidungen beeinflussen.

2.2.2.3 Interpretationsgemeinschaften

Aus der Erkenntnis suchenden Perspektive scheint besonders der Zugang zu Formen des impliziten Wissens problematisch (vgl. auch Hörning 2004: 20). Man kann nicht erkennen, ob es vollständig aktiviert wird oder Teile davon brach liegen bzw. fehlerhaft sind. So verbreitet sich solches Wissen *in seiner Anwendung, in der Praxis*, und dort durch Schritte der Beobachtung, Imitation, Korrektur und Wiederholung (Hörning 2001; Polanyi 1985) und nur durch Erfahrung und Praxis kann dieses Wissen auch hergestellt werden (Gertler 2003: 78; Maskell/Malmberg 1999a: 13; Maskell/Malmberg 1999b: 172).

Dieses Wissen entwickelt eine eigene Etymologie und spezifische Mitteilungsformen, fordert eigene Auslegungspraktiken ein, die so richtig nur in „engen Interpretationsgemeinschaften" (Hörning 2001: 242) funktionieren. Daher zeigt sich das praktische Wissen „nicht nur im Tun, sondern auch im darauf bezogenen Sprechen – im Gewahrwerden, Vermuten, Erklären, Schlussfolgern,

Rechtfertigen, Kritisieren". Eine „unordentliche" Alltagssprache ensteht, gekennzeichnet von vielen Beispielen, Analogien, Erfahrungen. Im ständigen Versuch, Plausibilität herzustellen, wird anhand von Beispielen das Regelhafte, Allgemeine mit reflektiert. In solchen Prozessen bilden sich Deutungen und Erkenntnisse heraus, infolge derer die bestehenden Regeln in Frage gestellt und Spielräume aufgedeckt werden können (Hörning 2001: 243). Gerade in diesen Spielräumen werden Erfahrungen aufgebaut, wird ein praktisches Wissen erlangt, stimmt man „sich (oft stillschweigend) mit anderen ab und erfährt so den latenten „'Gemein-Sinn' gemeinsamen Handelns und Sprechens" (Schatzki 1996: 188 ff., zitiert nach Hörning 2001: 164).

Die Annahme solcher Gemeinschaften als Sinnbereiche sind den in anderen handlungstheoretischen Ansätzen diskutierten Handlungsräumen oder auch Erfahrungsräumen nicht unähnlich[23]. Nach Bourdieu gleicht ein Handlungsraum einem Kräftefeld, einem Ensemble von Relationen zwischen Positionen in *sozialen* Räumen (Fuchs-Heinritz/König 2005: 139, eig. Herv.). Mannheim zufolge sind solche Positionen oder räumlichen Standorte konstitutiv für die Perspektive eines Akteurs, für seine Sicht auf die Dinge (Mannheim 1980: 212). Räumlich ist hier im Sinne von ‚Erfahrungsraum' gemeint – nicht territorial, sondern als Erfahrung der sozialen Wirklichkeit wie einer Landschaft, die Erfahrung von Handlungsmöglichkeiten. In diesem Verständnis bilden sich konjunktive Erfahrungsräume als Handlungsräume der Akteure heraus, welche als „modus operandi" (Bohnsack 1999: 68) das Handeln auf einer nicht bewussten Ebene vorstrukturieren (vgl. Bourdieu 1991). Innerhalb solcher Rahmungen werden Einflüsse darauf ausgeübt, wie Akteure Situationen definieren, sozial auftreten (Performanz), sich selbst und andere konstituieren, und ihre Beobachtungen des (eigenen und anderen) Verhaltens mit ihrem subjektiven Verständnis der Welt in Beziehung setzen (Murphy 2006: 439).

Teilt man eine solche Rahmung durch einen konjunktiven Erfahrungsraum, so hat man ähnliche Anschauungen von der sozialen Wirklichkeit, einen ähnli-

---

23 Die Bedeutung eines derartigen Handlungsumfeldes wird in einigen kulturtheoretischen Ansätzen in Anlehnung an die Arbeiten von Husserl mit dem Begriff der Lebenswelt umfasst (vgl. u.a. Waldenfels 1984: 332 f., Schütz 1982: 182). Eine Lebenswelt beschreibt nach Schütz einen umgreifenden Sinnhorizont für alle finiten Sinnbereiche. Diese abgegrenzten Sinnbereiche seien jeweils gekennzeichnet durch einen spezifischen, auf diesen Bereich bezogenen Stil der Praxis (vgl. Soeffner 2004: 21). Ganz ähnlich zu diesen Annahmen werden moderne Gesellschaften in Bezug auf Lebenswelten vielfach als pluralisiert dargestellt. Viele verschiedene kleine Erfahrungsbereiche hätten sich herausgebildet, welche Honer auch als „kleine Lebens-Welten" bezeichnet, zwischen denen sich die Menschen bewegen (Honer 1993: 14 ff., siehe auch Knoblauch 1996), in welchen sie ihr Wissen austauschen und ihre Entscheidungen finden und fällen (Murphy 2006: 241, Gertler 2003: 78). So hätte zum Beispiel der Alltag an der Grenze als finiter Sinnbereich seine eigenen Regeln, eingebettet in einen größeren Sinnhorizont der Lebenswelt der betrachteten Akteure.

chen Denkstil, gemeinsame Erfahrungs- und Wissensstrukturen; selbst die Verständigung nimmt spezifische Formen an (Mannheim 1980: 218). Kommunikation schließt in diesem Verständnis nicht nur die reine Übermittlung einer Information, sondern auch die Übertragung emotionaler Aspekte ein, welche den Sinn einer Information wesentlich mitbestimmen oder ergänzen (Gripp 1995: 347; vgl. auch Goffman 2004/1959: 6). Die Lernprozesse innerhalb von solchen handlungsräumlichen Strukturen umfassen also auch diese unbewussten Entwicklungen, basierend auf einem unmittelbaren Verstehen, einem „strukturidentischen Erleben (...), welches auch denjenigen gemeinsam ist, die einander gar nicht zu kennen brauchen" (Bohnsack/Przyborski/Schäffer 2006: 12). Die Handelnden bilden eine Art Schicksalsgemeinschaft, sie teilen eine gemeinsame soziale Lage (Bohnsack 1999: 126), sie haben die gleichen Sorgen. Diesen Ängsten gegenüber steht das Vertrauen unter den Akteuren, welches immer wieder durch Kommunikation und zwischenmenschliche Aushandlungsprozesse hergestellt wird (Murphy 2006: 434). Die sozialen Austauschprozesse innerhalb solcher Interpretationsgemeinschaften spielen daher für die Entstehung von kollektiven Handlungsorientierungen eine entscheidende Rolle.

2.2.3 Schlussfolgerung

Handlungsorientierungen bilden sich also in den sozialen Prozessen der Praxis heraus, ohne dass bereits vorgegeben ist, ob die Orientierungen der Akteure auf Zweck, Norm oder Gewohnheit abzielen. Man kann davon ausgehen, dass die hier betrachteten Akteure für ihre ökonomischen Zwecke in vieler Hinsicht rational handeln (wollen). Ihre Handlungsentscheidungen werden allerdings durch soziale Umstände und Einflüsse geprägt, beschränkt und geleitet, soziale und materialisierte Normen werden wirksam. Letztendlich entscheidet sich erst in der Praxis selbst, welche Zielsetzungen und Sinngebungen für die Handlungsentscheidung relevant werden. Das bedeutet, dass Handlungen nicht objektiv und a priori einer konkreten Orientierung zugeordnet werden können, sondern nur eine stärkere Annäherung an die Praxis über die Perspektive der Akteure selbst helfen kann, diese Orientierungen in ihren Ausrichtungen und Zusammensetzungen näher zu bestimmen.

> „Wir sprechen über Motive, weil wir handeln, wir handeln nicht, weil wir Motive haben."
> (Hörning 2001: 164)

Das innerhalb bestimmter Anwendungsbereiche erprobte und übermittelte Wissen hilft dabei, Handlungsentscheidungen zu treffen, Handlungsabläufe zu strukturieren. In der fortlaufenden Wiederholung und Anwendung des Wissens bilden sich somit zusätzlich zum Know-how auch Kriterien dafür heraus, was in einer bestimmten Situation oder einem Kontext als passend und sinnvoll erscheint (Hörning 2001: 227). Ledeneva (2006: 314) beschreibt die Wirkung solcher informellen Bezugssysteme dahingehend, dass sie „Befähigungsstrukturen" aufbauen, mit welchen Systemregeln umgangen werden könnten (vgl. auch Pijpers/Van der Velde 2007). Wie diese Aushandlungsmöglichkeiten in Bezug auf die Grenzregulierungen im praxistheoretischen Sinne aussehen können und welche Konsequenzen das in Bezug auf die Verortungswirkungen dieser Regulierungen haben kann, wird im folgenden Abschnitt thematisiert.

2.3 Differenzierung in der Praxis: die Aushandlung der Verortung

Aufbauend auf den bisher erläuterten, praxeologisch orientierten Annahmen soll nun die Frage aufgegriffen werden, auf welche Weise sich die Ordnungs- und damit Verortungsbestrebungen staatlicher bzw. suprastaatlicher Politiken in Handlungen umsetzen (lassen) und inwieweit dabei Aushandlungsmöglichkeiten für die mit ihnen umgehenden Akteure bestehen.

2.3.1 Praktiken und Differenzierungsprozesse

Soziale Differenzierungsprozesse werden im praxeologischen Verständnis mit den Reproduktionsabläufen der Praktiken selbst erklärt. Die Herstellung von Ordnungen findet also in der eigentlichen Praxis statt. Routinen sind nicht starr, sondern werden als flexibel angesehen. Sie müssen sich ständig neuen Umständen anpassen, sonst sind auch diese Praktiken, als routinisierte Handlungsabläufe, nicht haltbar. In so einem Falle, dass die vorher bewährten Abläufe nicht mehr zum Erfolg führen, entstehen neue Handlungsformen – und genau darin findet Differenzierung statt (Hörning/Reuter 2004: 33). Praxis wird somit zum „Scharnier zwischen dem Subjekt und den Strukturen" (ebd.). Handlungsformen sind als Ausdruck von Handlungsmöglichkeiten zu verstehen und somit auch sozialer Positionen.

Dies bedeutet, dass jeglichem alltäglichen Handeln diese Veränderbarkeit inne wohnt. Zu Recht beschreibt De Certeau (1988: 110) die individuelle, alltägliche Ausübung von Handlungen als ein mögliches „Wildern" in Bezug auf die von den Herrschenden produzierten Strukturen. Alltagspraktiken könnten demnach „Prozeduren und Handlungsmodelle" (De Certeau 1988: 101) hervorbringen, die sich auch gegen die zur Ordnung eingesetzte Technik auflehnen können, indem nach Spielräumen gesucht wird und Handlungskontexte „rearrangiert" (Hörning 2001: 183) werden. Der auf den Erkenntnissen der Praxis beruhende „Sinnbereich des Alltags" (Soeffner 2004: 21) entwickelt auch nach Lefebvre (1972: 35 ff.) eine ganz eigene Dynamik in Bezug auf andere, handlungsleitende Faktoren. So können systematische, sozial konstruierte Ordnungen (insbesondere staatliche Ordnungen) als Strategien zur „Beherrschung der Wirklichkeit" (Lefebvre 1975: 38) betrachtet werden, welche damit verbunden sind, die Vielseitigkeit des Lebens auf abstrakte Kategorien zu reduzieren. Der Alltag dagegen könne als eine Art unruhiger Rest oder als „Residue der konkreten Praxis" (Lefebvre 1975: 334) solchen Ordnungsbestrebungen entgehen.

Macht ist daher zum gewissen Grade instabil. Ihre Techniken sind in der Umsetzung indirekter und lokaler, als es die dahinter stehenden Herrschaftsverhältnisse erlauben mögen. Erst in der tatsächlichen Praxis kommt Macht zum Tragen, und genau dort bilden sich immer auch Lücken und Spielräume. Diese werden in Formen alltäglicher Praktiken, Alltagslisten und –tücken quasi als ein „Widerstand" ausgenutzt (Hörning 2001: 173 ff.).

Die zur Ordnung eingesetzten Bestandteile der Sachwelt, Technik und Materialitäten gewinnen erst in den eigentlichen Praxiszusammenhängen ihre Bedeutung; werden provozierend, werfen Fragen auf, wirken störend, oder disziplinierend (ebd.: 165). Technische oder materielle Aspekte werden in jeglicher Praxis als „Problemlöser" eingebracht, werden zu „Ressourcen künftigen „gelungeneren" Handelns" (ebd.: 237, Herv.i.Orig.). Sie können auch für Alltagspraktiken ein verlässliches Mittel zur Bündelung herstellbarer Wirkungen darstellen, auf welche man sich immer wieder berufen möchte (ebd.). So, wie die Grenzziehung der EU mit einem Paket von Institutionalisierungen und Materialitäten - vor allem Territorialität - umgesetzt wird, greifen auch die mit ihm umgehenden alltäglichen Praktiken auf Institutionalitäten und Materialitäten, auf Handlungsmuster sowie Techniken in der Verhandlung ihrer eigenen Räumlichkeit zurück.

2.3.2 Aushandlungen der räumlichen Ordnung

Die in formalen Ordnungsansprüchen festgelegten, vorherrschenden Vorstellungen über Raum und Zeit müssen nicht immer mit den persönlichen Räumen und Zeiten übereinstimmen. Die damit verbundene mehr oder weniger günstige Positionierung in Bezug auf geografische Distanzen ist also gleichzeitig eine Frage der Macht über Raum (Bourdieu 1998: 163, vgl. auch Harvey 2007: 36). Die Spielräume der alltäglichen Praxis können es den Akteuren ermöglichen, sich in ihren individuellen Handlungen den formalen Positionierungen zur Wehr zu setzen.

Grenzüberschreitende Handlungspraxis ist zugleich verräumlicht und verräumlichend. Ersteres ist sie, da sie mit den materiellen Effekten der territorial begründeten Ordnung umgehen muss, welche in den Differenzierungsprozessen der Gesellschaft geschaffen und angewandt werden. So sind diese Handlungen einerseits der Verräumlichung durch die politische, staatliche/supranationale Grenzpolitik der EU ausgesetzt – eine materialisierte Räumlichkeit, welche bestimmte Praktiken ermöglicht und andere ausschließt (Reckwitz 2006: 10 f.). Gleichzeitig hat auch jede Praktik ihre eigene Räumlichkeit, ist verräumlichend, eignet sich Raum an und produziert ihn dadurch neu (vgl. Lefebvre 2006: 335).

Die Handlungen und Räume der Akteure stellen für die durch die politische Grenze vorgenommene Platzzuweisung ein Gegengewicht dar, auch sie gebrauchen materielle Objekte, dieser Zuordnung zu entgegnen. Es ist diese Auseinandersetzung mit Objekten, mit Materialität und Technik, und dem darin eingebundenen Umgang mit Macht, welche erst in der Praxis bestimmend wird und welche letztendlich die Verhandelbarkeit der räumlichen Positionierung der Akteure ausmacht. Die formal verfolgte Platzzuweisung wird in kollektiven und individuellen Denkstrukturen aufgenommen und verarbeitet. Erst durch die tatsächliche Befolgung der Positionierung in eigenen Handlungen wird die Differenzierung wirksam, wird die allgemeine Verortung durch das EU-Grenzregime subjektiviert. Daher zeigt sich in den Handlungslogiken und ihren Differenzierungen der Ausgang dieser Aushandlungen. In den verschiedenen Praktiken drückt sich der unterschiedliche Zugang zu Macht aus, der Verortung zu entgegnen.

Welcher Anteil an Macht dabei welchen Akteuren zur Verfügung steht, lässt sich an ihren Handlungsorientierungen ablesen. Nicht alle haben Zugang zu entsprechenden Ressourcen oder Netzwerken, um sich Vorteile in den Spielräumen der Praxis zu sichern. Auch das zur Aushandlung der Räumlichkeit gebrauchte Wissen wird nicht an jeden weiterkommuniziert. So beinhalten auch die informellen Wissensbestände ein Stückchen Macht darüber, wie die Verräumlichungsprozesse der Grenze ablaufen: „those with the experience of negotiating a space's ‚floating mists' have a degree of power over how that space is produced." (Round/Williams/Rodgers 2008: 175).

2.3.3 Schlussfolgerung

In Abhängigkeit von bestehenden Machtpositionen und Zugängen zu sozialem Kapital (hier: lokal spezifisches Wissen, Kontakte zur Beschaffung hilfreicher materieller Objekte) werden die Handlungsmöglichkeiten der Akteure auf verschiedene Weise in ihren sozial-räumlichen wie auch physisch-räumlichen Dimensionen begrenzt. Dies schlägt sich wiederum in einer differenzierten Verfestigung von sozialräumlichen Positionierungen nieder. Die Aussage

„The social 'who' we are is in large part a function of how much power we have in the context of a particular situational frame or definition."
(Callero 2003: 127)

trifft somit auch auf die alltägliche, räumliche Aushandlung grenzüberschreitender Aktivitäten an der Außengrenze der EU zu.

Die Analyse der alltäglichen Praxis der grenzbezogenen Handlungen soll die sozialräumlichen Aushandlungsprozesse von Akteuren an der Außengrenze der Europäischen Union näher darstellen. In den kollektiven Handlungsorientierungen finden sich sowohl die bewährten Kenntnisse über Formen von einsetzbaren Materialitäten (z.B. Bestechungsgelder) als auch implizite Regeln und Bewertungsschemata darüber, an die Durchsetzungskraft welcher Aushandlungsformen in welchen Situationen geglaubt wird. Die Erforschung dieser Orientierungen soll zeigen, inwieweit sich der Versuch der Herstellung von Ordnungen durch die EU-Grenzregulierungen in der Praxis der Akteure umsetzt, oder unter welchen Umständen und zu welchen verschiedenen Ausmaßen sie selbst die Möglichkeiten haben, ihre Positionierungen im sozialen Raum zu bestimmen.

2.4 Kollektive Handlungsorientierungen in der und für die Praxis (an) der Grenze

2.4.1 Zusammenfassung des theoretischen Konzepts

Mit der Konstruktion territorialer Grenzen ist ein Prozess der Verortung von Akteuren verbunden. Dennoch befinden sich Grenzen als Institutionen in Prozessen immer währender Aushandlungen in ihrer Umsetzung. Die Untersuchung der Wirksamkeit der Handlungsstrukturierungen durch Grenzen erfordert daher einen genauen Blick auf die Handlungen, die eigentlich mit ihnen verbundene Praxis (Berg/Van Houtum 2003: 2). Den Anregungen von Praxistheorien folgend werden in den Normen und Regelwerken der Grenzregulierungen daher keine vollständigen Erklärungskräfte für die mit ihnen umgehenden Handlungen gesehen (vgl. Hörning 2001: 223). Normen werden erst dann als Erklärung einer Handlung wirksam, wenn sie auch in Praxis übergehen.

Abbildung 3: Konzeptionell begründete Schwerpunkte der Untersuchung

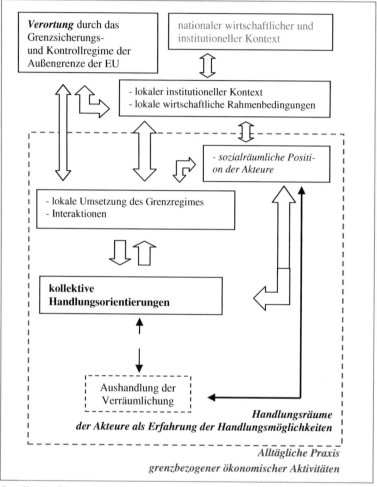

Qu.: Eigene Darstellung

Praxeologische Zugänge bieten für die Analyse der Zusammenhänge zwischen den Grenzregulierungen und den Handlungsmöglichkeiten der Akteure ein geeignetes konzeptionelles Instrumentarium. Sie unterstützen die hier vertretene Annahme, dass sozialräumliche Ordnungs- bzw. Verortungsprozesse erst durch eine Untersuchung der Handlungen selbst bestimmbar werden, da erst in diesen

Interaktionen der Umgang mit institutionalisierten und materialisierten Handlungsstrukturierungen bestimmend wird, erst dort überhaupt die Zielsetzungen für Handlungen entstehen (vgl. Abb. 3).

Die Handlungen sind als Praktiken in ihrer Ausführung ein Ausdruck von Wissensbeständen. Im Rahmen kollektiver Handlungsorientierungen, zusammengesetzt aus Anteilen bewährten und praktischen Wissens, werden sowohl Handlungsregeln als auch das Wissen darüber vermittelt, welche dieser Regeln es in verschiedenen Interaktionen einzuhalten als sinnvoll gilt. Diese *kollektiven Handlungsorientierungen* werden daher verstanden als in der Praxis wirksam werdende Wissens- und Bewertungsschemata, die innerhalb enger Interpretationsgemeinschaften übertragen, (re)produziert und aktualisiert werden.

Die Interpretationsgemeinschaften der Akteure und das in ihnen bestehende Vertrauen ermöglichen diese Lernprozesse der Praxis. Die Kollektivität entsteht dabei sowohl aus der geteilten Situation – hier gegenüber den gemeinsam erlebten Herausforderungen der grenzüberschreitenden Handlungen – als auch in beständiger Rekonstruktion aus den Interaktionen und Kommunikationsprozessen heraus (vgl. auch Amin/Thrift 1997: 152 ff.).

Sozialräumliche Differenzierungen entstehen erst in der Praxis selbst, erst dort zeigt sich, ob die Handlungsstrukturierungen der EU-Grenzregulierungen tatsächlich wirksam werden, ob sie vorherige Routinen aufbrechen, Anpassungen erzwingen, und neue Handlungsformen hervorbringen, oder ob es den grenzbezogen handelnden Akteuren gelingt, ihre Praktiken beizubehalten, unter Einsatz eigener Mittel und Materialitäten. Erst in diesen Praktiken lässt sich die Verortungswirkung der Grenze ablesen.

2.4.2 Anforderungen an die Empirie

Verortung an sich findet in der (Re)Produktion statt, im Handeln, in den dabei angewandten Orientierungen. Ziel sollte es daher sein, die internen Bewertungsmaßstäbe, die impliziten Handlungsregeln der Praxis kennen zu lernen und deren Reproduktionen, Anpassungen und Umwandlungen zu erforschen, um Kenntnisse über die Wirkung der Verräumlichung durch die EU-Grenzregulierungen zu erlangen.

Die Dynamik und Anpassungsfähigkeit, die dieses spezifische Wissen in den kollektiven Handlungsorientierungen der Praxis mit sich bringt, sind ein unverzichtbarer Bestandteil des alltäglichen Überlebens gerade in unsicheren politischen und sozioökonomischen Kontexten (Beckford/Barker 2007: 120). Es ist stark verbunden mit Überlebensstrategien, Problemlösungen, Unabhängigkeit, und somit essentiell für den Erfolg der individuellen wirtschaftlichen Aktivitäten innerhalb von lokalen, asymmetrischen und sich ständig ändernden Machtstrukturen (vgl. ebd.: 126 sowie Gertler 2003: 78). So wie Laien sich Expertenwissen aneignen, wenn sie ihr Vertrauen in den Experten getäuscht sehen oder sich seiner Macht entziehen wollen (Hörning 2001: 240), eignen sich die grenzüberschreitenden Akteure ihre ganz eigene Expertise in Bezug auf das Grenzregime an, um sich der Wirkung des Staates zu entziehen, in den sie das Vertrauen bereits zum Teil verloren haben. Die so entstehenden Handlungsorientierungen stellen den Akteuren eine „Theorie & Praxis" der Praxis für ihre grenzbezogenen Handlungen zur Verfügung.

Die Orientierungen und Handlungsweisen werden innerhalb von kollektiven Bezügen kommuniziert und verfestigt. Für die Methodologie folgt daraus als Ansatzpunkt die Konzentration auf die Erforschung solcher Herstellungsprozesse von kollektiven Handlungsorientierungen in den Interpretationsgemeinschaften der Praxis innerhalb der lokal verankerten Lebenswelten der Akteure.

3 Der Forschungsansatz: Empirie an der Außengrenze

Aus den theoretischen Überlegungen zu den Handlungen von Akteuren entlang der EU-Außengrenze ist deutlich geworden, dass nur eine Annäherung an die Praxis selbst dabei helfen kann, die Orientierungen der Akteure und somit auch die darin wirksam werdenden Verortungswirkungen der EU-Außengrenze näher zu bestimmen. Der auf Basis dieser Vorannahmen entwickelte Forschungszugang soll in diesem Kapitel näher vorgestellt werden.

In einem ersten Teil des Kapitels wird die Entwicklung des empirischen Forschungsansatzes erklärt. Dazu werden in methodologischer Hinsicht Begründungen für den Einsatz der hier gewählten Methoden empirischer Feldforschung gegeben sowie die Wahl einer spezifischen Auswertungsmethode erläutert. In den daran anschließenden Abschnitten sollen die Stärken und Schwächen der angewandten Methoden entlang der Erfahrungen aus der hier vorgenommenen Feldforschung dargestellt werden, bevor im letzten Teil des Kapitels die Aufarbeitung des Materials und die schrittweise Rekonstruktion der Handlungsorientierungen diskutiert wird.

Die empirischen Feldforschungsarbeiten dieser Dissertation wurden vor allem in ihrem Umfang und ihrer technischen Ausführung an entlegenen Orten erst durch ihre Einbettung in die Empirie des Projektes „Geographie(n) an den Rändern des Europäischen Projekts" ermöglicht. Die Zusammenarbeit mit den Kolleg/inn/en der Projektgruppe sowie den Kooperationspartner/inne/n in den Feldforschungsgebieten hatte daher einen beachtlichen Anteil an der Umsetzung des Forschungsvorhabens.

3.1 Methodologische Entscheidungen

3.1.1 Welcher Zugang zum Feld?

Die Erforschung von Herstellungsprozessen von Handlungen im Alltag, die Annäherung an die Konstruktion von Handlungsorientierungen kann niemals den

Anspruch auf die Erstellung eines kompletten Bildes erheben (u.a. Habermas 1988: 183; Goffman 1977: 14). Dennoch soll mit den hier vorgenommenen empirischen Untersuchungen ein Versuch unternommen werden, die Handlungsorientierungen von grenzbezogen handelnden Akteuren zu rekonstruieren und auf diese Weise die Wirksamkeit der EU-Außengrenze auf die Handlungsmöglichkeiten der grenznahen Bevölkerung zu erforschen.

Die Analyse von Handlungen in den hier untersuchten, sehr verschiedenen nationalen kulturellen und sprachlichen Kontexten entlang der östlichen EU-Außengrenze erforderte eine möglichst unvoreingenommene, offene Herangehensweise; jenseits von vorgefertigten Hypothesen oder Kategorien. Ein Zugang war nötig, welcher sich an die Überlegungen des praxeologisch orientierten theoretischen Konzeptes anschließt, verschiedene Wissensformen berücksichtigt, aber auch Umfeld-unmittelbares Verstehen von spezifischen Kontexten unterstützt.

Die Notwendigkeit der Entscheidung für Methoden der qualitativen empirischen Sozialforschung war somit offensichtlich. Methoden dieser Kategorie bringen die nötige Offenheit und Flexibilität mit sich, welche für die nähere Erforschung solcher Prozesse nötig sind (Flick/Von Kardorff/Steinke 2000: 17; Flick 1996: 24). Genau die einst mit dem Ausbau qualitativer Methoden verbundene Betonung des Lokalen und des Besonderen (Flick 1996: 24) trifft das Anliegen dieses Forschungsvorhabens.

Auch innerhalb des Bereiches qualitativer Forschungsmethoden gibt es sehr verschiedene Zugänge und Schwerpunkte. Mruck und Mey (2005: 7) beschreiben diese Bandbreite als ein Spektrum, welches von „stark deskriptiven bis hin zu strikt analytischen Vorgehensweisen" reicht. Diese Ansätze lassen sich jeweils auf unterschiedliche theoretische Bezüge und Grundannahmen in Hinsicht auf den zu untersuchenden Gegenstand zurückführen. Die besondere Ausrichtung der hier untersuchten Thematik legt den Bereich der interpretativen, verstehenden Soziologie und die Befolgung der Grundannahmen der Chicagoer Schule (u.a. Goffman) nahe. In der vielfach vertretenen Dreiteilung qualitativer Forschungsperspektiven[24] (vgl. Flick/Von Kardorff/Steinke 2000: 18 f.; Mruck/Mey 2005: 8) und den ihnen zugeordneten qualitativen Erhebungs- und Auswertungsmethoden ließe sich für diesen Forschungsgegenstand eine Tendenz in die Richtung ethnografischer Methoden der Feldforschung ableiten. Handlungen und Interaktionen konkreter Akteure sollten im Vordergrund der Erhebungen stehen,

---

24 Die dort besprochene Anordnung schlägt folgende Unterteilung vor: eine Gruppe von Ansätzen, welche Zugänge zu subjektiven Sichtweisen sucht, eine zweite, in welcher Prozesse der Herstellung sozialer Situationen im Vordergrund stehen, und eine dritte Gruppe von Ansätzen, welche sich mit der Analyse tiefer liegender Strukturen befassen (Flick/Von Kardorff/Steinke 2000: 18 f.).

um somit – in Anlehnung an Knorr-Cetina (1988: 86 f.) – die Entstehung gesellschaftlicher Wirklichkeit in ihren Herstellungsprozessen zu untersuchen.

„Damit ihr Handeln erklärt werden kann, soll die Wirklichkeit der Menschen aus der Perspektive der Handelnden verstanden werden."
(Knoblauch 1996: 16, in Anlehnung an Malinowski 1922)

Welche Methoden hier mit welchen Begründungen zum Einsatz kamen, um die Herstellungsprozesse alltäglicher Handlungszusammenhänge und Orientierungen zu erforschen, wird in den folgenden Abschnitten dargestellt.

3.1.2 Gruppendiskussionen als Kern des Forschungsdesigns

Aus den theoretischen Annahmen ließ sich ableiten, dass kollektive Handlungsorientierungen in der Praxis hergestellt und aktualisiert werden. Zu dieser Praxis gehört auch das Darüber-sprechen, die Kommunikation in engen Interpretationsgemeinschaften. Ein empirisches Verfahren, welches eine solche Austauschsituation sehr alltagsnah herstellt, ist die Methode der Gruppendiskussion (siehe auch Bruns/Meyer/Miggelbrink/Müller/Wust/Zichner (im Erscheinen); Müller/Wust (Eingereicht)). Der Ansatz der Gruppendiskussion wird in einigen Schriften zu empirischen Forschungsmethoden eher selten berücksichtigt, bzw. schlicht als ‚Befragung mehrerer Personen' bezeichnet (u.a. Dreher/Dreher 1995: 186). Da die Wahl dieses Verfahrens im Rahmen dieser Arbeit keineswegs mit der Intention verbunden war, eine Befragung mit einer gewissen Pragmatik zu versehen, soll an dieser Stelle näher auf die Entwicklung der Facetten der Anwendung und Erkenntnisziele von Gruppendiskussionen eingegangen und dabei die Bedeutung der Methode für die Erkenntnissuche hier in dieser Arbeit herausgearbeitet werden.

Erste Ansätze der Befragung von Gruppen verbreiteten sich Mitte des 20. Jahrhunderts im angelsächsischen Raum (Schäffer 2003: 75). Mit den so genannten ‚Focus groups' (bzw. Fokusgruppen), welche vor allem in der Marktforschung ein recht verbreitetes Instrument sind, wollte man schlichtweg auf effiziente Weise möglichst viele Individuen gleichzeitig erreichen (Dreher/Dreher 1995: 186). Unter der Bezeichnung der Gruppendiskussion geht es dagegen vor allem darum, alltägliche Situationen des Austausches von gemeinsamen Meinungen nachzubilden. Somit entwickelte sich dieses Verfahren zu einer Möglichkeit, Meinungen und Verhaltensweisen nicht isoliert, sondern kontextualisiert zu untersuchen (Bohnsack 1999: 124). Bei diesen beiden Ansätzen werden mehrere Personen gleichzeitig befragt. Während die Methoden der Fokusgruppen und der Gruppendiskussion somit auf technischer und organisatorischer Seite viele Gemeinsamkeiten aufweisen, und daraufhin oft in einem Atemzug genannt werden, sind sie sich in ihrer traditionellen Entstehung und Zweckorientierung in einigen entscheidenden Punkten doch recht unähnlich. Das auf Arbeiten von Robert Merton zurückgehende ‚fokussierte Interview mit Gruppen' (Bogner/Leuthold 2002: 159) ist im angelsächsischen Raum nach wie vor besonders im Industrie- und Marketingbereich ein sehr beliebtes Instrument. Im Gegensatz dazu bildete sich am Frankfurter Institut für Sozialforschung (also im Rahmen der sogenannten ‚Frankfurter Schule') und dort unter Initiative von Friedrich Pollock der Strang der Gruppendiskussionsverfahren heraus, bei welchen die Erfassung von Interaktionsprozessen und Herstellung von Meinungen in den Vordergrund gerückt wurde (ebd.: 158 ff.; Bohnsack 1999: 123 ff.). Unter diesem Verständnis wurde das Verfahren zunächst vor allem in der Bildungs- und Medienforschung angewandt (Schäffer 2003: 75).

Besonders die Arbeiten von Werner Mangold im Jahr 1960 stellten die Kompetenz eines solchen Verfahrens heraus, „informelle Gruppenmeinungen" (ebd.) zu erfassen, welche in „sozialen Großgruppen" kollektiv verhaftet sind. Bohnsack untermauerte diese Auffassung, indem er, auf der Grundlage von Arbeiten von Karl Mannheim, diese „kollektiven" Meinungen oder Erfahrungen als etwas konjunktives, durch langjährig geteilte Erlebniszusammenhänge Gewachsenes erklärte (Bohnsack 1999: 127). Im Rahmen der Gruppengespräche würden solche gemeinsamen Erfahrungen dann repräsentiert oder aktualisiert (ebd.: 125 f.). Diese Überlegungen grenzten sich somit ab von der lange vorherrschenden Auffassung, dass sich die Meinungen der Teilnehmer/innen erst während des Gespräches, also im kommunikativen Austausch, herausbilden würden (Bohnsack 1999; Schäffer 2003), eine Sichtweise, die auch noch heute viel Kritik[25] an dem Einsatz der Methode nährt.

Die von Bohnsack vertretene Perspektive der Aktualisierung von kollektiven Erlebnis- oder Erfahrungszusammenhängen beziehen sich nicht auf konkrete Gruppen oder etwas per se verbundenes (z.B. Familien). Sie unterscheiden sich von einer solchen Gemeinschaft dahingehend, dass den Erfahrungen nicht notwendigerweise ein konkretes Miteinander zugrunde liegt, sondern dass es gemeinsame Erlebnishorizonte auf einer übergeordneten Ebene sind, die eine Verbindung herstellen. Damit können z.B. größere Milieus wie Generationen gemeint sein, oder bestimmte Bildungsmilieus, Migrationshintergründe usw. (Bohnsack 1999: 131 f.), aber auch kleinere Milieus oder Gemeinschaften, welche nur durch begrenzte gemeinsame Prägungen miteinander verbunden sind.

---

25 Dabei wird angemerkt, dass die Methode der Gruppendiskussion auf einer phänomenologischen Ebene stehen bleibt, da sich nur diese in der Diskussion selbst entwickelnden Meinungen oder Diskurse wiedergeben lassen. Diese Auffassung wird auch als Emergenz-Modell (gegenüber dem hier vertretenen Ansatz der Repräsentation) diskutiert (vgl. Bogner/Leuthold 2002: 160 ff.).

3.1 Methodologische Entscheidungen

Dieser Aspekt ist für diese Arbeit von entscheidender Bedeutung. Die Möglichkeit, in Gruppendiskussionen mit Akteuren an der Grenze nicht nur deren Meinungen und Erfahrungen zu erfassen, sondern dadurch auch Rückschlüsse auf die längerfristig wachsenden Orientierungsmuster der Mitglieder einer Interpretationsgemeinschaft ziehen zu können, stellt den Kern der methodologischen Basis dieser Arbeit dar.

Spezifisch kam es hier darauf an, Orientierungen und Handlungsspielräume der untersuchten Akteure im Umgang mit dem Grenzregime der EU-Außengrenze zu ermitteln. Die theoretische Basis der Untersuchung besagt, dass Handlungsorientierungen innerhalb von engen Interpretationsgemeinschaften entstehen und aktualisiert werden (vgl. Kapitel 2). In diesem Falle schafft die zeitgleiche, gemeinsame Notwendigkeit der Bewältigung des und Auseinandersetzung mit dem EU-Grenzregime die Grundlage für eine kollektive Ebene der Handlungsorientierung. Die Annahme ist somit, dass durch die Gruppendiskussionen Einblicke in die (längerfristig wirksamen) interaktiven Herstellungsprozesse gemeinsamer Wissensbestände und Bewertungsschemata und somit möglicher Strategien im Umgang mit der EU-Außengrenze gefunden werden können (vgl. Schittenhelm 2006: 95).

Gruppendiskussionen sollen hier im Sinne von Bohnsack als ein Verfahren verstanden werden, in deren Verlauf kollektiv geteilte, auf der Basis von gemeinsamen Erlebnissen entstandene Orientierungsmuster und Erfahrungen erfasst werden und sich der Austausch über Erfahrungswissen, wie er in der Realität stattfindet, widerspiegelt (Bohnsack 1999: 125 ff.; siehe auch Müller/Wust (Eingereicht)). Ein weiterer Vorteil der Anwendung dieser Methode lag darin, dass der Forschungsgegenstand an sich, die Art und Weise der Orientierung von grenzüberschreitenden Handlungen, auch mit einer gewissen Brisanz verbunden war. Man musste vermuten, dass eventuell nur wenige Akteure bereit sein würden, in persönlichen Interviews offen und ehrlich Antwort auf spezifische Fragen zu geben. Schließlich ging es dabei doch um Aktivitäten, welche zum Teil am Rande des legalen oder formell erwünschten wirtschaftlichen Handelns lagen. Vielleicht würden die Handelnden auch ungern ihre insgeheim erlernten Kniffe im Umgang mit den Grenzregulierungen preisgeben. Wieder andere würde vielleicht die Abläufe ihres Alltags so selbstverständlich finden, dass sie sie gar nicht von selbst zur Sprache brächten (Müller/Wust (Eingereicht)).

Dass das Gruppendiskussionsverfahren eine in vieler Hinsicht geeignete Methode sein könnte, wurde auch während einer ersten Forschungsreise an den Rand der EU deutlich. Sprach man einzelne Personen auf ihre grenzbezogenen Handlungen an, ließ sich nicht viel in Erfahrung bringen. Kam man jedoch mit mehreren Bewohner/inne/n eines Grenzortes ins Gespräch, so wurden kleine, amüsante Geschichten erzählt, Legenden des grenzüberschreitenden Handels dargeboten und eigene Erlebnisse mit den Herausforderungen der Grenzüberschreitung dargestellt. Dabei wurden Meinungen ausgetauscht, Abläufe ergänzt und bestätigt, also ein gemeinsames Wissen aktualisiert. Ziel des Einsatzes der Methode der Gruppendiskussion in dieser Arbeit sollte es also sein, die alltägliche Reproduktion der Orientierungsmuster der betrachteten Akteure zu erforschen, um somit die Art und Weise der Organisation grenzüberschreitenden Handlungen zu verstehen.

3.1.3 Kontextualisierung[26] durch Interviews und Beobachtungen

Für die Herstellung und Verbreitung gemeinsamer Handlungsorientierungen und die darauf basierende Organisation grenzüberschreitenden Handelns der Akteure spielen die Bedingungen und Faktoren des Kontextes, verschiedene Regeln und Normen, Materialitäten und Objekte eine wichtige Rolle. Die Bedeutung dieser Aspekte zeigt sich erst in der Praxis selbst. Über die Erforschung der Handlungsorientierungen in den Gruppendiskussionen war es möglich, Hinweise zu erfassen auf sowohl ausschlaggebende Handlungsregeln, als auch auf Objekte, auf Interaktionen, auch auf weitere Akteure, welche sich in den Praktiken als relevant erwiesen. Während die Rekonstruktion der Regeln der Praxis der Akteure es ermöglichen würde, auch die Bedeutungen solcher Bedingungen und Kontextaspekte für die Praxis der Akteure einzuordnen, sollte eine genauere, und perspektivisch differenzierte Erforschung dieser relevanten Umstände, Interaktionen und Kontextakteure helfen, die Handlungspraxis der Akteure innerhalb ihrer Zusammenhänge noch besser zu verstehen. In diesen zusätzlichen methodischen Schritten ging es nicht so sehr um eine Validierung, sondern vor allem um eine komplementäre Vertiefung der Ergebnisse.

3.1.3.1 Experteninterviews

Zum einen ausgehend von der Untersuchungsthematik selbst, zum anderen abgeleitet aus den Erkenntnissen der Gruppendiskussionen, wurden verschiedene

---

26 Die Bedeutung von Kontextualisierung der Interpretation von Alltagshandlungen wird in der Literatur zur qualitativen Sozialforschung mehrfach hervorgehoben (z.B. Flick/Von Kardorff/Keupp/Von Rosenstiel/Wolff 1995: 23). Bei der Interpretation von Texten wird dabei häufig von einer möglichst breiten Auffächerung denkbarer Deutungen oder Interpretationen durch verschiedene Forscher im Team gesprochen (ebd.: 166), hier soll damit im Sinne des Methodenpluralismus der Einsatz möglichst vielfältiger Methoden (bzw. das Zusammentragen verschiedener Daten aus unterschiedlichen Perspektiven) zur Rekonstruktion der Handlungszusammenhänge gemeint sein.

3.1 Methodologische Entscheidungen

Schlüsselpersonen im jeweiligen Umfeld der Akteure kontaktiert. Diese Interviewten hatten – im Gegensatz zum Forschenden selbst – einen besonderen Zugang zum untersuchten Forschungsgegenstand, sie verfügten durch ihre Tätigkeit bzw. ihre Einbindung in die Handlungspraxis der Akteure über besondere Kenntnisse über dabei relevante Abläufe und Interaktionen. Im Sinne empirischer Sozialforschungspraxis waren sie also als Experten für diesen Sachverhalt zu betrachten (Gläser/Laudel 2004: 10 f.). Ihr spezifisches Wissen über die untersuchten sozialen Kontexte wurde daher im Rahmen von Experteninterviews erfasst. Zu diesen Interviewpartner/inne/n zählten zunächst Personen, welchen aufgrund ihrer Nähe zum Kontext des Untersuchungsgegenstandes – nämlich zur Frage nach den Handlungsmöglichkeiten im Umgang mit den Grenzregulierungen – von vornherein besondere Kenntnisse zugesprochen werden konnten, wie zum Beispiel die Mitarbeiter/innen von Zoll und Grenzschutz an den betrachteten Grenzabschnitten oder Konsulatsangestellte. Andere mögliche Ansprechpartner/innen wurden im Laufe der Gruppendiskussionen als relevante Akteure für die Organisation der jeweiligen Handlungen genannt und hatten sich somit als Experten für die untersuchten grenzüberschreitenden Aktivitäten qualifiziert.

Mit der Entscheidung für Experteninterviews war zwar der Zweck dieser Gespräche und der Zugang zu möglichen Gesprächspartnern bestimmt, aber noch nicht die genaue Form des Interviews definiert (siehe auch Gläser/Laudel 2004: 11). Um Informationen zu erhalten, die dem Verständnis und der Rekonstruktion von grenzüberschreitenden ökonomischen Praktiken am besten dienen, bot sich die Verwendung eines Leitfadens an, da ein solcher sicher stellen konnte, dass auch alle relevanten Themen angesprochen und somit eine Vielzahl von Informationen erfasst werden. Durch den eindeutigen Bezug des gewählten Experten zum Forschungsgegenstand war die Palette der im Interview zu diskutierenden Themen bereits beschränkt. Der Leitfaden diente bei diesen Gesprächen also als Unterstützung dafür, im Verlauf des Gesprächs möglichst Antworten auf vorher festgehaltene Fragen zu bekommen, und allzu starke Abweichungen von der Thematik zu verhindern (vgl. Flick 1996: 109). Gleichzeitig wurde in diesen Interviews mit einer gewissen Offenheit vorgegangen, um auch Raum für nicht erahnte Aspekte zu lassen und nicht zu konkrete Richtungen für die Antworten vorzugeben. Insofern bot sich der Typ des *offenen, leitfadengestützten* Interviews für die Gespräche mit den Experten besonders an (vgl. Flick 1996: 94 ff., basierend auf Überlegungen zum fokussierten Interview nach Merton/Kendall 1946).

3.1.3.2 Beobachtungen

> „Dass man also in ihrer Nähe ist, während sie auf das reagieren,
> was das Leben ihnen zumutet."
> (Goffman 1996: 263)

Ein weiterer Umstand war auf der ersten erkundenden Reise an die Außengrenze der EU klar geworden: So anschaulich die Geschichten auch erzählt wurden – vorstellen konnte man sich das alles erst (oder: erst recht) durch das eigene Erleben des Grenzübertritts, die dabei gewonnenen Eindrücke und Erfahrungen darüber, was dort in welcher Weise, zeitlichen Abfolge und unter welchen Bedingungen geschieht. Auf der Suche nach Erkenntnissen über die Abläufe grenzüberschreitender Aktivitäten bot sich daher auch die Erweiterung durch Beobachtungen an.

Die Methode der Beobachtung wird im deutschsprachigen Raum in den letzten Jahrzehnten vor allem als ein Zugang der ethnografischen Feldforschung verstanden (vgl. Lüders 2003: 151 f.). In der raumbezogenen Forschung ist die Methode recht wenig anzutreffen. Allerdings wird sie in den Sozialwissenschaften mehrfach angewandt, häufig eingebettet in Ansätze mit mehreren Forschungsmethoden, so wie es hier der Fall ist. Vorteil des Einsatzes dieser Methode ist, dass - im Gegensatz zu erzählten Meinungen oder geschriebenen Regeln - die in der Praxis vorkommenden Verhaltensweisen und Gegebenheiten im Mittelpunkt der Betrachtungen stehen. Anhand der Beobachtungen von Handlungen kann man sich einen Eindruck von den untersuchten Handlungskontexten und -abläufen verschaffen (Beer 2003: 128; Bohnsack 1999: 22). Gerade wenn es – wie in dieser Arbeit – nicht lediglich um Gesetzmäßigkeiten oder Abstraktionen von Verhalten geht, sondern man eben diese Differenzierungen zwischen Normen, Vorgaben und den tatsächlich anzutreffenden Handlungsmöglichkeiten, informellen Handlungen usw. thematisieren will, bieten sich Beobachtungen ganz besonders an (Wolf 2001).

Die Qualität der Erkenntnisse durch Beobachtungen wird unterschiedlich bewertet. Obwohl eine gewisse Nähe zu den untersuchten Handlungen durch Beobachtungen aufgebaut werden kann, sind trotzdem gewisse Grade von Verfälschung zu berücksichtigen, nicht zuletzt durch die Anwesenheit einer fremden Person, des Forschers, im eigentlichen authentischen Kontext. Dieser Umstand wird in den Diskussionen um diese Methode vielfach als methodologischer Schwachpunkt herausgestellt (vgl. Lüders 2003: 152). Die Ergebnisse von Beobachtungen sind deshalb laut Lüders weniger als die „*wahreren* Einsichten" (ebd., Herv.i.Orig.), sondern vielmehr als andere, zusätzliche Erkenntnisse einzustufen. Der Aspekt der tatsächlichen Nähe des Forschenden zum Forschungsgegenstand, des Grades der Verdecktheit der Untersuchungen dient daher auch zur Unterscheidung verschiedener Typen dieser Methode. Während in der ethnografischen Feldforschung vor allem versucht wird, sich für längere Zeit[27] im Umfeld des Untersuchungsgegenstandes aufzuhalten, ein akzeptiertes Mitglied der Gemeinschaft zu werden (Goffman 1996: 264 ff.), wird der Begriff des *teilnehmenden Beobachters* in anderen Ansätzen weiter gefasst (vgl. Flick 1996: 72, 152 ff.), eine Vielzahl von Formen der Mitgliedschaft kann eingenommen werden. Nicht-teilnehmende Beobachtungen arbeiten mit einer größeren Distanz des Forschenden zum Feld, um letzteres möglichst unbeeinflusst zu lassen (Flick 1996: 153, 178).

In einer weiteren Form der Unterscheidung von Beobachtungstypen wird die Offenheit über die Anwendung der Methode in den Vordergrund gestellt. Dem Umstand einer eventuell sogar notwendigen Distanz des Forschers zum Forschungsgegenstand wird die oftmals *verdeckte* Durchführung von Beobachtungen gerecht, bei der also der Beobachter entweder nicht sichtbar oder nicht als solcher zu erkennen ist. Bei offenen Beobachtungen dagegen werden beobachtete Personen informiert und deren Einverständnis eingeholt. Auch Kombinationen von verdeckten und offenen Rollen sind für einige Untersuchungen denkbar (ebd.: 72). Offenheit bei Beobachtungen meint aber nicht nur den Grad, zu welchem sich ein Forschender zu erkennen gibt. Sie meint auch einen explorativen, unvoreingenommenen Zugang zum Geschehen. Demgegenüber stehen *systematische Beobachtungen,* welche in Anlehnung an Vorkenntnisse und Fragestellungen sehr strukturiert durchgeführt und dokumentiert werden, also auf festgelegte Kategorien abzielen (Beer 2003: 119 ff.). Daher ist auch die Art und Weise der Vorbereitung ein Kriterium der Differenzierung verschiedener Ausführungsformen der Methode.

Für die hier durchgeführten Untersuchungen boten sich – angelehnt an diese letzte Art der Unterscheidung – sowohl explorative, unstrukturierte, als auch systematische Beobachtungen an den Orten des Handelns, nämlich den Grenzübergängen sowie den Märkten in der Nähe der Grenze an (vgl. auch Bruns/Meyer/Miggelbrink/Müller/Wust/Zichner (im Erscheinen)). Anhand der Beobachtungen von Abläufen, Gegebenheiten und Interaktionen sollte ein Zugang gefunden werden zu ergänzenden Informationen, welche möglicherweise in den Gruppendiskussionen oder Interviews nicht genügend deutlich werden konnten.

---

27 Goffman (1996: 267) beispielsweise sprach von einer notwendigen Dauer der Erhebung von mindestens einem Jahr.

3.1.4 Die dokumentarische Methode

Ebenso methodologisch relevant wie die Entscheidung für die Gruppendiskussion als Kernmethode als auch den ergänzenden Einsatz von Beobachtungen und Interviews sind die Überlegungen zur Auswertung der dadurch gewonnenen Ergebnisse. Die Auswertung der Gruppendiskussionen, also die Interpretation des dabei gewonnenen Textmaterials, sollte (im Gegensatz zur objektiven Hermeneutik) nach der wissenssoziologischen Tradition/ Chicagoer Schule erfolgen. Die Grundannahme dabei ist, dass „die Erforschten selbst nicht wissen, was sie da alles wissen" (Bohnsack 1999: 204), und man als Forschende/r ebenfalls nicht sicher ist, ob man von dem auch schon etwas weiß. Betont werden soll hier die Herauslösung aus dem Aufdrücken von *eigenen* Interpretationen durch den Forschenden selbst (Hörning 2004: 25). Ziel der hier angewandten *dokumentarischen Methode* (Bohnsack 1999) soll es viel eher sein, mit dem Postulat der Fremdheit[28] an das Material heran zu treten und auf der Grundlage der Beschreibungen, Erzählungen und Diskurse der Erforschten deren kollektive Handlungsorientierungen, also verallgemeinerbare Regeln und implizite Orientierungsmuster zu rekonstruieren. Aus der rekonstruierten Struktur eines Falles wurden dann Typen generiert, wesentlich basierend auf dem von den Erforschten bereits Gewusstem, in Bezug gesetzt zu den Hintergründen der geschilderten Erlebnisse und Orientierungen (vgl. Bohnsack 1999: 148 ff.), welche sich unter anderem in Interviews und Beobachtungen verdeutlichten.

Die theoretische Grundlage der dokumentarischen Methode liegt in der praxeologisch ausgerichteten Wissenssoziologie nach Mannheim begründet. Diese zieht neben verschiedenen Arten des Wissens auch die Formen der Sozialität ein, ein unmittelbares Verstehen in einem gemeinsam geteilten „konjunktiven Erfahrungsraum" (Mannheim 1980), basierend auf einem „strukturidentischen Erleben (...), welches auch denjenigen gemeinsam ist, die einander gar nicht zu kennen brauchen" (Bohnsack/Przyborski/Schäffer 2006: 12) (vgl. auch Kapitel 2.2.2). Hierin liegt dann auch die Abgrenzung dieser Methode von der Phänomenologie: Diese fände keinen Zugang zur Ebene des unmittelbaren Verstehens (vgl. Abb. 4). Dem interpretativen Paradigma folgend verbliebe man auf der Ebene des kommunikativen Wissens, man betriebe eine „Oberflächensemantik", die zu oft lediglich deskriptiv bleibe (ebd.). Diesen Kritikpunkten wird in der dokumentarischen Methode versucht zu entgehen.

---

28 Dabei besteht der Anspruch, das untersuchte Umfeld als eine dem Forschenden selbst zunächst fremde Wirklichkeit zu begreifen, mit ihren ganz eigenen Regelsystemen und Handlungspraxen, welche es schrittweise zu rekonstruieren gilt, wenn man sie begreifbar machen will (Bohnsack 1999: 204).

3.1 Methodologische Entscheidungen

Abbildung 4: Interpretatives Paradigma und Dokumentarische Methode

'vernehmend' erkennen (theoretisch): * interpretatives Paradigma	im Gebrauch erkennen (praktisch): * dokumentarische Methode
- gleichgesetzt mit Konstruktivismus - Prozesse der Konstruktion von Wirklichkeit reduziert auf Ebene der explizit-definitorischen Herstellung - Frage nach dem '*Wie* 'wird auf Ebene des theoretischen Welt-Erkennens (nach Heidegger) gestellt - verbunden mit Phänomenologie, Schütz, Berger/Luckmann, und deren Art der 'Wissenssoziologie' - deren Rekonstruktion ist auf 'Common-Sense'-Theorien gerichtet und bleibt deskriptiv	- Zugang zur Handlungspraxis - handlungspraktische Herstellung der Realität wird versucht zu erklären, - Untersuchung des 'Wie' auf existentieller Ebene, das „Seiende" welches sich in der Struktur der Praxis dokumentiert - Konvergenz der Positionen der Wissens-und Kultursoziologie bei Bourdieu und Mannheim + Konstruktivismus von Luhmann, Überwindung der 'Common sense' Theorien > praxeologische Wissenssoziologie

Qu.: Eigene Darstellung, in Anlehnung an Bohnsack, Przyborski und Schäffer (2006: 11 ff.)

Auch bei anderen Methoden der Gesprächsanalyse spielen Interaktion, kommunikativer Austausch und Kollektivität eine Rolle. Von Harvey Sacks, Mead und Goffman gibt es Ansätze in Richtung einer Konversationsanalyse, verbunden mit der Erfassung von zumindest Paarsequenzen; bei Goffman selbst auch längere Interaktionen; „interaktive Bewegungen" (nach Bohnsack/Przyborski 2006: 233). Allerdings nutzt Goffman die Erläuterungen dieser Sequenzen eher, um die individuelle Ebene eines Sprechers und seine Selbstpräsentation genauer analysieren zu können. Gumpertz und Cook-Gumpertz setzen Kontextualisierungsmarkierer bei der Analyse des Kollektiven ein, um den gemeinsamen „Rhythmus" im Gespräch zu erforschen; Erickson und Shultz orientieren sich an Dialekten – all das sei, so Bohnsack, auch hilfreich für die Analyse der *Dramaturgie* des Diskurses, aber es fehle noch der gemeinsame *Sinnzusammenhang*. Nicht nur in harmonischen Passagen, sondern auch im (diskursiven) Gegeneinander könne sich eine gemeinsame Ansicht dokumentieren (ebd.: 234). Der kollektive Sinngehalt soll daher analysiert werden durch tiefer gehende Analyse längerer Passagen, durch die Rekonstruktion des Zusammenwirkens der Diskussionsbeteiligten in ihren interaktiven Bewegungen (ebd.). Auch Gaffer und Liell (2001: 180) streichen die besondere Eignung der dokumentarischen Methode heraus, einen „Zugang zu der für soziales Handeln fundamentalen Ebene des vorreflexiven, unhinterfragten Handelns und eines kollektiv geteilten Handlungswissens der Akteure" zu finden.

Rekonstruktion bedeutet einerseits, dass während der Auswertung selbst die Schritte präzisiert werden. Die Auswertung ist eng verknüpft mit dem Material; Dimensionen werden in einer Art reflexiven Beziehung während der Interpretationsschritte abgeleitet. Rekonstruktiv heisst andererseits auch, dass der Gegenstand rekonstruiert wird – die kollektiven Handlungsorientierungen, welche es in so gut wie selbstläufigen Diskursen, in milieuspezifischen Diskursstilen und metaphorischen Darstellungen zu erkennen gilt. Ein Beispiel einer solchen metaphorischen Erzählung aus einer der hier geführten Gruppendiskussionen gibt gute Hinweise darauf, wie zum Beispiel die Umsetzung formaler Gesetze in den lokalen Handlungsumfeldern der Akteure an der polnisch-ukrainischen Grenze wahrgenommen wird:

> „Wissen Sie, um die Atmosphäre ein bisschen zu entladen, möchte ich einen Witz erzählen. Über den Zollübergang Rawa Ruska. Also David Copperfield wurde beim Zoll in Rawa Ruska abgefertigt, kennen Sie, nicht? Er und sein ganzes [ ], alles muss deklariert werden. Als die Zollbeamten erfuhren, dass David Copperfield kommt, hat der Zolldirektor zwei Flaschen Wodka vorbereitet. In einer Stunde wird einer schon als Dima der andere als Vasja angesprochen, die beiden sind schon dicke Kumpel geworden. Während die Papiere abgefertigt werden, sagt er ‚Dima, stimmt es, dass du den ganzen Wagon verschwinden lassen kannst?' ((lachen)) ‚Du stellst ja Fragen'. Der Wagon wurde abgedeckt, ups, ist er weg. Vasja guckte und sagte ‚Soll ich dir auch einen Zaubertrick zeigen?' ‚Gerne'. ‚Siehst du den kompletten Zug mit dem Metall? Komm mit!' Die Papiere liegen auf dem Tisch, er nimmt den Stempel und haut drauf ‚Wird gesucht'. Er hat einen Wagon verschwinden lassen ((ironisch)), ‚und hier, ups, der ganze Zug ist weg'."[29]

Bei einer rekonstruktiven Analyse des Materials sollten die Wirklichkeitskonstruktionen im Geiste „mitgestaltet" werden (Mannheim 1980: 279), verbunden mit einem Verstehen der schöpferischen Herausbildung dieser Realitäten und somit auch verbunden mit der Fähigkeit, die Thematik oder das Problem weiter zu denken (ebd.: 280). Von Beginn an wird dabei eine Typenbildung angestrebt. Auf diese Weise wird versucht zu verhindern, dass die Auswertung „in fallspezifischen Besonderheiten ‚versinkt'" (Bohnsack 1999: 206), und somit auch die Weiterentwicklung der theoretischen Annahmen (vgl. ebd.: 30 ff) ermöglicht.

---

29 Gruppendiskussion mit Unternehmer/inne/n in Žovkva (Ukraine), 22.07.2008

3.1.5 Die Typenbildung als eine Frage des Vergleichs

Wie eine Vielzahl von sozialwissenschaftlichen und raumwissenschaftlichen Arbeiten beinhalten die empirischen Untersuchungen in diesem Projekt auch ein vergleichendes Vorgehen. Wissenschaftliche Ergebnisse, so hat man seit langem erkannt, gewinnen durch den Vergleich mit anderen an Bedeutung (u.a. Aarebrot/Bakka 1997: 49). Vergleichende Überlegungen helfen, den Blick zu schärfen und die Erkenntnisse von Untersuchungen in einer Weise zu ordnen, die über die bloße Beschreibung und die Klassifikation von Daten hinausgeht (vgl. ebd.: 50)[30].

Die Untersuchung der hier verfolgten Fragestellungen an zwei unterschiedlichen Abschnitten der EU-Außengrenze bzw. in administrativ bereits abgegrenzten Grenzregionen legt den Gedanken nahe, dass es sich dabei um einen Vergleich zwischen diesen Fallstudienorten handeln könnte. Dem ist allerdings nicht so. Während sich eine Reihe von Studien in den Sozial- und Raumwissenschaften zum Ziel setzt, gewisse gesellschaftliche Phänomene vergleichend an mehreren Orten zu untersuchen, um somit die genauere Wirkungsweise verschiedener Faktoren in unterschiedlichen Kontexten erklären zu können, kommt es dabei oft dazu, dass zwar zu verschiedenen Orten Daten untersucht werden, diese dann aber wie Einzelstudien aneinander gehaftet werden. Kritisch bezeichnet daher Durkheim dieses Vorgehen als „not very comparative" (Durkheim 1938/1895, zitiert nach Kantor/Savitch 2005: 135). Oft ist der (zu starke) Fokus auf ganz bestimmte Raumeinheiten irreführend und werden mögliche Ursachen für Gemeinsamkeiten oder Unterschiede übersehen. So sind zwar Daten schneller zugänglich, wenn sie auf der Basis administrativer Räume gesucht werden, allerdings ist nicht gesagt, ob sich damit beispielsweise auch die relevanten Prozesse innerhalb gewisser Netzwerke oder Gemeinschaften überhaupt nachvollziehen lassen.

Die bei vergleichenden Forschungsansätzen zu treffenden Entscheidungen sind keinesfalls nur methodischer und praktischer Art, sondern folgen bewusst oder unbewusst gesellschaftlichen Werten, Sinngebungen und Zwecken. Gerade der Fokus auf bestimmte Raumeinheiten als Vergleichsbasis kann z.B. dazu dienen, politische Förderentscheidungen oder wirtschaftliche Standortwahl zu begründen und rechtfertigen. Die Verdeutlichung von Unterschieden kann somit ganz bewusst für Ziele und Zwecke eingesetzt werden, der Vergleich wird zu einem Instrument der Ausübung von politischer oder wirtschaftlicher Macht. Dabei kann nicht nur die Betonung von Unterschieden als Mittel zum Zweck

---

30 Émile Durkheim (1938/1895: 139, so in Mills/Van de Bunt/De Bruin 2006: 619) drückte diese Bedeutung von Vergleichen folgendermaßen aus: „...it ceases to be purely descriptive and aspires to account for facts".

genutzt werden. Auch die Unterstellung oder normative Herstellung von Gemeinsamkeiten kann einem ganz bestimmten Interesse dienen.

Die voranschreitende Homogenisierung der EU-Außengrenze ist genau solch ein Prozess, in welchem eine Gemeinsamkeit und somit auch eine Vergleichsbasis politisch und normativ hergestellt wird (siehe auch Bruns, Müller, Wust/Zichner 2010b; Belina/Miggelbrink 2010). Die Regulierungen und Abläufe an den Grenzübergängen überall an den Außengrenzen der EU sollen vereinheitlicht werden, *sollen* gleich sein. Das Streben nach Homogenität der Funktionsweise der Außengrenze drückt sich unter anderem in der Einführung von einheitlichen Richtlinien zur Vergabe von Schengen-Visa aus, deren Geltungsbereich sich mit der Erweiterung des Schengen-Raums kontinuierlich vergrößert hat. Auch für den grenzüberschreitenden Warenverkehr und die Kontrollen dessen, was beim Grenzübertritt mitgeführt wird, gibt es Bemühungen zur Vereinheitlichung (zu den genaueren Regulierungen und Homogenisierung vgl. Kapitel 4).

Die am Ostrand der Europäischen Union weiterhin stattfindenden alltäglichen, grenzüberschreitenden ökonomischen Praktiken können zeigen, wie dieses dem Anspruch nach homogene EU-Grenzregime in der Realität umgesetzt, und wie es durch soziale Praxis in Form von lokalen Aushandlungsprozessen verändert, wenn nicht sogar heterogenisiert wird. Die hier vorliegende Arbeit untersucht die Handlungsorientierungen verschiedener Akteure. Die dabei beachteten Vergleichshorizonte werden während der Interpretation aus dem Material selbst wahrgenommen. Die komparative Analyse im Rahmen der Anwendung der dokumentarischen Methode ist somit nicht hypothesenprüfend angelegt, sondern durchzieht den gesamten Auswertungsprozess und ist eng mit dem Wissen der Erforschten selbst verbunden. Diese Art des Vergleiches und der Typenbildung ist praxeologisch, sie ist an der Praxis selbst beobachtbar. Im Sinne einer Abduktion werden aus der rekonstruierten Struktur der Fälle Typen generiert, indem Bezüge herausgearbeitet werden zwischen den Erfahrungsrahmen der Erforschten und den Dimensionen ihrer Orientierungsmuster. Dieser *sinngenetischen* Typenbildung kann in einem weiteren Schritt die *soziogenetische* Typenbildung folgen, die die Frage nach den sozialen Bedingungen der Herstellung solcher Orientierungsmuster mit einbezieht (Bohnsack 2001: 231 f.). Der zugrunde liegende konzeptionelle und der damit eng verbundene methodologische Zugang sind somit ausschlaggebende Hintergründe für die Art und Weise des hier vorgenommenen Vergleiches, die Auswahl des Gegenstandes und die Ermittlung der Vergleichsdimensionen.

3.1.6 Zusammenfassung des Untersuchungsdesigns

Die Handlungen der grenzbezogen arbeitenden Unternehmer/innen und Kleinhändler/innen an der finnisch-russischen und polnisch-ukrainischen Grenze wurden durch eine Rekonstruktion der Handlungsorientierungen der Akteure näher untersucht. Als grundlegender methodischer Zugang zu diesen Handlungsorientierungen wurde die Methode der Gruppendiskussion gewählt, welche durch ihre Widerspiegelung alltäglicher Interaktionsprozesse die Rekonstruktion von Erfahrungsrahmen und Bewertungsschemata der Akteure ermöglicht. Die Erkenntnisse der Gruppendiskussion wurden mit der Durchführung von Experteninterviews und Beobachtungen perspektivisch erweitert und vertieft. Der auf diese Weise vorgenommene Mix von Methoden ermöglichte die Beachtung verschiedener Aspekte und Anschauungen im Rahmen eines gemeinsamen, theoretischen Zieles[31], nämlich der Rekonstruktion der Handlungsorientierungen der Akteure. Jede der angewandten Methoden hat ihre besonderen Stärken, und konnte somit den gemeinsamen Nutzen der Analysen erhöhen (Seipel/Rieker 2003). Auch Gläser und Laudel (2004: 70) weisen auf den hohen Mehrwert der Verbindung der Beschreibungen aus verschiedenen Datenquellen im Rahmen eines solchen Methodenmixes für die Rekonstruktion komplexer Konstellationen und Phänomene hin.

In der empirischen Forschung dieser Arbeit wurde sowohl deduktiv als auch induktiv vorgegangen. Zunächst galt es, ausgehend vom thematischen Forschungsgegenstand den Umgang der Akteure mit einem spezifischen, ihre Handlungen strukturierenden „Aspekt" zu untersuchen, nämlich dem Grenzregime der EU-Außengrenze. Die Grenzregulierungen und deren Umsetzung, also die alltägliche Praxis von Interaktionen und Abläufen im Umgang mit Grenzbehörden bestimmten daher die zunächst deduktive Ableitung von Gesprächsteilnehmer/innen, Interviewpartner/innen, Beobachtungszielen und Leitfadenthemen. Im weiteren Verlauf der Untersuchungen wurden induktiv aus den erhobenen Ergebnissen weitere relevante Akteure und Aspekte für weitere Nachforschungsschritte ermittelt.

---

31 In diesem Punkt unterscheidet sich der hier angewandte Method Mix von einer Triangulation. Die bei letzteren übliche Gegenüberstellung verschiedener Theorieansätze oder gegensätzlicher Forschungsperspektiven und die dadurch notwendige umfangreiche Systematik und Komplexität empirischer Forschungen hätte die für dieses Forschungsvorhaben vorhandenen Kapazitäten überschritten.

3.2 Empirische Forschungen am östlichen Rand der EU: die Umsetzung

Die empirischen Untersuchungen dieser Arbeit fanden während mehrerer Forschungsaufenthalte an der östlichen EU-Außengrenze in den Jahren 2007 bis 2009 statt. Auf einer ersten, vorbereitenden Reise wurden Kontakte zu potentiellen Kooperationspartnern vor Ort[32] hergestellt und weiter ausgebaut sowie Ideen für die methodische Umsetzung des Forschungsvorhabens gewonnen (siehe Abschnitt 3.1.2). Der Schwerpunkt der im Frühjahr und Sommer des Jahres 2008 durchgeführten Forschungsaufenthalte an den zwei betrachteten Grenzabschnitten lag auf der Durchführung der Gruppendiskussionen mit lokalen Akteuren. Außerdem wurden die Interviews mit Vertretern der Grenzbehörden und Beobachtungen an Grenzübergängen und Märkten umgesetzt. Daran schlossen sich mit den Besuchen im Herbst 2008 bzw. Frühjahr 2009 weitere Experteninterviews an.

In diesem Abschnitt wird die Umsetzung der gewählten Methoden qualitativer Sozialforschung näher dargestellt. Dabei sollen die wichtigsten Details der Durchführung der Feldforschungen erläutert sowie auftretende Probleme und Fehlerquellen benannt werden.

3.2.1 Die Gruppendiskussionen in der Praxis

Die recht simpel klingende praktische Rahmensetzung der Methode der Gruppendiskussion (ein moderiertes Gruppengespräch von etwa fünf bis zehn Personen zu einem festgelegten Gegenstand in einem neutralen, vertrauten Umfeld (Flick 1996: 135) war gerade angesichts der hier betrachteten, weit entfernten Fallstudien-Gebiete in Russland und der Ukraine mit gewissen Herausforderungen verbunden. Die enormen Reise- und Übersetzungsaufwendungen sind schnell vorstellbar. Viel entscheidender allerdings waren die intensiven Vorbereitungen in Hinsicht auf die Durchführung der Methode an sich: die Auswahl von Diskutant/inn/en, die Einweisung der Moderation, die Festlegung der thematischen Vorgaben.

Zwar wird die Gruppendiskussion als Verfahren in der einschlägigen Methodenliteratur mehrfach besprochen (siehe u.a. Bohnsack 1999; Bogner/Leuthold 2002; Loos/Schäffer 2001; Nießen 1977), doch erst in der praktischen Anwendung der Methode werden die Eigenheiten, Fallstricke und vor

---

32 Von entscheidender Bedeutung waren hierbei unter anderem die Kooperationsbeziehungen des Leibniz-Instituts für Länderkunde (Leipzig), welche im Rahmen des Projektes „Geographie(n) an den Rändern des Europäischen Projekts" für die Umsetzung der empirischen Forschungsvorhaben genutzt werden konnten.

allem die differenzierten Umsetzungsformen sichtbar, die ein tieferes Verständnis der einzelnen Anforderungen und Bedingungen dieser Methode ermöglichen. Ziel dieses Abschnittes soll es deshalb sein, die Anforderungen und Erfahrungen der Anwendung der Gruppendiskussion als empirische Methode in diesem Forschungskontext zu diskutieren.

3.2.1.1 Die Zusammenstellung der Gruppen

Die verschiedenartigen Ziele des Einsatzes von Gruppendiskussionen stellen jeweils besondere Anforderungen an die Zusammenstellung der Gruppen. Schon dieser erste Schritt der eigentlichen praktischen Umsetzung der Gruppendiskussionen vor Ort kann also als entscheidende Weichenstellung für den Fortgang der Untersuchungen betrachtet werden. Während es bei einigen Thematiken sinnvoller ist, die Diskutant/inn/en mit einer gewissen Homogenität bezüglich bestimmter Eigenschaften auszusuchen, kann für andere Forschungsziele eine stärkere Heterogenität der Teilnehmer/innen und damit vielleicht lebendigere Diskussion von Nutzen sein. Für die hier verfolgte Fragestellung war es vor allem wichtig, dass die Diskutierenden einer natürlichen Gruppe angehören, sie also möglichst aus einem gemeinsamen Umfeld kommen, welches im Alltag so existiert (Flick 1996: 133). Somit würden ihre Erzählungen und ihr Wissensaustausch auf kollektiven Erfahrungen und eventuell gemeinsamen Handlungen (Nießen 1977: 66) beruhen können. Sie konnten einander sogar bekannt sein – und daher kollektive, auf der Grundlage gemeinsamer Erlebniszusammenhänge gewachsene Erfahrungen teilen (Bohnsack 1999: 127). Ihre Geschichten würden eine gemeinsame Praxis grenzbezogener Handlungen widerspiegeln können und damit genügend Anknüpfungspunkte für eine gemeinsame Diskussion enthalten (vgl. Flick 1996: 134). Wenn die Gruppenzusammensetzung, wie es hier angestrebt wurde, die sozialen Positionen der Akteure und somit vergleichbare Risiken der Ausgrenzung durch die EU-Grenzregulierungen berücksichtigt, können die Gruppendiskussionen einen Einblick in die kollektive Herstellung von Deutungen und Bewältigungsstrategien im Umgang mit den Veränderungen des Grenzregimes geben (vgl. auch Schittenhelm 2006: 95). Eine gewisse Heterogenität hinsichtlich einfacher Merkmale wie Alter oder Geschlecht mussten hier kein Hindernis sein, allerdings sollten die beruflichen/handlungsbezogenen, ggf. hierarchisch strukturierten Positionen nicht zu weit auseinander liegen, um den Einfluss darauf basierender Unterschiede in den Erfahrungen möglichst gering zu halten.

Um einen Zugang zu Personen zu finden, welche bereit waren, zu solchen Themen zu sprechen, war es notwendig, sich auf das lokale Wissen und die

Netzwerke von vor Ort tätigen Personen zu stützen. Die Suche nach Gesprächspartnern wurde somit von Kooperationspartner/inne/n in den Fallstudienregionen durchgeführt. Dabei wurden ihnen einige Aspekte mit auf den Weg gegeben, die bei der Auswahl und Kontaktierung von potentiellen Teilnehmer/innen beachtet werden sollten (vgl: Abb. 5).

Abbildung 5: Kriterien zur Auswahl der Diskussionsteilnehmer/innen

---
* Tätigkeit mit Bezug zur Grenze: Grenzüberschreitung hat wichtigen Anteil an der Existenzsicherung
* Wohnort in gewisser Nähe zum beobachteten Grenzübergang
* bei Gruppen zu Kleinhandel: Kenntnisse zum – und wenn möglich praktische Erfahrungen mit – Kleinhandel
* bei Gruppen zu unternehmerischen Tätigkeiten: Besitzer/innen oder leitende Angestellte kleinerer bis mittelgroßer Unternehmen, die grenzüberschreitend tätig sind
* Teilnehmer/innen können sich zum Teil kennen
* Hierarchien untereinander sind zu vermeiden

Qu.: Eigene Zusammenstellung (vgl. auch Bruns/Meyer/Miggelbrink/Müller/Wust/ Zichner (im Erscheinen))

Die Suche nach Teilnehmern gestaltete sich unterschiedlich und teilweise recht schwierig. In Rußland wurde die Bereitschaft zur Teilnahme maßgeblich durch eine offizielle Einladung von Seiten der Stadtverwaltung Sortavala genährt. Sowohl die Herangehensweise der Kontaktperson als auch das tatsächliche Funktionieren dieses Vorgehens weist auf unterschiedliche institutionelle Kontexte und Wertestrukturen hin[33]. In der Ukraine wiederum schien es gewisse Schwierigkeiten zu geben, zwischen den Unternehmer/inne/n und Kleinhändler/inne/n abzugrenzen. Zum einen wurde deutlich, dass sich die damit verbundenen Begriffsverständnisse von den westeuropäischen Vorstellungen deutlich unterschieden. Zum anderen beschränkten sich die von lokalen Akteuren verfolgten Tätigkeiten in der Praxis nicht immer auf einen der Bereiche, da die schwierige wirtschaftliche Lage meist mehrere Standbeine erfordert. Generell war es dort etwas schwieriger, gesprächsbereite Personen zu finden, da die ganze Thematik der EU-Außengrenze eine noch recht neue, große Belastung für die Bevölkerung darstellte. Teilweise wurden kleine Aufwandsentschädigungen (für die

---

[33] Die Kooperationspartner vor Ort erachteten es geradezu als notwendig, die Stadtverwaltung in die Diskussionsvorbereitung einzubeziehen, denn nur aufgrund des offiziellen Charakters wären die Unternehmer/innen bereit, überhaupt an einem Gespräch teilzunehmen.

zurückgelegten Wege oder für den Arbeitsausfall) in Aussicht gestellt[34]. Allen Teilnehmern wurde Anonymität[35] zugesichert.

3.2.1.2 Räumlichkeit und strukturelle Bedingungen

Die Art des Umfeldes einer solchen Gruppendiskussion stellt einen nicht ganz unwichtigen Faktor für die erfolgreiche Initiierung eines offenen Austausches im Gespräch dar. Es sollte an einem Ort stattfinden, welcher für alle Beteiligten ohne große Umstände zu erreichen ist. Die eigentliche Räumlichkeit sollte je nach Thematik und Gruppenzusammensetzung nahe an deren gewöhnlichem Umfeld gewählt werden, also durchaus auch den alltäglichen Wegen und Orten der Teilnehmer/innen entsprechen. Dabei ist es wichtig, einen Raum zu finden, der große Störungen ausschließt, und eine möglichst gute Akustik hat – ideal sind zum Beispiel Hinterzimmer in Restaurants, oder kleinere, gemütliche Versammlungsräume.

Abbildung 6: Gruppendiskussionsort in Žovkva

Qu.: Eigene Aufnahme, Žovkva (Ukraine), Juli 2008

---

34 In diesen Entscheidungen wurde dem Urteil der lokalen Kooperationspartner vertraut. Während es demnach beispielsweise angemessen erschien, den ukrainischen Teilnehmer/innen Kaffeepäckchen mitzubringen, wurden den russischen Unternehmer/innen kleine Souvenirs und Sachgeschenke angekündigt.

35 Ihr Name würde nirgendwo zusammen mit den Aussagen auftauchen. Die anonymisierten Aussagen würden nur in deutscher oder englischer Sprache in wissenschaftlichen Texten veröffentlicht werden.

Die Sitzmöglichkeiten sollten eine gleichberechtigte Anordnung der Teilnehmer/innen ermöglichen, damit eine offene Gesprächsatmosphäre entsteht, die es allen Teilnehmern in gleicher Weise ermöglicht, an der Diskussion Teil zu haben (Mey/Mruck 2008: 49). Schliesslich sollte die Diskussion zu einem vereinbarten Termin stattfinden, welcher sich möglichst problemlos in die Tagesabläufe der Teilnehmer/innen einordnen lässt, wie z.b. am späten Nachmittag oder frühen Abend, also nach der Arbeitszeit. Ein solcher Termin setzt voraus, dass eine einfache Versorgung mit Speisen und Getränken angeboten werden kann.

Ausgestattet mit Informationen zu diesen Anforderungen waren es auch hier wieder die lokalen Kooperationspartner/innen, welche die Räumlichkeiten aussuchten bzw. arrangieren ließen. Unter den Bedingungen lokaler Verfügbarkeit, aber auch lokal verschiedener Vorstellungen und Normen kam es dabei zu verschiedenen Ergebnissen: In Russland war es ein offizieller Sitzungsraum der Stadtverwaltung, die Sitzmöglichkeiten waren äußerst hierarchisch angeordnet und während der Sitzung der Unternehmer/innen war selbst eine Mitarbeiterin der Stadtverwaltung anwesend, die Atmosphäre war somit sehr offiziell. In der Ukraine dagegen fanden beide Gespräche in einem Hotelzimmer statt, welches eigens dafür gemietet wurde. Der Raum war gemütlich, abgeschieden und der Tisch bot durch seine quadratische Form eine gleichberechtigte Sitzordnung an. Allerdings sorgte die Rückgezogenheit nicht selbstredend für einen störungsfreien Ablauf, da das Hotelpersonal angewiesen war, die Versorgung mit Getränken und Snacks permanent aufrecht zu erhalten und die jeweiligen Diskussionen somit mehrmals durch klappernde Tassen und Absprachen zu weiteren Bestellungen unterbrochen wurden.

3.2.1.3 Die Moderation der Gruppendiskussionen

Für den Verlauf der Gruppendiskussionen wird im Sinne der interaktiven Erhebung von Erfahrungen und Orientierungsmustern gehofft, dass sich zwischen den Diskussionsteilnehmern ein von selbst fließendes Gespräch mit eigeninitiierten Wendungen und Impulsen entwickelt. Die Diskussion sollte also wenig von außen gesteuert werden. Dennoch wird auch bei diesem Verfahren ein/e Moderator/in benötigt. Die Rolle dieser Person kann es sein, zunächst eine Art ‚Warm-up' zu gestalten, also die Diskutanten zu empfangen, auf Details der Räumlichkeiten hin zu weisen, ggf. auch Getränke und Snacks anzubieten. Wenn alle am Tisch versammelt sind, sollte durch die Vorstellung der Teilnehmer/innen und die Herstellung eines gemeinsamen Bezugs zur Thematik insgesamt eine ungezwungene und vertrauensvolle Atmosphäre geschaffen werden (Mey/Mruck 2008: 49). Während die moderierende Person zwar daraufhin das eigentliche

Gespräch mit einer einführenden Frage anstimmt, nimmt sie idealerweise für den weiteren Verlauf eine Position „demonstrativer Vagheit" (Bohnsack 1999: 214) ein. Das heißt, Nachfragen werden erst bei Lücken und Schweigemomenten im Gespräch gestellt und werden inhaltlich sehr offen oder ungenau gehalten. Die zurückhaltende Gesprächsführung soll den Mitgliedern der Diskussion signalisieren, dass sie allein die Expert/inn/en zu dieser Thematik sind (Bohnsack 1999: 214 f.; Bogner/Leuthold 2002: 164), und ihnen auch Gelegenheit geben, Themenpunkte detailliert zum Ende zu bringen, noch mal aufzugreifen, oder auch von selbst neue Erfahrungen einzubringen.

Da sich diese Anforderungen der Methode zum Teil recht gravierend von anderen, weit verbreiteten Techniken der Interview-Führung unterscheiden, stellte die Vorbereitung der Moderation der Gruppendiskussionen einen wichtigen methodischen Zwischenschritt dar. Für die hier durchgeführten Gruppendiskussionen wurden vor Ort tätige Wissenschaftler/innen angesprochen, welche die Diskussionen in der jeweiligen Landessprache anleiten sollten. Sie wurden in einem gemeinsamen Workshop[36] in die Methode eingeführt und auf den Gesprächsablauf vorbereitet. Dabei wurden die spezifischen Anforderungen an die Rolle und das Verhalten der Moderator/inn/en vermittelt, die Bedeutung der Methode im Rahmen dieser spezifischen Forschungsthematik diskutiert und eine einheitliche Einstiegsfrage für die Diskussionen festgelegt (vgl. Müller/Wust (Eingereicht)).

Allerdings weisen Loos und Schäffer (2001: 86 ff.) darauf hin, dass selbst ein solcher identisch formulierter Einstieg in Gruppendiskussionen beim reellen Beginn des Gespräches immer in irgendeiner Weise den vermuteten Erwartungen der Gruppe angepasst wird. Tatsächlich nahm auch bei den hier diskutierten Untersuchungen die eigentliche Durchführung der Gruppendiskussionen von Beginn an jeweils ihren eigenen Lauf.

3.2.1.4 Die Erhebung

Bereits der Einstieg in die Diskussion, in den meisten Fällen im Anschluss an eine Vorstellungsrunde aller Anwesenden[37], wurde von den Moderator/inn/en in der jeweiligen Gesprächssituation entsprechend angepasst.

---

36 Dieser 2tägige Workshop zur Durchführung der Gruppendiskussionen fand im März 2008 an der Internationalen Akademie der Freien Universität Berlin statt und wurde von Günther Mey und Katja Mruck angeleitet.
37 Bei den Gruppendiskussionen war die Autorin dieser Arbeit jeweils selbst gemeinsam mit eine/r/m weiteren Vertreter/in der Projektgruppe anwesend und mit Protokollführung und Assistenz der Moderator/inn/en betraut.

Abbildung 7: Beispiele von Eingangsfragen der Gruppendiskussionen

Beispiel 1

Gruppendiskussion mit Unternehmer/inne/n in Sortavala (Russland), 20.05.2008

Moderator: „... wir sind hier sozusagen zum Meinungsaustausch zu diesem Thema, also: Inwieweit beeinflusst die Grenze Ihr Unternehmen, wie sehen Sie die Veränderungen, die in der letzten Zeit stattgefunden haben?. Also, ich weiß zum Beispiel, dass die Menge des unverarbeiteten Nutzholzes angewachsen ist, und das hatte Einfluss auf die Lieferungen für den Export von unverarbeitetem Nutzholz aus Karelien; die gingen stark zurück. Ja, also, was für andere Fragen, die mit dem Zoll oder so zu tun haben, - ähm, mit all diesen Fragen, mit der Regulierung der Europäischen Union, mit Ihrem Erfahrungsaustausch mit Unternehmern."

Beispiel 2

Gruppendiskussion mit Unternehmer/inne/n in Žovkva (Ukraine), 22.07.2008

Moderatorin: „Ich möchte Sie, - da Sie mit den internationalen Unternehmen zusammenarbeiten und Experten in Sachen Grenze sind, wissen Sie am meisten davon. Deswegen möchten wir Sie bitten über Ihre Erfahrungen mit der Grenze, nachdem Polen in die Europäische Union aufgenommen wurde, zu berichten. Ich möchte Ihre, Ihre Meinung dazu wissen."

Qu.: Eigene Darstellung

Einige Diskussionen entwickelten daraufhin einen starken eigendynamischen Verlauf, weshalb nur selten zusätzliche Anreize gegeben werden mussten. Eigene Impulse der Diskussionsteilnehmer/innen waren vor allem dann besonders stark, wenn auch gleichzeitig eine stärkere Involvierung mit dem Thema, eine größere, persönliche Betroffenheit der Akteure zu spüren war. Das war bei der Kleinhandelsdiskussion in Russland teilweise der Fall, traf aber vor allem auf beide Gespräche in der Ukraine zu. Dagegen gestaltete sich der Gesprächsverlauf mit den Unternehmer/inne/n in Russland über weite Strecken schleppend, viele Nachfragen durch den Moderator strukturierten letztendlich den Gesprächsverlauf. Die erwartete gegenseitige Ergänzung und Aktualisierung gemeinsamer Erfahrungen (vgl. Bohnsack 1999) kam in diesem Gespräch etwas weniger gut zustande. Die Verhaltenheit der Teilnehmer/innen lag sicherlich unter anderem daran, dass diese Diskussion durch die Räumlichkeiten sowie die Anwesenheit einer Vertreterin der Kreisverwaltung einen eher offiziellen Charakter hatte.

Vielfach wurden die Gespräche von einzelnen Personen dominiert, weshalb sich andere Diskutant/inn/en merklich zurückhielten oder nach anfänglicher aktiver Teilnahme später kaum noch zur Argumentation beitrugen. Auch die Bereitschaft, über bestimmte Arbeitsweisen und Tricks der grenzüberschreitenden Praktiken ausführlicher zu berichten, unterschied sich von Diskussion zu Diskussion. Während ukrainische Unternehmer/innen ganz selbstverständlich von ihren speziellen informellen Netzwerken und Tricks berichteten, die ihnen den Grenzübertritt erleichtern, blieb man in den Diskussionen im russischen Sortavala streckenweise relativ vage, nur ganz vereinzelt wurden genauere Details preisgegeben.

In einigen Gesprächspassagen wurde deutlich, dass die Teilnehmer/innen den ihnen gemeinsamen Erfahrungshorizont wahrnahmen und sich einem gemeinsamen Alltagsumfeld mit ähnlichen Problemen und Handlungsweisen zugehörig fühlten. Zum gewohnten miteinander praktizierten Erfahrungsaustausch trug auch das Zusammenkommen in dieser Gruppensituation bei.

Denis: „Ich möchte Ihnen sagen, dass ein Abgeordnetenausweis nicht gilt."
Teilnehmer: „Die Abgeordneten haben keine Autorität?"
Bratislaw: „Kann so was – „
Denis: „Nein, beim polnischen Zoll. Beim ukrainischen Zoll habe ich nicht versucht."
Moderatorin: „Also, die Polen..."
Bratislaw: „Beim polnischen Zoll habe ich einmal versucht. Der Zolldirektor sagte „Natürlich werden Sie als Abgeordnete durchgelassen" und ich wurde als Letzter abgefertigt.((lachen)) Mehr wollte ich mich nicht blamieren."[38]

Trotz der Herausforderungen der Methode, der hier notwendigen Übersetzung in verschiedene Forschungskontexte (vgl. auch Bruns/Zichner 2009) und Anpassung an unterschiedliche Bedingungen konnten die durchgeführten Gruppendiskussionen wichtige Daten hervorbringen, die als Grundlage für die Auswertungen in dieser Arbeit dienen sollten.

---

38 Gruppendiskussion mit Unternehmer/inne/n in Žovkva (Ukraine), 22.07.2008

3.2.2 Die Durchführung von Experteninterviews

Während beider empirischer Phasen wurden Experteninterviews mit Personen durchgeführt, welche aufgrund ihrer Position innerhalb des Kontextes der betrachteten ökonomischen Aktivitäten über ein thematisch relevantes Sonderwissen verfügten.

In der ersten empirischen Phase wurden gezielt Interviews mit Vertretern der Zoll- und Grenzschutzbehörden an den entsprechenden Übergängen durchgeführt, da sie durch ihre Tätigkeiten im Bereich der Umsetzung des Grenzregimes eine unmittelbare Verknüpfung mit den grenzüberschreitenden Aktivitäten hatten. Für diese Gespräche wurden Leitfäden mit Fragestellungen hinsichtlich der konkreten Bedingungen und Art und Weise der Umsetzung des Grenzregimes entwickelt. Dabei wurden in Anlehnung an Gläser und Laudel (2004: 73 ff.) die wichtigste Elemente des Untersuchungsgegenstandes in Kernfragen umgesetzt und in einem zweiten Schritt in Haupt- und Nebenfragen aufgefächert. Themenschwerpunkte dieser Gespräche waren Aufgabenfelder und Organisationsaspekte der jeweiligen Behörde, die tägliche Arbeitsweise und aktuelle Probleme, die Abläufe von verschiedenen Kontrolltypen, genutzte Infrastrukturen und Arbeitsmittel sowie Aspekte von Zusammenarbeit und Austausch mit anderen Behörden. Auf der EU-Seite des Grenzüberganges – also bei den polnischen und finnischen Grenzbehörden - ging es vor allem darum, die Umsetzung der Regulierungen des Schengener Abkommens in den Blick zu nehmen. Also wurden Informationen zu Weiterbildungen und Kenntnissen der neuen Regulierungen, zu diesbezüglichen Veränderungen in der Arbeitsweise und Abläufen insgesamt erfragt.

In einem zweiten Schritt wurden geeignete Gesprächspartner aus den Gruppendiskussionen abgeleitet. Hierzu wurden solche Passagen in Gruppendiskussionen untersucht, in denen Akteure benannt wurden, die auf verschiedene Art und Weise Einfluss auf die Orientierung der grenzüberschreitenden Handlungen hatten. Das konnten beispielsweise Visa-Vergabe-Stellen sein, deren Arbeit als undurchsichtig und willkürlich eingeschätzt wurde und somit für die Handelnden ein großer Unsicherheitsfaktor waren. Es konnte sich auch um unterstützende Akteure handeln, wie zum Beispiel die Angestellten von lokalen und regionalen Verwaltungen und Behörden, die ebenfalls eine Rolle für die Planung und Ausführung grenzüberschreitender Aktivitäten spielten. Die entsprechenden Passagen wurden akteursbezogen geordnet und auf die zum Ausdruck kommende Relevanz der Akteure für die Diskutanten hin ausgewertet. Nachdem eine Kernauswahl getroffen wurde, konnten mit Hilfe der Inhalte der gesammelten Textpassagen auch gezielt Themenfelder für die Interviews abgeleitet werden. Detaillierte Probleme der Grenzüberschreitung, wie sie in den Diskussionen geschildert wurden, konnten daher noch genauer ergründet bzw. um weitere Perspektiven ergänzt werden.

3.2.3 Beobachtungen im Feld

Vor allem zu Beginn der Forschungsarbeit dienten einige *explorative und passiv teilnehmende* Beobachtungen während der Grenzübertritte dazu, sich erste Einblicke und Zugänge in das Untersuchungsfeld zu verschaffen, die allgemeinen Beschaffenheiten solcher Orte, beobachtbare Merkmalen sowie mögliche Störfaktoren kennen zu lernen. Eine wichtige Rolle spielte dabei die erste Erkundungsreise in die Untersuchungsgebiete im Frühjahr 2007. Aber auch während der weiteren Feldforschungsaufenthalte wurden solche unstrukturierten Beobachtungen durchgeführt, um die grundsätzlichen Abläufe und Verhaltensweisen an den Grenzübergängen durch eigenes Erleben besser zu verstehen. Die mehrfach vorgenommene, eigene Passage der Grenzübergänge bot die Möglichkeit, Beobachtungen nicht in der offensichtlichen Rolle der Wissenschaftlerin, sondern in verdeckter Form als Grenzüberquererin durchzuführen und sich somit der beobachteten Gemeinschaft und ihren Erfahrungen beim Grenzübertritt noch stärker anzunähern. Besonders an der polnisch-ukrainischen Grenze konnten auf diese Weise viele Erkenntnisse gewonnen werden. Der Grenzübergang für Fußgänger in Medyka/Šegyni sowie die Einreise nach Polen mit Bahn und Bus boten die Gelegenheit, hautnah mitzuerleben, wie die Arbeitsweise der Kleinhändler/innen im grenzüberschreitenden Handel aussieht. Dazu gehörten Details der Transportwege von Waren, Kontakte untereinander während der Abläufe am Grenzübergang und die eigentlichen Interaktionen mit verschiedenen Grenzregulierenden. Die berechtigte Anwesenheit als Mitreisende bzw. Mit-Wartende in der Schlange bot somit einen sehr guten Zugang zu bis dahin unbekannten Informationen.

Gleichzeitig konnten auf diese Weise die ebenfalls durchgeführten, *systematischen* Beobachtungen besser vorbereitet werden. Im Erhebungszeitraum im Frühjahr und Sommer des Jahres 2008 wurden daraufhin an den beiden untersuchten Grenzrelationen mehrere Beobachtungen an Grenzübergängen sowie an Orten des Kaufens und Verkaufens der grenzüberschreitend gehandelten Waren durchgeführt. Verbunden mit Interviews mit Mitarbeitern und Mitarbeiterinnen der Grenzbehörden konnten drei Grenzübergänge[39] auf der EU-Seite eingehend

---

[39] Ausführliche Begehungen auf der EU-Seite der Übergänge fanden statt in Niirala/Vjartsilja (FI/RU); Krakovec/Korczowa (PL/UA) und Medyka/Šegyni (PL/UA). Auf den jeweils gegenüberliegenden Seiten der Grenzübergänge, auf den Gebieten der Ukraine und der Russischen Föderation, waren diese Begehungen gar nicht oder nur sehr eingeschränkt möglich.

besichtigt werden. Diese Beobachtungen fanden also größtenteils in Begleitung offizieller Beamter und mit deren Zustimmung statt. Dabei wurden unter anderem die Struktur des gesamten Überganges, die Nutzungstypen der Gebäude, die örtliche Abfolge der Kontrollvorgänge, Orte zu speziellen Kontrollen wie Auto-Durchsuchung oder Personen-Kontrollen sowie Abfertigungsschalter für Pass- und Zolldokumente kennen gelernt. Für die Erforschung der genauen Abläufe der Pass- und Zollkontrollen an den Grenzübergängen wurde den Kontroll-Abläufen mehrmals für einige Stunden beigewohnt. Vorbereitet mit Protokollvorlagen und einer Auswahl von zu beobachtenden Kriterien konnte somit die Umsetzung einzelner Regulierungen des Grenzregimes in ihrer Art und Dauer mehrfach verfolgt werden, wurden die dabei verwendeten Arbeitshilfsmittel sichtbar und konnte das Verhalten der aufeinander treffenden Akteure wahrgenommen werden. Die Aufzeichnungen wurden dabei immer nur kurzzeitig und möglichst verdeckt in ein kleines Notizbuch eingetragen. Dennoch war die Rolle der Beobachterin auch gegenüber den nicht darüber informierten Grenzpassanten nicht ganz zu verbergen; und wird bei ihnen sowie vor allem bei den Grenzregulierengen auch zu möglichen Anpassungen des Verhaltens geführt haben.

3.3 Zur Auswertung

3.3.1 Die Aufbereitung des Materials: Transkription und Übersetzung

Bevor es eine Möglichkeit gab, die Ergebnisse der empirischen Feldforschung auszuwerten, mussten in erster Linie die Audio-Aufnahmen der Gruppendiskussionen in ihrer Muttersprache transkribiert und anschließend ins Deutsche übersetzt werden. Dieser ganz offensichtlich aus finanzieller, zeitlicher und organisatorischer Perspektive aufwendige Schritt war vor allem auch in methodologischer Hinsicht sehr sensibel. Man musste sich dabei auf die Arbeit von ausgewählten Muttersprachler/innen verlassen – ein weiterer Aspekt der besonderen Herausforderung, welche die Durchführung der Diskussionen in fremder Sprache darstellte.

Transkriptionen können je nach ihren Anforderungen und Umständen der Durchführung mit Selektionen und Konstruktionen behaftet sein (Bohnsack 1999: 200; Deppermann 2008: 39 ff.). Unbeabsichtigte Veränderungen oder Abweichungen vom Original-Gehalt können selbst bei dem Versuch der wortwörtlichen Verschriftlichung von Audio-Aufnahmen nicht ausgeschlossen werden. Das soll anhand von zwei Aspekten verdeutlicht werden, welche im Rahmen der hier vorgenommenen Transkriptionsvorgänge als Quellen von Fehlern und Verzerrungen deutlich wurden.

Erstens waren die Aufnahmen der Gruppendiskussionen geprägt von lokal spezifischen Eigennamen und Bezeichnungen der zum Teil entlegenen, kleinen Ortschaften, in welchen die Gespräche stattfanden. Während es sich bei den Moderator/inn/en der Gruppendiskussion als günstiger erwies, wenn sie nicht aus dem direkten Umfeld der Akteure stammten, so wurde deutlich, dass es sich bei den Transkribierer/inne/n in dieser Hinsicht genau umgekehrt verhielt. Für eine entsprechend genaue Transkription, die diese Spezifika berücksichtigen würde, wäre es deshalb von bedeutendem Vorteil gewesen, dass die jeweils mit dieser Aufgabe betrauten Personen über genügend Vorkenntnisse zum lokalen Kontext verfügten und somit die Eigennamen gut erkennen und verschriftlichen konnten. Da sich diese Erkenntnis erst durch diesbezügliche Nachfragen und Unklarheiten im Transkribierungsprozess erhärtete – und somit erst dann die Distanz einiger hier gewählter Transkribierer/innen zu den spezifischen Umfeldern deutlich wurde, muss von einigen Abzügen diesbezüglich ausgegangen werden.

In Überlappung mit einem zweiten, ungünstigen Umstand des Dokumentationsvorganges kamen diese Schwierigkeiten besonders zum tragen: die teilweise nicht optimale Qualität der Audio-Aufnahmen. Im Grunde war die bei den Forschungsaufenthalten zur Verfügung stehende Ausstattung für die Aufzeichnung der Gespräche sehr gut; dennoch führten ungünstige Raumgrößen oder Tischanordnungen, oder einfach mangelhafte Akustik der Räumlichkeiten zu einigen Qualitätsverlusten bei den Aufnahmen. Stammte nun die transkribierende Person aus einer gänzlich anderen Region eines Landes, so waren Verluste gerade bei ihr unbekannten Ausdrücken oder Bezeichnungen in Passagen schlechter Aufnahmequalität teilweise unvermeidbar.

Dies traf ebenso auf den Schritt der Übersetzung der Dokumente zu. Sprache ist immer auch Ausdruck eines spezifischen Kontextes mit eigenen Regeln (Bruns/Zichner 2009: 35). Die Wahl der deutschen Begriffe für die im Ursprungstext genannten Worte oblag den Übersetzer/inne/n, die somit eine recht entscheidende Rolle im Interpretationsverlauf des Materials einnahmen. Da auch die hier beauftragten Übersetzer/innen zwar Muttersprachler/innen waren, aber zumeist nicht direkt den Lebenswelten der Diskussionsteilnehmer/innen entstammten, konnte man eine Kenntnis aller sprachlicher Besonderheiten und Bedeutungen nicht voraussetzen. Allein der einfache Umstand der Notwendigkeit der Übersetzung in eine andere Sprache brachte einige Verluste mit sich. Letztendlich aber ging es um das Erfahrungswissen der Akteure. Solch ein Wissen, so Zelger (2009: 1) besteht „aus bewährten Beziehungen zwischen Begriffen, zwischen Aussagen oder zwischen komplexeren Wissenselementen. Es sind Beziehungen zwischen abstrakten Konzepten, die bei der Erfüllung von Aufgaben der Organisation erfolgreich angewendet werden können." Und nicht die genauen Bezeichnungen und Namen, sondern die Ermittlung solcher sich im Text dokumentierenden Orientierungen, Handlungsweisen und Erfahrungen stand im Fokus der Auswertungen des Materials.

3.3.2 Rekonstruktion und Typenbildung

Zentral für die Auswertung des in den Empiriephasen gewonnenen Materials war die Rekonstruktion von kollektiven Handlungsorientierungen mithilfe der dokumentarischen Methode (vgl. Abschnitt 3.1.4 in diesem Kapitel). Der möglichst eigenständige Diskurs unter den Teilnehmer/innen bedient das hauptsächliche Erkenntnisziel beim Einsatz dieses Verfahrens. Allerdings ist auch die (unvermeidliche) Ebene der Interaktion zwischen den Forschenden und den Diskutierenden zu beachten (Bohnsack 1999: 212). In diesem Teil des Kapitels werden die Arbeitsschritte der dokumentarischen Methode nach Bohnsack (1999: 148 ff.) in ihrer Umsetzung im Rahmen dieses Forschungsvorhabens dargestellt.

3.3.2.1 Schritt I Die Formulierende Interpretation

Ziel dieses ersten Schrittes der Auswertung ist es, einen Überblick über den gesamten Text zu gewinnen. Die thematische Feingliederung des Gesprächsdiskurses wird rekonstruiert, und auch implizit im Text enthaltene Aspekte werden herausgearbeitet. Dabei wird auch auf die Quelle der Gesprächsbeiträge, die Fremdinitiierung von Aussagen durch die Moderation oder Impulssetzungen durch die Teilnehmer/innen geachtet, um die Themen zu ermitteln, welche für die Akteure selbst relevant sind. Der thematische Überblick zu den untersuchten Gruppendiskussionen wurde hier mithilfe der Anfertigung von Mind Maps unterstützt. Daraufhin wurden Passagen nach Haupt- und Unterthemen gekennzeichnet und vor allem Passagen hoher interaktiver Dichte, starker Bildhaftigkeit oder Detailliertheit der Beschreibungen ausgewählt. In diesen sogenannten Fokussierungsmetaphern (Bohnsack 1999: 152; Bohnsack/Przyborski 2006: 234) kommen die Erfahrungsrahmen bzw. einzelne Bestandteile derselben besonders deutlich zutage. Die ausgewählten Passagen wurden daraufhin für eine gesamte thematische Übersicht zusammenfassend ausformuliert. Formulieren bedeutet dabei, gewöhnliche Sachverhalte möglichst präzise beschreiben, kontextlose Darstellungen in möglichst natürlicher Sprache zu liefern. In Gesprächen werden Sprachpraktiken sichtbar, verbunden mit ganz bestimmten Sprechweisen, die unausweichlich in bestimmten Gruppen verwendet werden. Einzelheiten werden aufgedeckt, reproduziert, verbunden; Eigenschaften der Handlungslogiken der Mitglieder der Gruppe und ihrer Orientierungen werden dabei deutlich (vgl. Garfinkel/Sacks 1986: 177 ff.). In diesem Teil der Auswertung war es also besonders wichtig, die Stimmungen und Ausrichtungen des Gespräches zu erkennen und im Detail nachzuvollziehen, einzutauchen in die Erfahrungsrahmen und Relevanzsysteme der Gruppe (Bohnsack 1999: 36), aber noch ohne diese genauer sichtbar zu machen und zu reflektieren. Daher wurde dieser Schritt bewusst jeweils nach länger andauernder intensiver Auseinandersetzung mit ausschließlich einem Gruppendiskussionstext vorgenommen.

3.3.2.2 Schritt II Die Reflektierende Interpretation

In einem zweiten Schritt werden die Rahmen, innerhalb derer die Themen abgehandelt werden, explizit gemacht und somit die Orientierungen zu erkennen gegeben. Die Ausführungen der Diskutant/inn/en setzen sich aus verschiedenen Feststellungen zusammen, welche Bohnsack (1999: 240 f.) in Anlehnung an Garfinkel als Propositionen bezeichnet. Solche Diskurselemente können einen fortführenden, zustimmenden/parallelisierenden, kommentierenden, konkurrierenden (gleicher Rahmen, aber sich-überbieten-wollen) oder oppositionellen (auf ganz anderen Erfahrungen beruhenden) Charakter haben. Diese Elemente konstituieren als Vergleichshorizonte der Akteure die Rahmen ihrer Erfahrungsräume oder Orientierungsmuster (Bohnsack 1999: 36 ff.). Die Vergleichshorizonte der Akteure wurden gesondert festgehalten und im Verlauf der Auswertung der vier Gruppendiskussionen weiterentwickelt, bestätigt oder differenziert.

In den verschiedenen Erlebnisbeschreibungen eines Falles werden die Orientierungsmuster immer wieder reproduziert, dabei überlagern sich verschiedene Erfahrungsräume in Teilen des Gesprächs. Die Muster mit außergewöhnlich starkem Einfluss auf Handlungen kommen in Passagen mit besonderer Dichte[40] zum Ausdruck, welche als solche in der Interpretation gekennzeichnet sind.

---

40 Solche besonders wichtigen Passagen müssen sich nicht zwingend durch offensichtliche Interaktivität hervorheben. Auch ein Monolog kann eine kollektive Orientierung wiedergeben, vielleicht erst recht dann, wenn mit sehr viel Nachdruck gesprochen wird: „Sozialität ist bereits 'unterhalb' subjektiver Intentionen in Gemeinsamkeiten des biographischen Erlebens, Gemeinsamkeiten des Schicksals verankert" (Bohnsack 1999: 130).

3.3.2.3 Schritt III Die Fallbeschreibung

In diesem dritten Schritt wurde eine zusammenfassende Charakterisierung des Gesamtfalles – hier also des Diskurses einer Gruppendiskussion – vorgenommen und die Orientierungen auf eine abstraktere Ebene gehoben (Bohnsack 2001: 232 ff.). Nicht nur die zentralen Orientierungen der Diskutanten wurden beschrieben, sondern auch die dramaturgische Entwicklung des Gesprächsverlaufs mit einbezogen. Dieser Fokus auf die *Verschränkung* der Einzelbeiträge, auf wechselseitige Steigerung und Vorantreiben, hin zum Kollektiven, zu „einer Einstellung auf jenen interaktiven Prozess, als deren Resultat die Gesamtcharakteristik des Falles mit ihrem kollektiven Orientierungsrahmen sich herauskristallisiert" (Bohnsack 1999: 157), ist in diesem Schritt besonders wichtig. Hinweise auf gegenseitige Steigerungen zu dichten Passagen, Äußerungen von Ärger, arbeitsteilig vorgetragene Gruppenmeinungen oder kollektiven Erfahrungen und im Verlauf vorgenommene Konklusionen strukturieren daher die Fallbeschreibungen. Zu ihrer Untermauerung wurden Zitate als Belege für Inhalte und Verlaufspunkte eingebaut. Die Beschreibung ging von der Eingangsfrage (dem „Grundreiz") aus und folgte dem Diskursverlauf in prozesshafter Bearbeitung. Auf diese Weise wurde die Rekonstruktion der Schichten der Orientierungen ermöglicht (ebd.: 156).

In einer abschließenden Zusammenfassung des jeweiligen Falles wurden sowohl die Einschätzungen der Bedeutung der Grenzüberschreitung für die Akteure als auch die grundsätzlichen Orientierungen und Handlungsmöglichkeiten festgehalten, die im Gespräch zum Ausdruck gebracht wurden.

3.3.2.4 Schritt IV Typenbildung und Auswertung

Während der Untersuchung eines Falles, also des jeweiligen Diskurses einer Gruppendiskussion, wurden unterschiedliche Erfahrungsräume oder Dimensionen voneinander differenziert und mit einzelnen Orientierungen in Bezug gesetzt. Diese Dimensionen sind abhängig vom Standort oder Blickwinkel des Interpreten. Es ist deshalb wichtig, so tief wie möglich in den Diskursen der Erforschten zu verbleiben und die Dimensionen aus diesem Material heraus zu entwickeln. Entlang von verschiedenen thematischen Dimensionen, die sich in den verschiedenen Fällen wiederfanden, konnten die jeweiligen Handlungsorientierungen ermittelt und daraus verschiedene Typen des Umgangs mit der Grenze und der Situation insgesamt abgeleitet werden.

Typen werden besonders sichtbar bei einem unterschiedlichen Umgang mit einem gemeinsamen Problem. Obwohl beispielsweise die in allen Diskussionen geschilderte Unberechenbarkeit staatlicher Behörden generell viel Ablehnung und auch Scham auslöste, gaben viele Akteure zu, die dadurch entstehenden Spielräume auch weiterhin in ihrer eigenen Praxis auszunutzen, während andere Akteure mit Resignation reagierten und Handlungsunfähigkeit gegenüber diesem Problem ausdrückten. Solche Kontraste in der Gemeinsamkeit halten die Typologie zusammen (Bohnsack 1999: 160). Die ermittelten Typen gelten erst dann als valide, wenn sie abgrenzbar sind zu anderen Typen. Die Typen können sich innerhalb eines Falls überlagern, wie es auch hier der Fall ist. Die verschiedenen Erfahrungsräume der grenzbezogen handelnden Akteure wurden innerhalb der Fallbeschreibungen herausgearbeitet und ihre Gemeinsamkeiten bzw. Bezüge zueinander und auch ihre Unterschiede in einer Herausarbeitung von vier Typen grenzbezogenen Handelns verdeutlicht. An diese, aus den Diskursen der Akteure generierte, sinngenetische Typenbildung schloss sich die Erweiterung der Typen um zusätzliche Aussagen zu den sozialen Kontexten der Akteure, den sozioökonomischen Bedingungen ihres Handelns an (soziogenetische Typenbildung).

In die abschließende Auswertung dieser Typologie in Hinsicht auf die Verortungswirkungen der Grenzregulierungen flossen auch die Erkenntnisse zu den Handlungsumfeldern der Akteure aus den Beobachtungen und Interviews ein. Die Auswertung der Interviews erfolgte – nach Transkription und gegebenenfalls Übersetzung – unter Anwendung von Suchrastern und Kodierungen, also mit der Methode der qualitativen Inhaltsanalyse (vgl. Gläser/Laudel 2004: 42, 191 ff.). Auf diesem Weg wurden ergänzende Informationen herausgearbeitet zu den in den Diskursen der Akteure hervorgehobenen Aspekten der lokalen Kontexte, über die ihnen zugrunde liegenden Strukturen und Entscheidungsprozesse. In ähnlicher Weise wurden aus den Protokollen der Beobachtungen erweiternde Kenntnisse gewonnen, wenn auch das Hauptergebnis der Beobachtungen in einer Sensibilisierung und einem vertieften Verständnis der Forschenden für die Handlungszusammenhänge und Bedingungen der Akteure lag (vgl. Abschnitt 3.1.3).

3.4 Schlussfolgerung

Als hauptsächlicher Zugang zur Erforschung der Handlungsorientierungen und darin deutlich werdender Verortungswirkungen des Grenzregimes der Europäischen Union wurde die Methode der Gruppendiskussion gewählt. Die damit gewonnenen Ergebnisse wurden durch den Einsatz von Experteninterviews und Beobachtungen weiter ergänzt und vertieft. Durch diesen Mix qualitativer Methoden konnte eine umfassende Analyse der Praktiken der betrachteten Akteure gewährleistet werden.

Das Gruppendiskussionsverfahren ist für den empirischen Ansatz dieser Arbeit von ganz besonderer Bedeutung. Es ermöglicht über die Untersuchung von Interaktionsprozessen und Diskursen einen spezifischen, alltagsnahen Zugang zur Handlungspraxis der untersuchten Akteure. Im Verlauf der vier Gespräche mit ökonomischen Akteuren an der finnisch-russischen und polnisch-ukrainischen Grenze wurden kollektive Erfahrungen aktualisiert und gemeinsame Wissensbestände und Bewertungsschemata angewandt. Die dabei aufgenommenen Diskurse würden daher einen praxisnahen Zugriff auf kollektive Handlungsorientierungen der Akteure bieten.

Die Rekonstruktion dieser Orientierungen fand in Anlehnung an Überlegungen der praxeologischen Wissenssoziologie mit dem Verfahren der Dokumentarischen Methode (Bohnsack 1999) statt. Sie bietet eine Anleitung für die schrittweise Interpretation der Diskurse der Gruppendiskussionen, wobei besonders das ‚naive', unvoreingenommene Eintauchen in die Diskurse, und ein damit verbundenes Verstehen während der Konstruktion der Wirklichkeit der Teilnehmenden betont wird. Auf diese Weise sollte ein Zugang zu kollektiven Sinnzusammenhängen gefunden werden. Während der Rekonstruktion der Orientierungen wurden Zusammenhänge zwischen Erfahrungsrahmen der Akteure und Dimensionen der von ihnen entwickelten Orientierungsmuster sichtbar. Diese Beziehungen weisen auf mögliche Vergleichshorizonte zwischen unterschiedlichen Handlungsorientierungen hin und wurden daher als Basis für die Generierung von Typen spezifischer Handlungsorientierungen genutzt. Diese sinngenetisch abgegrenzten Typen wurden letztendlich mit Erkenntnissen zu den Bedingungen der Umfelder der Akteure in Bezug gesetzt. Durch die Erstellung dieser sinngenetisch entwickelten und soziogenetisch erweiterten Typologie sollte in Rückbezug auf die theoretischen Grundannahmen dieser Arbeit die sozialräumliche Verortungswirkung der Grenzregulierungen der EU-Außengrenze auf differenzierte Weise sichtbar gemacht und der typenspezifische Umgang mit dieser Verräumlichung aufgezeigt werden.

4 Die Außengrenze der Europäischen Union als Zugangsfilter

In diesem Kapitel soll die Außengrenze der Europäischen Union als spezifische Art politischer Grenzen in den Blick genommen werden, um zu bestimmen, mit welchen Hintergründen und auf welche Weise durch das Grenzregime der EU eine Verortung der betrachteten Akteure vorgenommen und territorial basierte Handlungsbeschränkungen für ihre Aktivitäten hergestellt werden.

An politischen Grenzen trifft man generell auf eine starke Wirksamkeit von Gesetzen, welche containerräumlich basiert und meist historisch gewachsen sind. Durch die zusätzlichen Funktionen als Außengrenze der Europäischen Union haben die hier betrachteten Grenzen im Osten Europas an Komplexität gewonnen. Die gemeinschaftlichen Ebenen des supranationalen Staatenbündnisses sind jeweils auch mit Grenzziehungen nach außen verbunden. An ihren Rändern ist die EU somit bemüht Institutionen zu erschaffen, welche die Stabilität von gemeinsamen Märkten, Finanzsystemen, Gesetzgebungen, aber auch Migrations- und Außenpolitiken gewährleisten. Die darauf basierenden EU-Grenzregulierungen scheinen jedoch vielerorts ungeeignet für die lokale Realität zu sein. Die alltäglich pendelnden Händlerinnen und Händler sind nur ein Beispiel für eine Personengruppe, die nun gezwungen ist, sich den Herausforderungen der Grenzregulierungen zu stellen.

4.1 Die Europäische Union als Akteur der Grenzziehung

Dass es heute ein besonderes Grenzregime für die EU-Außengrenzen[41] gibt, welches sich in einiger Hinsicht von denen anderer politischer Grenzen unterscheidet, geht auf einen langen gesellschaftlichen Entwicklungsverlauf in Europa zurück. Hinter diesem Grenzziehungsprozess steht die Herstellung eines sozialen Konstruktes, der Definition gemeinsamer (Inklusions- bzw. Integrations-)

---

41 Im Sinne des Rechts der Europäischen Union bezeichnet der Begriff der Außengrenzen der Mitgliedstaaten „die Land- und Seegrenzen der Mitgliedstaaten sowie ihre Flug- und Seehäfen, auf die die Bestimmungen des Gemeinschaftsrechts über das Überschreiten der Außengrenzen durch Personen Anwendung finden." (Rat der Europäischen Union 2004: Art.1, Absatz 4).

Bereiche und den damit verbundenen abschirmenden und abgrenzenden Effekten nach außen. Verschiedene Schritte der Institutionalisierung und Materialisierung und der letztendlichen Nutzung eines Territoriums zur Markierung und Vereinfachung haben sich vollzogen.

4.1.1 Europäisierung und EU-isierung: wachsende innere Integration

Die Europäische Union basiert in ihrer Entwicklung auf den Anfängen eines europäischen Einigungsprozesses seit den 1950er Jahren, welcher zu Beginn hauptsächlich die gemeinsame Verfolgung spezifischer wirtschaftspolitischer Interessen zum Ziel hatte. Es galt, einen gemeinsamen Markt zu schaffen und somit Wettbewerbsvorteile zu sichern. Zusätzlich sollte auf diesem Wege eine Stabilisierung des europäischen Kontinents durch wachsende politische Integration erreicht werden. Konkrete Bemühungen um vertraglich gesicherte Integrationsschritte auf politischer Ebene scheiterten zunächst, so z.B. der Versuch der Gründung einer Europäischen Verteidigungsgemeinschaft Anfang der 1950er Jahre (Therborn 2000: 360). Das Ziel der politischen Sicherheit und Stabilität wurde dementsprechend vorerst indirekt als mögliche Folge verstärkter wirtschaftlicher Integration angestrebt.

Die Schaffung eines engeren wirtschaftlichen Zusammenschlusses hatte 1952 mit der Gründung der EGKS (Europäische Gemeinschaft für Kohle und Stahl) begonnen und wurde 1957 mit dem Vertrag zur Gründung der Europäischen Wirtschaftsgemeinschaft (EWG) (Teil der sog. Römischen Verträge) fortgesetzt. Der Integrationsprozess auf dieser Ebene war durch Bestrebungen der Regierungen der teilnehmenden Länder genährt, „ihre Volkswirtschaften zu einigen und deren harmonische Entwicklung zu fördern" sowie „durch eine gemeinsame Handelspolitik zur fortschreitenden Beseitigung der Beschränkungen im zwischenstaatlichen Wirtschaftsverkehr beizutragen" (Vertrag zur Gründung der Europäischen Wirtschaftsgemeinschaft 1957: 165). Diese Gemeinschaft von Staaten stand auch anderen europäischen Staaten offen, über die Neuaufnahme wurde allerdings von den Mitgliederstaaten entschieden.

Mit diesen Verträgen wurde schon von Beginn an die Tendenz eingeleitet, nicht nur eng zusammen zu arbeiten, sondern eine institutionelle Gemeinschaft zu schaffen, welche über das gesamte Territorium der unterzeichnenden Nationalstaaten für bestimmte Bereiche wirksam ist. Bereits in den Verträgen zur EGKS im Jahr 1952 wurde zugestimmt, dass einer den Mitgliedsstaaten übergeordneten Behörde die Entscheidungsgewalt in einem der wichtigsten Wirtschaftssektoren der damaligen Zeit übertragen wurde (Fritzler/Unser 2001: 18 f.). Für die Umsetzung der Aufgaben dieser wachsenden Gemeinschaft wur-

4.1 Die Europäische Union als Akteur der Grenzziehung   89

den im EWG-Vertrag die auch heute bekannten Organe und Institutionen (Europäisches Parlament, Rat, Kommission usw.) als vertraglich zuständig festgelegt (Vertrag zur Gründung der Europäischen Wirtschaftsgemeinschaft 1957: 170).

Im Laufe der letzten Jahrzehnte hat sich nicht nur die territoriale Reichweite der Regulierungen der Europäischen Union[42] stets vergrößert, sondern wurden auch die Ziele und Wirkungsbereiche dieser Gemeinschaft kontinuierlich ausgebaut. Dazu gehören beispielsweise Bereiche der Finanzpolitik, der Wirtschaftspolitik, aber auch der Arbeitsmarkt- und Migrationsthematik (vgl. z.B. Cuttitta 2010: 29). Je mehr gemeinsame Ebenen bzw. Funktionen die EU sich schaffte, umso mehr musste sie auch für diese zusätzlichen Ebenen eine Institutionalisierung und Abgrenzung nach außen übernehmen (Krämer 1999: 15 ff.; Wallace 2002: 79). Gleichzeitig wurde der Zusammenhalt der Mitgliedsstaaten zunehmend als ein gemeinschaftliches Projekt angesehen, der Schaffung einer Wertegemeinschaft, der Identifizierung der Bevölkerung mit gemeinsamen Zielen (vgl. u.a. Anderson/Apap 2002; Balibar 2004; Vobruba 2004; Wallace 2002). Diesem Bestreben nach dem Abbau von Hemmnissen in der Mobilität von Waren, Kapital und Personen innerhalb der Mitgliedsstaaten und Schaffung einer stärkeren Einheit entwuchsen auch die Grundlagen und Verträge, die als Schengener Abkommen (oder Schengener Übereinkommen) bekannt wurden.

4.1.2 Das Schengener Abkommen: Öffnungen und Schließungen

Mit der Unterzeichnung des Schengener Übereinkommens im Jahr 1985 einigten sich die vertretenen Staaten[43] auf die Absicht des Abbaus von inneren Grenzkontrollen innerhalb des gemeinsamen Europäischen Wirtschaftsraums. Nähere Festlegungen zur Abschaffung der Binnengrenzen und dem damit verbundenen Ausbau der Kontrollen an den Außengrenzen folgten im Jahr 1990 mit der gemeinsamen Erklärung zur Umsetzung dieser Vereinbarungen mit dem Schengener Durchführungsübereinkommen (SDÜ), auch als Schengen II bekannt, welches im Jahr 1995 in Kraft trat (vgl. Guild/Bigo 2002: 124).

Diese Verträge waren zunächst als von der Gemeinschaft getrennte institutionelle Regulierungen wirksam. Gleichzeitig nahm die Idee eines festeren Zusammenhalts innerhalb der Europäischen Union weiter Form an. Das äußerte sich unter anderem in den Festlegungen durch den Vertrag über die Europäische Union (Vertrag von Maastricht) im Jahr 1992 in welchen die Verbindungen und

---
42 Das Bündnis der Europäischen Union besteht gegenwärtig aus 27 Staaten, und ist auf der Basis des im November 1993 in Kraft getretenen Vertrages der Europäischen Union geregelt.
43 Dazu gehörten zum Zeitpunkt der Unterzeichnung im Jahr 1985 Belgien, die Niederlande, Deutschland, Frankreich und Luxemburg.

auch Abhängigkeiten zwischen den Mitgliedsstaaten verstärkt und die Idee eines Europas als integrierte Einheit nun auf vertraglicher Basis gefestigt wurde (vgl. Agnew 2001b: 29). Eine Unionsbürgerschaft wurde eingeführt, welche die nationale Staatsbürgerschaft ergänzt (Vertrag über die Europäische Union 1992: 9). Mit dem Abschluss des Vertrags von Amsterdam im Jahr 1997 wurden die in den Schengener Abkommen festgehaltenen Beschlüsse und ihre zukünftige Weiterentwicklung (also der sogenannte Schengen-Besitzstand, auch *acquis*) in den Rahmen der EU-Gesetzgebung (*acquis communautaire*) aufgenommen (Guild/Bigo 2002: 125). Für zukünftig der EU beitretende Staaten war mit diesem Schritt die von nun an geltende Verpflichtung verbunden, die in diesem Acquis geltenden Regulierungen vollständig zu übernehmen (Monar 2005: 147). Im Vertrag von Amsterdam wurde erstmals das Ziel der Entwicklung der Europäischen Union als „Raum der Freiheit, der Sicherheit und des Rechts" (Vertrag von Amsterdam 1997: 7) hervorgehoben. Mit der Herausbildung des Schengen-Raumes sollte nach innen ein besonderes Maß an Integration auf suprastaatlicher Ebene erreicht werden. Diese Vertiefung der Integration bewirkte aber auch ein wachsendes Interesse der Mitgliedsländer dieses territorial verfestigten Bündnisses am Schutz des gemeinsamen Wohlstandes (Vobruba 2004: 5). So hatte der Vertrag von Amsterdam auch die Errichtung eines homogenen Grenzregimes an den Außengrenzen im Fokus und enthielt dementsprechende Erweiterungen zu den Festlegungen des ursprünglichen Schengener Durchführungsübereinkommens (Lentz/Meyer/Miggelbrink/Waack 2007: 121). Infolgedessen wurden den nationalen Grenzorganen an den Außengrenzen zunehmend gemeinschaftliche Kompetenzen übertragen.

Die *Sicherung des Wohlstandes der EU* sah man in zweierlei Hinsicht als möglich an. Zum einen bestehen große Interessen, die Beziehungen zu den Nachbarstaaten aufrecht zu erhalten und zu stärken (Scott, J.W. 2006b: 17 ff.). Neben der Nutzung von Marktbeziehungen oder dem Ausgleich von Arbeitskräftemängeln durch selektive Zuwanderung geht es nicht zuletzt auch darum, durch Unterstützung der umliegenden Staaten eine stabile Pufferzone um das Territorium der EU herum zu errichten (Kahl 2007). So fördert die Europäische Union die Zusammenarbeit ihrer peripheren Grenzregionen mit den benachbarten Regionen der Nicht-EU-Staaten unter anderem im Rahmen grenzüberschreitender Verbünde wie den Euroregionen. Als spezielles Instrument der Zusammenarbeit der EU mit ihren Nachbarn wirkt seit Beginn der 1990er Jahre das TACIS-Programm (Technical Assistance to the Commonwealth of Independent States)[44]

---

44 Das TACIS-Programm wurde entwickelt, um die gesellschaftliche und wirtschaftliche Entwicklung der Nachfolgestaaten der Sowjetunion und später auch anderer Transformationsländer zu unterstützen und auf diese Weise die Kooperation der EU-Mitgliedsstaaten und Beitrittskandidaten mit ihren Nachbarländern zu fördern (Rat der Europäischen Union 2000). Projekte dieser Initiati-

4.1 Die Europäische Union als Akteur der Grenzziehung

(vgl. Rat der Europäischen Union 2000), heute fortgeführt unter dem Dach der Generaldirektion EuropeAid. Im Zuge der im Jahr 2004 vorgenommenen Erweiterung der Europäischen Union wurde die Politik der Europäischen Union zu ihren Nachbarstaaten erneut ausgebaut. In der im Jahr 2003 erarbeiteten „Wider Europe"-Initiative (vgl. Scott, J.W. 2006: 19 ff.) und der darauf basierenden neuen Strategie der Europäischen Nachbarschaftspolitik (ENP) wurden die ausgleichende Wirkung der Beziehungen zu den Nachbarstaaten und der Wille der Verhinderung von neuen Trennlinien betont:

> „Ziel der ENP ist es, die Vorteile der EU-Erweiterung von 2004 mit den Nachbarländern zu teilen, indem Stabilität, Sicherheit und Wohlstand aller Betroffenen gestärkt werden. Diese Politik dient der Vermeidung neuer Trennungslinien zwischen der erweiterten EU und ihren Nachbarn, denen im Wege einer größeren politischen, sicherheitspolitischen, wirtschaftlichen und kulturellen Zusammenarbeit die Chance geboten werden soll, an verschiedenen EU-Aktivitäten teilzunehmen."
> (Europäische Kommission 2004: 3)

Zum anderen beschloss man aber auch, in die Kontroll- und Überwachungsfunktionen an den äußeren Rändern des Bündnisses zu investieren, ein System gemeinsamer Grenzüberwachung zu entwickeln (siehe ausführlich im Kapitel 4.2). Dieses veränderte Sicherheitsbestreben der EU, welches weniger auf ausbalancierten Machtverhältnissen und wirtschaftlichen Interessen als vielmehr auf deutlich demonstrierter EU-Affinität der Nachbarstaaten basieren sollte (Browning/Christou 2010: 112 f.), zeigt sich auch in dem ultimativen Ziel der EU, einen „Ring befreundeter Staaten" (Europäische Kommission 2003: 4) in ihrer Nachbarschaft zu entwickeln. Lavenex (2004: 694) spricht in diesem Zusammenhang von einer „selective extension" der Europäischen Union, da nur solche Bereiche der Politik ausgedehnt würden, von denen man sich Nutzen verspräche.

Die mit diesen Entwicklungen verbundene *Ambivalenz* in den Beziehungen der EU zu ihren Nachbarländern, das Nebeneinander von Inklusions- und Exklusionsprozessen (vgl. Lavenex 2005; Paasi 1999b: 10 f.; Scott, J.W. 2006; Van Houtum/Pijpers 2006) drückt sich auch in einem mehrdeutigen Grenzregime der EU aus, welches die Gleichzeitigkeit von Abschirmung und Durchlässigkeit zu vereinen versucht (siehe auch Marischka 2007: 39 f.). An den europäischen Außengrenzen stehen sich somit Brückenfunktion und Abschottung gegenüber, als Ausdruck einer Logik, die in Brüssel, Lissabon oder Madrid erdacht ist, ein

---

ve verlaufen zum Teil in Zusammenarbeit und grenzübergreifender Abstimmung mit Projekten des EU-internen Programmes INTERREG, welches seit 1989 die interregionale Zusammenarbeit in der Union im Rahmen der Europäischen Strukturfonds unterstützt.

„imaginary space" (Wallace 2002: 82), eine gemeinsam geteilte Wahrheit, basierend auf dem Wunsch nach Ordnung und Kontrolle (Van Houtum 2010).

4.1.3 Der Schengen-Raum: Territorialisierung einer fragilen Staatlichkeit

Die Europäische Union lässt sich als eine supranationale Staatlichkeit mit nur teilweise übertragener Souveränität auffassen. Einige staatliche Funktionen werden auf supranationaler Ebene institutionalisiert, bilden eine „Verdichtung zweiter Ordnung" (Brand/Görg/Wissen 2007: 217 ff.) und sind Grundlage für verschiedene funktionale Aspekte des Grenzregimes der Außengrenzen der EU.

Gesetze und Regulationen folgen oft einer territorialen Logik, schaffen sich über die Nutzung von Territorien oder containerartig festgelegten Räumen eine künstliche Verfestigung. Die Territorien der nationalstaatlichen Containerräume bieten eine Basis für die Realisierung der von der EU beabsichtigten Stärkung des inneren Zusammenhalts und den damit verbundenen Exklusionsprozessen. Dadurch wurde eine *Naturalisierung* der Grenzziehungsprozesse wurde ermöglicht (vgl. Kapitel 2.1.1). Als solches kann die EU-Außengrenzziehung – ähnlich den Veränderungen durch (neo)koloniale Herrschaften oder imperiale Expansionen – als machtvolle Überstülpung von neuen Raumkonzeptionen betrachtet werden (Harvey 2007: 38). Agnew (2001b: 36) beschreibt die Europäische Union in Anlehnung an Linklater (1998: 218) als eine neue Art von Institution, welche auf einem „alternative means of organizing human beings to existing states" basiert ist. Durch die Nutzung der Territorien der Mitgliedsstaaten als Vereinfachung der Abgrenzung ist ein Grenzregime entstanden, welches in seinen Regulierungen der Grenzüberschreitung zu großen Teilen auf die Zugehörigkeit zur Nationalität eines EU-Mitgliedsstaates abhebt und dies mit der Zurechnung spezifischer Motive verbindet (vgl. auch John/Knothe 2007: 10).

Die EU ist durchaus ein Gebilde von institutioneller Dichte (Brand/Görg/Wissen 2007: 227). Dennoch stellen ihre Regelungen lediglich eine Rahmung dar; die Rolle der Nationalstaaten ist weiterhin sehr stark, die Umsetzung liegt zum großen Teil bei ihnen (ebd.: 227; Mamadouh 2001: 427 f.) und weist dadurch auch national unterschiedlich geprägte Ausführung der Grenzkontrollen auf (Guild/Bigo 2002: 133). Heeg kennzeichnet daher die EU als eine *fragile* Staatlichkeit, während Mamadouh (2001: 434) von einer wirklich neuen Form politischer Governance spricht. Die Souveränität dieses Konstruktes ist fragmentiert und ist nicht in jeder Hinsicht deckungsgleich mit seiner Territorialität (Heeg 2008: 261; Mamadouh 2001: 427).

Dieser Schwäche wird entgegengewirkt, indem die Abgrenzungsbestrebungen verstärkt auf ein gemeinsames Sicherheitsbedürfnis basiert werden. Ein

"Refrain des Misstrauens" (Vaughan-Williams 2008: 68, in Anlehnung an Deleuze/Guattari 1987: 356 f.) soll das Territorium markieren; soll zusammenhalten, was noch heterogen ist, soll Legitimation verschaffen für verstärkt ausgebaute und zunehmend homogenisierte Überwachungsmechanismen und Kontrollen. Die mit den Außengrenzen verbundenen Strategien haben sich zu einem Mittel entwickelt, den gemeinsamen Raum zu produzieren und unerwünschte Personen von diesem Raum fernzuhalten (vgl. auch Wallace 2002: 82).

4.2 Kontrollierte Inklusion und Exklusion: die Verortungsmechanismen der EU

Der Wunsch nach einer gemeinsamen Strategie des Schutzes des Wohlstandes der Mitgliedsstaaten der Europäischen Union drückt sich in einer Reihe von Verträgen und Abkommen aus, die letztendlich ganz spezifische Anweisungen für die Arbeit der grenzregulierenden Behörden enthalten. Über die Analyse der Hintergründe dieser Gesetze soll zunächst eine bessere Basis für die Analyse der Wirkungsweise des Grenzregimes der EU aufgebaut werden.

4.2.1 Versicherheitlichung und Kontrolle

Das gemeinsame, verstärkte Management der Außengrenzen der Europäischen Union wird von den Vertragsparteien von EU und Schengen als fundamentale Basis für das Erreichen der Abschaffung interner Barrieren betrachtet (Guild/Bigo 2002: 121 f.). Während die freie Bewegung von Gütern, Dienstleistungen oder Kapital relativ einfach umsetzbar schien, war und ist die Freizügigkeit von Personen ein recht problematischer Aspekt der internen Öffnung der Grenzen, begründet mit der Wahrnehmung eines erhöhten Sicherheitsrisikos (ebd.: 122).

Politische Grenzen sind seit jeher mit Funktionen des Schutzes und der Sicherheit verbunden. Verändert allerdings haben sich die Quellen von Risiko und Bedrohung. War noch bis Ende der 1980er Jahre vor allem die Furcht vor einer militärischen Invasion vorherrschend, so bestimmen spätestens seit der Jahrtausendwende die Szenarien von meist individuell ausgeführten Terroranschlägen die Art der Ängste. Damit einhergehend wird zunehmend das Individuum als mögliches Sicherheitsrisiko wahrgenommen (Grabbe 2000: 497 f.).

Diese neuen Arten der Bedrohung haben die Personenkontrollen an den Grenzen zur vordersten Verteidigungslinie herangehoben (ebd.: 498). Sie sind in erster Linie verbunden mit dem Wunsch, illegale Einwanderer erfolgreich fernzuhalten und auf diese Weise Sicherheit und Wohlstand der EU zu schützen (Van Houtum/Pijpers 2006: 54).

Der als notwendig bekundeten Sicherung der Bürgerinnen und Bürger der EU-Mitgliedsstaaten und der seit dem Maastrichter Vertrag bestehenden verstärkten Zusammenarbeit der Rechtsinstitutionen (Polizei, Gerichte, Migrations- und Asylbehörden) der Nationalstaaten wurde mit den Regulierungen des Amsterdamer Vertrages zum Ausbau der gemeinsamen Außengrenzen (1997) ein gemeinsames Dach und offensichtliches Ziel gegeben, auf welches sich auch und vor allem bei der Bewachung der inneren und äußeren Grenzen immer wieder berufen wird (so bspw. in der Verordnung (EG) Nr. 1987/2006 zum Ausbau des Schengen-Informationssystems (SIS II), Europäische Kommission 2006b: 4). Die Europäische Kommission hält in dem Zusammenhang in einer Mitteilung fest, dass

> „ein in sich schlüssiger, wirksamer und gemeinsamer Schutz der Außengrenzen der EU-Mitgliedsstaaten zur Sicherheit der Bürger beitragen und ihnen das Gefühl vermitteln wird, dass sie Teil eines gemeinsamen Raums und einer Schicksalsgemeinschaft sind."
>
> (Europäische Kommission 2002: 2)

Gerade in Bezug auf die neuen Außengrenzen in Osteuropa wird ein erhöhtes Sicherheitsbedürfnis begründet. Die Gewährleistung der Sicherheit auch nach der Erweiterung wird als besondere Herausforderung dargestellt,

> „insbesondere dann, wenn neuen Mitgliedstaaten gestattet worden ist, den Schengen-Besitzstand anzuwenden, was in der Folge eine erhebliche Vergrößerung der Landaussengrenzen bedeutet, oftmals in einer regional schwierigeren Umgebung."
>
> (ebd.: 5)

An den Außengrenzen soll also „die gemeinsame Vorstellung von innerer Sicherheit" der EU-Mitgliedsstaaten in die Praxis umgesetzt werden (ebd.). Die Rahmensetzung durch die EU sieht daher vor, bei

> „den Verantwortlichen und den Bediensteten der einzelnen Stellen das Bewusstsein dafür zu wecken, dass sie nunmehr die Außengrenzen der Mitgliedstaaten der Europäischen Union schützen und ihre Arbeit ein Beitrag zu einem europäischen Kontroll- und Überwachungsnetz ist."
>
> (ebd.: 10)

Dieser Sicherheits-Diskurs der EU dient als eine entscheidende gemeinschaftliche Grundlage für die Generierung und Koordination von neuen Kontroll- und

Überwachungspraktiken der Union[45] und schafft eine gemeinschaftliche Handlungsgrundlage für die angewandten Kriterien und Techniken der Überprüfung, Kodifizierung und Klassifizierung an den Grenzen (Bigo 2002: 214)[46].

4.2.2 ‚Smart border' – oder die legitimierte Selektivität

Doch neben den personengebundenen Sicherheitsrisiken plagen auch andere Sorgen die Regierungsvertreter der EU-Mitgliedsstaaten. Gegenüber dem Wunsch der Abschottung unerwünschter Zuwanderungen stehen auch Grenzüberschreitungen, die den Bedürfnissen und Interessen der EU-Mitgliedsstaaten entsprechen. Statt vollständiger Exklusion wurde eine gesteuerte, kalkulierte Inklusion zum Ziel erklärt (Kasparek/Hess 2010: 17; Vobruba 2004: 4).

Dazu zählte zum einen das Bedürfnis der EU, in begrenztem Ausmaß auch *Zuwanderung* von Arbeitskräften zuzulassen, um auf diese Weise den Wohlstand der EU angesichts des demografischen Wandels und der Mängel an hochqualifizierten Arbeitskräften in einigen Wirtschaftssektoren auch langfristig abzusichern (Van Houtum/Pijpers 2006: 54).

„There is a growing recognition that, in this new economic and demographic context, the existing 'zero' immigration policies which have dominated thinking over the past 30 years are no longer appropriate."

(European Commission 2000: 6)

„Given the present economic and labour market situation the Commission believes that it is now time to review longer term needs for the EU as a whole, to estimate how far these can be met from existing resources and to define a medium-term policy for the admission of third country nationals to fill those gaps which are identified in a gradual and controlled way."

(ebd.: 13)

Des Weiteren sollten die Außengrenzen nicht zu vollständig isolierenden Barrieren heranwachsen, sondern auch weiterhin den Austausch mit den Nachbarstaa-

---

45 Diese Entwicklungen stehen im Zusammenhang mit einer allgemein wachsenden „racialisation of suspicion" im Nachgang des 9/11-Anschlages (Vaughan-Williams 2008: 71).
46 Infolge des wachsenden Umfangs der Sicherheits- und Kontrollbemühungen an den Außengrenzen und der damit zunehmenden Überlastung der Behörden der Mitgliedsstaaten ist die EU inzwischen dazu übergegangen, Teile dieser Aufgaben an die umliegenden Staaten weiter zu geben. Diese Externalisierung der Sicherheitspolitik der EU soll dazu dienen, die Abwehr unerwünschter Migranten schon im Vorfeld durchzusetzen und somit die Verpflichtungen im Rahmen der geltenden Asylrechte für Flüchtlinge zu umgehen (Morice/Rodier 2010: 2).

ten zulassen. So heißt es im Schengener Grenzkodex nur wenige Paragraphen hinter den Sicherheitsbegründungen der durchzuführenden Kontrollen auch:

„Die Mitgliedstaaten sollten vermeiden, dass der wirtschaftliche, soziale und kulturelle Austausch durch die Kontrollverfahren an den Außengrenzen stark behindert wird. Zu diesem Zweck sollten sie eine angemessene Anzahl von Personal und finanziellen Mitteln bereitstellen."

(Schengener Grenzkodex 2006: 2)

Letztendlich zwar auf das gleiche Ziel ausgerichtet, nämlich die Sicherung des Wohlstands der Mitgliedstaaten, erweisen sich diese Bestrebungen als konträr in Bezug auf die Regulierung an den Grenzen, und erfordern eine komplexe Koordination der Grenzregulierungen:

„Efficient management of migration flows requires monitoring and must be accompanied by measures to regulate movements. This requires action at all phases of movement of persons, in order both to safeguard legal channels for admission of migrants and for those who seek protection on humanitarian grounds while at the same time combating illegal immigration."

(European Commission 2000: 12)

Die Außengrenzen der EU entwickeln sich somit zu einer so genannten „smart border"[47] (Andreas 2003: 96), deren Grenzregime einem innovativen Filter gleicht, welcher die Differenzierung der „unerwünschten" und „erwünschten" Grenzübertritte in effizienter Weise ausbalanciert. Die Regelung des *Kleinen Grenzverkehrs* (Europäische Kommission 2006a) steht als Form der Regulierung von Ausnahmen von den allgemein geltenden Grenzregulierungen inmitten der Widersprüchlichkeit der Zielsetzungen der EU an ihren Grenzen – eine Schwierigkeit, die in den Verhandlungen zu ihren Grundlagen bereits deutlich wurde:

„Zwar sollte der Grenzverkehr konkret erleichtert werden, doch waren auch die Sicherheitsanforderungen für den gesamten Schengenraum zu beachten."

(Europäische Kommission 2011: 8)

Mit diesem Instrument werden für die Bevölkerung grenznaher Orte (normalerweise bis zu 30 Kilometer von der Grenzlinie entfernt) Erleichterungen im Grenzübertritt festgelegt, um den grenzüberschreitenden Austausch der grenzna-

---

47 Dieser Begriff geht zurück auf ähnliche Bestrebungen in den Vereinbarungen zur Grenze zwischen den USA und Canada, welche im Jahr 2002 von US-Präsident George W. Bush mit den Worten kommentiert wurden: „This great and peaceful border must be open to business, must be open to people – and it's got to be closed to terrorists and criminals." (Andreas 2003: 96).

hen Bevölkerung zu unterstützen. Die Regelungen treten dort in Kraft, wo Mitgliedstaaten des Schengener Abkommens entsprechende bilaterale Verträge mit ihren benachbarten Drittstaaten abschließen (Europäische Kommission 2006a: 4)[48].

4.2.3 Grenzmanagement – Homogenisierung – FRONTEX

Genauere Schritte in Bezug auf ein erhöhtes Management der Grenzkontrollen wurden in einer Mitteilung der Kommission zur Entwicklung eines integrierten Grenzschutzes („integrated border management") im Jahr 2002 festgehalten. Darin wird vor allem die Notwendigkeit betont, „gemeinsame Maßnahmen besser zu koordinieren" und „durch eine größere Öffnung der einzelstaatlichen Grenzschutzsysteme Synergieeffekte, Kostenvorteile und eine effizientere Mittelverteilung zu erreichen" (Europäische Kommission 2002: 9). Die Kommission versäumte es dabei nicht zu unterstreichen, dass eine erhöhte Effizienz der Kontrollen nicht nur dem Ziel des Schutzes der Sicherheit besser entgegen kommt, sondern auch dazu dient, „den Personen-, Güter- und Warenverkehr zwischen der Europäischen Union und Drittstaaten zu beschleunigen" (ebd.: 5).

Die eigentliche Anwendung der Filterfunktionen an den Grenzen liegt bei den nationalen Behörden. Daher sah man als wichtige Schritte für die Verbesserung der Wirksamkeit des Grenzschutzes vor allem eine stärkere *Vereinheitlichung* des Vorgehens nationaler Kontrollstellen, erhöhte operative Abstimmung und regelmäßige Kontakte sowie gemeinschaftliche Ausbildungsprogramme für Grenzschutzbeamte an (ebd.: 12f.). Infolgedessen wurde zunehmend der Bedarf an „einer operativen Kooperations- und Koordinierungsinstanz für die Kontrollen der Außengrenzen und deren Überwachung" (ebd.: 12) laut. Die dafür gegründete Agentur FRONTEX wurde fortan damit betraut, die Aktionen der Mitgliedsstaaten in Bezug auf den Schutz der Außengrenzen zu koordinieren und die Ausbildung der Grenzschutzbeamten in dieser Richtung zu unterstützen (Rat der Europäischen Union 2004: 4; vgl. auch Frontexwatch 2007: 4).

Die gemeinschaftliche Arbeit an den Außengrenzen wurde seitdem weiter ausgearbeitet und verstärkt. Der Status der Mitarbeit an gemeinsamen Grenzschutz-Unternehmungen ist auf rechtlicher Seite weiterhin problematisch, und auch die Verpflichtungen der Mitgliedsstaaten zur Unterstützung kollektiver

---

48 Seit dem Erscheinen der Verordnung über diese Regelungsmöglichkeit bis Februar 2011 traten vier Abkommen über den kleinen Grenzverkehr in Kraft: Ungarn-Ukraine im Januar 2008, Slowakei-Ukraine im September 2008, Polen-Ukraine im Juli 2009 und Rumänien-Moldau im Oktober 2010 (Europäische Kommission 2011: 2).

Aktionen sind zum Teil differenziert und ungeklärt (Monar 2005: 160)[49]. Für die Arbeit der Kontrollbehörden an den Außengrenzen wurden allerdings durch die entsprechenden Abkommen der EU bereits einige „gemeinsame Vorschriften über Standards und Verfahren für die Kontrolle der Außengrenzen" (Europäische Kommission 2010: 13) festgelegt, unter anderem im sogenannten „Schengener Grenzkodex" und dem „Schengen-Handbuch" (Empfehlung über einen Leitfaden für Grenzschutzbeamte) aus dem Jahr 2006. Eine damit verbundene Entwicklung, die unter Umständen Klarheit und Vereinfachung für die Arbeit von jeweils nationalen Grenzregulierer/inne/n mit sich bringen kann, ist die zunehmende *Technisierung* und Automatisierung von Kontrollvorgängen. In erster Linie wird die größere Effizienz betont, die damit einhergeht. Die Einrichtung von Durchleuchtungsmaschinen und Messgeräten (für Strahlungen etc.) verhilft zu einer Zeit- und Personaleinsparung gegenüber den herkömmlichen Durchsuchungsmethoden. Gleichzeitig verläuft so aber auch ein Großteil der Arbeit in Unabhängigkeit von der subjektiven Ebene der Kontrollierenden (siehe auch Pallitto/Heyman 2008: 319). Die zunehmende Angleichung von Kriterien auf EU-Ebene sowie die technische Vereinheitlichung und damit einhergehende Routinisierung von Abläufen verschafft den Mitarbeiter/inne/n der Grenzübergänge eine vereinfachte Legitimation ihrer Entscheidungen (vgl. auch Kaufmann 2008: 48ff.). Wie sich diese Bestrebungen der Schengener Mitgliedsstaaten, ihre gemeinsame Außengrenze in möglichst homogener Weise zu überwachen, in konkreten Grenzregulierungen wieder finden, wird in den folgenden Abschnitten diskutiert.

4.3 Regulierungen der Einreise in die Europäische Union

Es sind besonders die personenbezogenen Grenzregulierungen, welche in den Prozessen der Verortung von Akteuren durch das Grenzregime die entscheidende Rolle spielen. Durch sie wird der Weg bereitet für die Umsetzung von territorial basierten, sozial wirksamen Zuweisungen. Zentral in der Entwicklung der gemeinsamen Grenzpolitik der EU ist dabei das sogenannte Schengen-Visum. Welche Bedingungen an dieses Mittel der Klassifizierung und Regulierung im Detail gebunden sind, und welche weiteren Differenzierungen sich in den Grenzregulierungen materialisieren, soll ein genauer Blick auf die Festlegungen und Hürden der Einreise in die Schengen-Mitgliedsstaaten zeigen.

---

49 Dies zeigen auch die zögerlichen Reaktionen westeuropäischer Politiker in Hinblick auf die erneuten Flüchtlingsströme nach Südeuropa im Zuge der politischen Umbruchbewegungen in den nordafrikanischen Staaten im Februar 2011.

4.3.1 Die Einreise in die EU – ein mehrstufiges Verfahren

Die Einreise in die Mitgliedsstaaten des Schengener Abkommens ist ein komplexes Verfahren. In verschiedenen Stufen werden Kategorisierungen angewandt, die unterschiedliche Zutrittsmöglichkeiten und -bedingungen nach sich ziehen.

Abbildung 8: Stufen der Personenkontrolle bei der Einreise in die EU

Vorentscheidung	Visumsvergabe	Kontrolle		Europäische Union
		Mindestkontrolle	Eingehende Kontrolle	

(EU-Angehörige/r → ...; Nicht-EU → Antrag → Visum ja → Sonderregelung / stichprobenhaft / Normal immer; Staatsbürgerschaft / Kategorien / auf Verdacht abgelehnt / auf Verdacht abgelehnt / abgelehnt)

Qu.: Eigene Darstellung

4.3.1.1 EU/Nicht-EU: Die Kategorie ‚Staatsbürgerschaft'

Die erste und wichtigste Stufe der Differenzierung von Personen hinsichtlich ihrer Einreisemöglichkeiten ist die Überprüfung der Staatsbürgerschaft. Eine freie Einreise in die Mitgliedsstaaten des Schengener Abkommens ist lediglich für solche Personen vorgesehen, die laut EG-Vertrag das Recht auf *Freizügigkeit* bzw. das Gemeinschaftsrecht auf *freien Personenverkehr*[50] genießen. Dies sind:

---

50 „Personen, die das Gemeinschaftsrecht auf freien Personenverkehr genießen, sind grundsätzlich berechtigt, die Grenze eines Mitgliedstaats zu überschreiten, wenn sie folgende Dokumente mit sich führen:
– Bürger der EU, des EWR und der Schweiz: Personalausweis oder Reisepass;

> **Personen mit Recht auf Freizügigkeit:**
>
> i) Unionsbürger im Sinne von Artikel 17 Absatz 1 des Vertrags zur Gründung der Europäischen Gemeinschaft sowie Angehörige dritter Staaten, die Familienangehörige eines sein Recht auf Freizügigkeit ausübenden Unionsbürgers sind, der unter die Richtlinie 2004/38/EG* fällt;
>
> ii) Angehörige dritter Staaten und ihre Familienangehörigen ungeachtet ihrer Staatsangehörigkeit, die aufgrund von Abkommen zwischen der Gemeinschaft und ihren Mitgliedstaaten einerseits und den betreffenden Drittstaaten andererseits eine der Freizügigkeit der Unionsbürger gleichwertige Freizügigkeit genießen.
>
> * Richtlinie 2004/38/EG des Europäischen Parlaments und des Rates vom 29. April 2004 über das Recht der Unionsbürger und ihrer Familienangehörigen, sich im Hoheitsgebiet derMitgliedstaaten frei zu bewegen und aufzuhalten (ABl. L 158 vom 30.4.2004, S. 77).
> Berichtigte Fassung in ABl. L 229 vom 29.6.2004, S. 35.

Qu.: Schengener Grenzkodex 2006: Artikel 3, Absatz 4

Andere Einreisebestimmungen gelten für so genannte „Drittstaatsangehörige", die also nicht unter die eben genannten Kategorien fallen (Schengener Grenzkodex 2006: Artikel 3, Absatz 5). Grundlegende Vereinheitlichung der Vorschriften zur Einreise dieser Personen ist die Einführung der Visumspflicht. Im Schengener Durchführungsübereinkommen wurden die Vorgaben für einen einheitlichen Sichtvermerk festgelegt, „der für das Hoheitsgebiet aller Vertragsparteien gültig ist." – das Schengen-Visum (Schengen-Besitzstand 2000: Artikel 10). Die Bestimmungen zur Erteilung dieser Visa waren zum Zeitpunkt der in dieser Arbeit durchgeführten Untersuchungen durch die Gemeinsame Konsularische Instruktion (GKI) (Rat der Europäischen Union 2005) geregelt[51].

– Familienangehörige von Bürgern der EU, des EWR oder der Schweiz, die Staatsangehörige eines Drittlandes sind: Reisepass.
Wenn sie Staatsangehörige eines der Visumpflicht unterliegenden Drittlandes sind, kann auch ein Einreisevisum von ihnen verlangt werden, es sei denn, sie sind im Besitz eines gültigen Aufenthaltstitels oder einer gültigen Aufenthaltskarte, der bzw. die von einem Mitgliedstaat (oder einem EWR-Land oder der Schweiz) ausgestellt wurde." (Schengener Grenzkodex 2006: Artikel 2, Absatz 5)
51 Im April 2010 wurden die darin getroffenen Festlegungen durch das Inkrafttreten des Visakodex (2010) der Europäischen Union zum Teil verändert.

4.3.1.2 Die Kriterien der Zulassung für Drittstaatenangehörige

Hinsichtlich der Einreise von Drittstaatenangehörigen gelten eine Reihe von Kriterien, welche unmittelbar aus den Bedürfnissen des Schutzes des Wohlstandes und der Sicherheit der Union hervorgehen. Zum Ausschluss möglicher sozioökonomischer Risiken werden selektiv nur solche Personen zugelassen, welche den Nachweis von Mitteln zur Bestreitung des Lebensunterhalts im Verhältnis zu Dauer und Umständen des Aufenthaltes vorbringen können. In Anlehnung an die Bestrebungen zum Schutz der Sicherheit der Einwohner/innen der Mitgliedstaaten wurden weiterhin Regulationen zur Einreiseverweigerung von den Personen beschlossen, die entweder in den Datenbanken des Schengen-Informationssystems vermeldet sind, oder die ein Sicherheitsrisiko für irgendeinen der Schengen-Staaten darstellen *könnten* (vgl. dazu auch Guild/Bigo 2002: 126 ff.).

Voraussetzungen zur Einreise für Drittstaatenangehörige

a) Er muss im Besitz eines oder mehrerer gültiger Grenzübertrittspapiere sein, die von dem Exekutivausschuss bestimmt werden.
b) Er muss, soweit erforderlich, im Besitz eines gültigen Sichtvermerks sein.
c) Er muss gegebenenfalls die Dokumente vorzeigen, die seinen Aufenthaltszweck und die Umstände seines Aufenthalts belegen, und über ausreichende Mittel zur Bestreitung des Lebensunterhaltes sowohl für die Dauer des Aufenthalts als auch für die Rückreise in den Herkunftsstaat oder für die Durchreise in einen Drittstaat, in dem seine Zulassung gewährleistet ist, verfügen oder in der Lage sein, diese Mittel auf legale Weise zu erwerben.
d) Er darf nicht zur Einreiseverweigerung ausgeschrieben sein.
e) Er darf keine Gefahr für die öffentliche Ordnung, die nationale Sicherheit oder die internationalen Beziehungen einer der Vertragsparteien darstellen.

Qu.: Rat der Europäischen Union 2005: 9

Diese Einreisevoraussetzungen finden sowohl im Prozess der Visavergabe als auch im Rahmen der Einreisekontrollen an Grenzübergängen ihre Anwendung. Gerade das letztere Kriterium ist in der Umsetzung nur schwer mit einheitlichen Vorgaben vergleichbar und hängt somit in gewissem Maße von den Einschätzungen der jeweils diensthabenden Mitarbeiter/innen der Grenzbehörden ab.

4.3.2 Visavergabe für Drittstaatenangehörige

4.3.2.1 Visumstypen

Für die Einreise von Drittstaatenangehörigen werden nach Art des Aufenthaltes verschiedene Visumstypen unterschieden.

Visumstypen A-D
A Flughafen
B Transit
C Kurzaufenthalt (auch mehrfache Einreise, Max. 90 Tage innerhalb von 6 Monaten)
D Langfristiger Aufenthalt
D+C D kombiniert mit Durchreisemöglichkeiten von C

Qu.: Rat der Europäischen Union 2005: 5

Der Visumstyp C lässt sich für einen kürzeren, durchgehenden Aufenthalt in einem Schengen-Staat oder mehrere Besuche innerhalb eines begrenzten Zeitraumes einsetzen. Gerade letzteres trifft die Situation der hier betrachteten, grenzüberschreitenden Akteure.

> **Bestimmten Drittausländern,** die sich z. B. aus geschäftlichen Gründen häufig in eine oder mehrere Vertragsparteien begeben müssen, kann das Visum für den kurzfristigen Aufenthalt für mehrere Aufenthalte ausgestellt werden, wobei die Gesamtdauer dieser Aufenthalte drei Monate pro Halbjahr nicht überschreiten darf. Die Gültigkeitsdauer dieses Visums für die mehrfache Einreise kann ein Jahr oder in Ausnahmefällen für bestimmte Personen mehr als ein Jahr betragen.

Qu.: ebd.

Visa für längerfristige Aufenthalte, also länger als drei Monate, werden von jeweils einem Schengen-Staat entlang der dort gültigen, nationalen Visumsvorschriften vergeben. Dieses Visum erlaubt nur in beschränktem Maße die Durchreise durch andere Schengen-Länder (Rat der Europäischen Union 2005: 6). Es lässt sich gegebenenfalls mit dem Visumstyp C kombinieren, sofern alle entsprechenden Kriterien dafür erfüllt sind, und kann somit auch eine erhöhte Mobilität erlauben.

4.3.2.2 Visumsvergabe und Visumsgebühren

Die Visumserstellung obliegt den konsularischen Vertretungen der Schengener Mitgliedsstaaten. Zuständig für den Antrag eines Drittstaatenangehörigen ist in der Regel die Vertretung des Staates, welcher als Hautreiseziel gilt bzw. der Staat der ersten Einreise (ebd.). Die Gebühren für die Bearbeitung des Visumsantrags der Visen A-C betragen einheitlich 35 Euro[52], während die Gebühren für den Visumstyp D vom jeweiligen Ausstellungsland festgelegt werden können (ebd.: 89). Die Visumsgebühren sind nach dem jeweils geltenden Umtauschkurs in der Landeswährung bzw. in Euro oder Dollar auszurichten.

Für die Vergabe eines Visums gelten die einheitlichen Kriterien zur Einreise (siehe oben), welche anhand der dem Antrag beigelegten Dokumente und im Rahmen eines persönlichen Gespräches mit dem Antragsteller überprüft werden (vgl. Rat der Europäischen Union 2005: 9). Die eigentliche Entscheidung über die Bewilligung oder Ablehnung eines Antrages liegt bei den Mitarbeiter/innen der konsularischen Auslandsvertretungen. Für die Einschätzung eines möglicherweise vorliegenden „Migrationsrisikos" werden die Beamten angehalten, besondere Aufmerksamkeit „u. a. auf Personenkreise mit erhöhtem Risikofaktor, Arbeitslose und Personen, die nicht über geregelte Einkünfte verfügen, zu richten." (ebd.: 10).

Einschätzungen eines möglichen Sicherheitsrisikos werden zunächst anhand bereits vorhandener Einträge in den Datenbanken des Schengen-Informationssystems vorgenommen. Grundlage für einen dortigen Vermerk ist ein Verstoß gegen die Vorschriften von Ordnung und Sicherheit bei einem vorangegangenen Aufenthalt in einem der Schengen Mitgliedsstaaten und basiert somit auf nationalen Kriterien der Risikowahrnehmung (Guild/Bigo 2002: 127). Des Weiteren obliegt es den Beamten der Konsulate selbst, in der Menge der Antragsteller/innen mögliche Verdächtige ausfindig zu machen. Zur Erleichterung dieser Selektion werden in regelmäßigen Treffen Informationen über sogenannte ‚Bona fide'-Personen[53] ausgetauscht, wobei auch ‚Mala fides' besprochen werden. Als letztere werden vornehmlich Arbeitslose und Personen mit geringem Einkommen eingestuft, und somit ärmere Teile der Bevölkerung grundsätzlich als risikobehaftet begriffen und von der Grenzüberschreitung ausgeschlossen

---

52 Auch hier gilt, dass einzelne Nationalstaaten die Gebührenhöhe in ihrer Umsetzung verändern können. So liegt beispielsweise in Belarus die Visumsgebühr für ein Schengenvisum bei 60 € (siehe Bruns/Meyer/Miggelbrink/Müller/Wust/Zichner (im Erscheinen)).
53 Als 'Bona fide' gilt eine Person, die im Rahmen der konsularischen Zusammenarbeit bisher als „a person of good faith' bekannt ist (Guild/Bigo 2002: 128). Die so bezeichneten Personen würden „berechtigte Gründe haben, eine Landaußengrenze häufig zu überschreiten" (Europäische Kommission 2006a: 3).

(Guild/Bigo 2002: 129). Personen der Kategorie ‚Bona Fide' können dagegen mit einer relativ problemlosen Antragsbearbeitung rechnen.

4.3.3 Kontrollen an den Außengrenzen

„Der Besitz eines einheitlichen Visums verleiht dem Drittausländer kein unwiderrufliches Recht auf Einreise."
(Rat Der Europäischen Union 2005: 5)

Auch nach dem Erhalt eines Schengen-Visums stehen die Drittstaaten-Angehörigen weiteren Hürden der Einreise gegenüber. An den Orten des Grenzübertritts[54] bzw. ihnen vor- oder nachgelagerten Kontrollpunkten können die Regelungen des Grenzregimes der EU weiterhin derart wirksam werden, dass eine Einreise verweigert bzw. die Erlaubnis dazu aufgehoben wird. Hier interessieren die Kontrollen an den Grenzübergängen an den Landesgrenzen, da dies die Orte sind, die für die betrachtete Bevölkerung in ihren alltäglichen Aktivitäten relevant sind. Im Rahmen dieser Grenzkontrollen werden noch einmal Differenzierungen der Einreisenden vorgenommen.

4.3.3.1 Freizügigkeit

Für Personen, welche die Freizügigkeit genießen, ist beim Grenzübertritt nur die so genannte Mindestkontrolle üblich.

Mindestkontrolle
Die Mindestkontrolle besteht gewöhnlich aus einer *raschen und einfachen Überprüfung des Reisedokuments* im Hinblick auf seine Gültigkeit und etwaige Fälschungs- oder Verfälschungsmerkmale. Außerdem können die Daten über gestohlene, missbräuchlich verwendete, abhanden gekommene und für ungültig erklärte Dokumente in den einschlägigen Datenbanken abgefragt werden.

Qu.: Schengen-Handbuch 2006: 16, eig.Herv.

---

54 Für einen Überblick zu der zunehmenden Ausweitung und Differenzierung der Orte der Grenze sind unter anderem die Ausführungen von Kaufmann (2006) zur Topographie der Grenze hilfreich, ebenso Walters' Diskussion der Schengen-Grenze in Hinsicht auf die damit verbundene Rekonfigurierung ihrer Räumlichkeiten (Walters 2002: 577).

4.3.3.2 Sonderbehandlungen nach Abstufungen nach Positionen und Motiven

Für eine Reihe von spezifischen Personengruppen gelten Sonderbestimmungen für die Einreise. Solche abweichenden Regeln existieren beispielsweise für Inhaber von Diplomaten-, Amts- oder Dienstpässen, Mitglieder internationaler Organisationen (Schengener Grenzkodex 2006: 30), für das Personal von grenzüberschreitend eingesetzten Transportmitteln, für Seeleute, für Schüler aus Drittländern mit Wohnsitz in einem Mitgliedstaat, oder für Grenzbewohner/innen, die eine Regelung für den *Kleinen Grenzverkehr* (vgl. Kap. 4.2.2) in Anspruch nehmen können (Schengen-Handbuch 2006: 16). Ebenfalls eine Ausnahme der Regel stellen so genannte „Grenzarbeitnehmer und andere Gruppen regelmäßiger Grenzpendler" dar (siehe Kasten).

Grenzarbeitnehmer und andere Gruppen regelmäßiger Grenzpendler,
die den Grenzschutzbeamten gut bekannt sind, weil sie die Grenze häufig an derselben Grenzübergangsstelle überschreiten, und bei denen eine erste Kontrolle ergeben hat, dass sie weder im SIS noch in einem nationalen Fahndungssystem ausgeschrieben sind, müssen *nur stichprobenweise* daraufhin überprüft werden, ob sie ein *gültiges Grenzübertrittspapier* mit sich führen und die erforderlichen Einreisevoraussetzungen erfüllen. Die Stichprobenkontrollen sind entsprechend den generell für Drittstaatsangehörige geltenden Verfahren bzw. den Verfahren für Personen, die das Gemeinschaftsrecht auf freien Personenverkehr genießen, vorzunehmen. Dieser Personenkreis ist *unangekündigt und in unregelmäßigen Abständen einer eingehenden Kontrolle* zu unterziehen.

Qu.: Schengen-Handbuch 2006: 32, eig.Herv.

4.3.3.3 Eingehende Kontrolle

Für Drittstaatenangehörige sowie Flüchtlinge und Staatenlose wird im Allgemeinen eine *eingehende Kontrolle* vorgeschrieben. Ziel dieser Kontrolle ist grundsätzlich die Überprüfung der Einreisevoraussetzungen (siehe Kasten).

Eingehende Kontrolle
- Überprüfung, ob der Drittstaatsangehörige über ein oder mehrere für den Grenzübertritt *gültige Dokumente*, die nicht abgelaufen sind, verfügt und ob das gegebenenfalls erforderliche Visum oder der gegebenenfalls erforderliche Aufenthaltstitel beigefügt ist.
- Eingehende Prüfung, ob das *Reisedokument Fälschungs- oder Verfälschungsmerkmale* aufweist. Gegebenenfalls sollte die Überprüfung der Reisedokumente, Visa und Aufenthaltstitel durch Vergleich dieser Papiere mit Mustern der derzeit zum Grenzübertritt berechtigenden Dokumente und mit Mustern von Visummarken sowie unter Verwendung von UV-Lampen, Lupen, Retroviewern, Mikroskopen, Dokumentenboxen und erforderlichenfalls komplexeren Geräten vorgenommen werden.
- Prüfung der *Ein- und Ausreisestempel* im Reisedokument des betreffenden Drittstaatsangehörigen, um durch einen Abgleich der Ein- und Ausreisedaten festzustellen, ob die zulässige Höchstdauer eines Aufenthalts im Gebiet der Schengen-Staaten (drei Monate je Zeitraum von sechs Monaten) nicht bereits überschritten wurde. Der Dreimonatszeitraum beginnt mit dem Tag der ersten Einreise.
- Überprüfung der *Abfahrts- und Zielorte* des betreffenden Drittstaatsangehörigen sowie des Zwecks des beabsichtigten Aufenthalts und, soweit erforderlich, Überprüfung der entsprechenden Belege.
- Überprüfung, ob der betreffende Drittstaatsangehörige über *ausreichende Mittel zur Bestreitung des Lebensunterhalts* für die Dauer und den Zweck des beabsichtigten Aufenthalts, für die Rückreise in ein Drittland oder die Durchreise durch ein Drittland verfügt oder diese Mittel rechtmäßig erlangen kann. Bei der Bewertung der Lebensunterhaltsmittel müssen die von den einzelnen Schengen-Staaten festgesetzten Richtbeträge berücksichtigt werden.
- Die Feststellung ausreichender Mittel zur Bestreitung des Lebensunterhalts kann anhand von Bargeld, Reiseschecks und Kreditkarten erfolgen, die sich im Besitz des Drittstaatsangehörigen befinden. Sofern in den nationalen Rechtsvorschriften vorgesehen, können auch Verpflichtungserklärungen und – im Falle des Aufenthalts eines Drittstaatsangehörigen bei einem Gastgeber – Bürgschaften/Einladungen von Gastgebern im Sinne der nationalen Rechtsvorschriften Nachweise für das Vorhandensein ausreichender Mittel zur Bestreitung des Lebensunterhalts darstellen.

Qu.: Schengen-Handbuch 2006: 17 f.

4.3.3.4 Einreiseverweigerung auf Verdacht

In der Möglichkeit der (spontanen) Einreiseverweigerung im Rahmen der Personenkontrollen beim Grenzübertritt finden die Versicherheitlichungsbemühungen der Europäischen Union ihren ultimativen Ausdruck. Dies rechtfertigend, wird im Schengener Grenzkodex betont:

> „Grenzkontrollen sollten zur Bekämpfung der illegalen Zuwanderung und des Menschenhandels sowie zur Vorbeugung jeglicher Bedrohung der inneren Sicherheit, der öffentlichen Ordnung, der öffentlichen Gesundheit und der internationalen Beziehungen der Mitgliedstaaten beitragen."

(Schengener Grenzkodex 2006: 1)

Doch gerade die Regulierungen für die Verweigerung von Einreisen während der Kontrollen lassen Zweifel über die Art und Weise der Umsetzung solcher Sicherheitsbestrebungen aufkommen. So obliegt es den einzelnen Beamten und Beamtinnen selbst, die Entscheidung darüber zu treffen, ob eine einreisewillige Person gegebenenfalls eine Bedrohung für Sicherheit und Wohlstand der EU-Mitgliedsstaaten darstellen könnte – oft in Bezug auf lokale oder national geltende Kriterien (vgl. u.a. Guild/Bigo 2002: 137).

Einreiseverweigerung

Drittstaatsangehörigen ist die Einreise zu verweigern, wenn sie
(...)
i) eine Gefahr für die öffentliche Ordnung, die innere Sicherheit, die öffentliche Gesundheit oder die internationalen Beziehungen eines oder mehrerer Schengen-Staaten darstellen.

Qu.: Schengen-Handbuch 2006: 38 f.

Die im Rahmen der Homogenisierung der EU-Außengrenze laufende Festlegung und zunehmende Verinnerlichung *einheitlicher* Kriterien der Behandlung und eventuellen Einreiseverweigerung von Grenzübertrittswilligen sorgt für eine Vereinfachung und Legitimierung dieser Interaktionen und dabei vorgenommenen Abwägungen. Sie erhöhen auf diese Weise das Risiko der Diskriminierung aufgrund von nationaler oder ethnischer Zugehörigkeiten (Cholewinski 2002: 85) und stellen daher auch in Hinsicht auf die Menschenrechte ein sehr sensibles Thema dar. Die Vereinheitlichung der Arbeitsanleitungen des Grenzschutzes macht die zugrunde liegenden Kriterien weniger hinterfragungswürdig für die Grenzbeamten und somit deren Verhalten weniger antastbar. Damit einhergehend ist eine wachsende *Kriminalisierung* von grenzüberschreitenden Personen generell (vgl. u.a. Van Houtum/Pijpers 2006: 54), insbesondere bei Herkunft aus den visumspflichtigen Drittstaaten (Cholewinski 2002: 83).

4.3.4 Vereinheitlichung der Zollkontrollen

> „Man könnte sagen, daß die Zollbeamten zu Pförtnern der Europäischen Union geworden sind."
> (Europäische Kommission 1999: 21)

Auch die *Zollkontrollen* an den Übergängen der Außengrenzen der EU befinden sich in einem Anpassungsprozess. Die Europäische Zollunion als Ausdruck des gemeinsamen Wirtschaftsraumes besteht bereits seit 1957 und findet ihre rechtliche Legitimierung im Vertrag über die Arbeitsweise der Europäischen Union (2008). In Artikel 28 dieses Gemeinschaftswerkes, mit dem gleichen Wortlaut des Artikels 23 des zuvor gültigen EG-Vertrages über die Gründung der Europäischen Union (1992), wird das Verbot der Erhebung von Zöllen innerhalb der Union und gleichzeitig die Einhaltung eines gemeinsamen Zolltarifs gegenüber Drittstaaten festgelegt (Konsolidierte Fassung des Vertrags über die Arbeitsweise der Europäischen Union 2008: 59). Für einen Großteil der hier betrachteten Grenzüberschreitungen sind vor allem die Mengenbegrenzungen zur Abgabenbefreiung für die von Reisenden mitgeführten Waren ausschlaggebend (siehe Kasten).

Höchstmengen (Auszüge)
Artikel 8
(1) Die Mitgliedstaaten befreien die Einfuhr der folgenden Arten von Tabakwaren bis zu den nachstehenden höheren oder niedrigeren Höchstmengen von der MwSt. und den Verbrauchsteuern:
  a) 200 Zigaretten oder 40 Zigaretten; (...)
Artikel 9
(1) Die Mitgliedstaaten befreien die Einfuhren von Alkohol und alkoholischen Getränken außer nicht schäumendem Wein und Bier bis zu den folgenden Höchstmengen von der MwSt. und den Verbrauchsteuern:
  a) insgesamt 1 Liter Alkohol und alkoholische Getränke mit einem Alkoholgehalt von mehr als 22 % vol oder unvergällter Ethylalkohol mit einem Alkoholgehalt von 80 % vol oder mehr;
  b) insgesamt 2 Liter Alkohol und alkoholische Getränke mit einem Alkoholgehalt von höchstens 22 % vol.

Qu.: Rat der Europäischen Union 2007: 8 f.[55]

---

[55] Die jeweils niedrigeren Höchstmengen können für Personen mit Sondermerkmalen geltend gemacht werden, wie beispielsweise einem Wohnort in Grenznähe (siehe Rat der Europäischen Union 2007: 9).

4.3 Regulierungen der Einreise in die Europäische Union

Zu den einheitlichen Regulierungen gehören nicht nur gleiche tarifliche Bestimmungen zum Warentransport an sich, sondern zunehmend auch Festlegungen im Bereich der Qualitätskontrolle transportierter Güter, vor allem im Hinblick auf Gesundheits- und Umweltstandards (Europäische Gemeinschaften 2008: 1). Dies ist mit einer Reihe von infrastrukturellen Voraussetzungen verbunden, welche gerade an den noch sehr neuen Außengrenzen im Rahmen von Baumaßnahmen an Grenzübergängen zu beobachten sind. Aber auch die eigentlichen Kontrollabläufe der Zöllnerinnen und Zöllner sollen überall in möglichst gleicher Art und Weise erfolgen, wie das folgende Zitat erwarten lässt:

„Die Zollunion ist einer der Bausteine der Europäischen Union, eine Schlüsselkomponente des Binnenmarktes, der nur dann reibungslos funktionieren kann, wenn die gemeinsamen Vorschriften an allen Außengrenzen einheitlich angewandt werden. Dies bedeutet, dass die 27 Zollverwaltungen der EU so geschlossen handeln müssen, als wären sie eine einzige Behörde."
(Europäische Gemeinschaften 2008: 1)

Diese optimistische Forderung der Europäischen Kommission drückt die Erwartungen in Hinsicht der Homogenisierung von Kontrollabläufen in prägnantester Kürze aus. Inwieweit eine Erfüllung solcher Erwartungen aus Sicht der Grenzregulierer/innen tatsächlich möglich ist, kann schon bei der Betrachtung genauerer Bestimmungen in Frage gestellt werden. Dies betrifft unter anderem die *Gemeinsamen Bestimmungen*, nach denen die Zollbeamten zu entscheiden haben, ob es sich um einen Fall der Befreiung von Steuern handelt. Die dafür festgelegten Kriterien weisen den Kontrollierenden einen relativ großen Entscheidungsspielraum nach eigenem Ermessen zu. Besonders die Textpassagen „gelegentlich" und „Art oder Menge der Waren dürfen nicht darauf schließen lassen, dass die Einfuhr aus gewerblichen Gründen erfolgt" fordern eine subjektive Umsetzung der Regulierungen geradezu heraus (siehe Kasten). Sie stellen die Zollbeamten selbst vor die Aufgabe, jemandem entweder Glauben zu schenken oder Misstrauen walten zu lassen.

> *Gemeinsame Bestimmungen für Zollbeamte an den Außengrenzen*
>
> Artikel 4
> Die Mitgliedstaaten befreien Waren, die im persönlichen Gepäck von Reisenden eingeführt werden, auf der Grundlage von Schwellenwerten oder Höchstmengen von der MwSt. und den Verbrauchsteuern, sofern es sich um nichtgewerbliche Einfuhren handelt.
>
> Artikel 5
> Für die Zwecke der Anwendung der Befreiungen gelten als persönliches Gepäck sämtliche Gepäckstücke, die der Reisende der Zollstelle bei seiner Ankunft gestellen kann, sowie die Gepäckstücke, die er derselben Zollstelle später gestellt, wobei er nachweisen muss, dass sie bei seiner Abreise bei der Gesellschaft, die ihn befördert hat, als Reisegepäck aufgegeben wurden. Anderer Kraftstoff als der Kraftstoff im Sinne des Artikels 11 gilt nicht als persönliches Gepäck.
>
> Artikel 6
> Für die Zwecke der Anwendung der Befreiungen gelten Einfuhren als nichtgewerblich, wenn sie folgende Voraussetzungen erfüllen:
> a) sie erfolgen gelegentlich;
> b) sie setzen sich ausschließlich aus Waren zusammen, die zum persönlichen Ge- oder Verbrauch des Reisenden oder seiner Familienangehörigen oder als Geschenk bestimmt sind.
> Art oder Menge der Waren dürfen nicht darauf schließen lassen, dass die Einfuhr aus gewerblichen Gründen erfolgt.

Qu.: Rat der Europäischen Union 2007: 8

Auf welche Weise die Arbeitsabläufe der Zoll- und Grenzschutzbeamten an den untersuchten Grenzabschnitten in ihren eigenen Augen ausgerichtet und beeinflusst werden, wird in Kapitel 5 der Arbeit näher illustriert.

4.4 Schlussfolgerungen

Die heute sichtbare und wirksame Grenzziehung der Europäischen Union an ihren Rändern basiert in vielfacher Weise auf dem Wunsch, den Wohlstand der Mitgliedsstaaten der Europäischen Union auf längere Sicht zu schützen. In der Beziehung zu der Bevölkerung anderer Staaten und insbesondere der Nachbarstaaten wird dieser Absicht vor allem durch zwei im Konflikt zueinander stehende Zielsetzungen entsprochen: Zum einen soll ein reger Austausch mit Nachbarstaaten helfen, die wirtschaftlichen Bedarfe der Union zu verfolgen, Marktbeziehungen zu nutzen, Arbeitskräftemängel auszugleichen. Zum anderen erachtet

4.4 Schlussfolgerungen

man es aber auch als notwendig, jegliche illegale Zuwanderung oder kriminelle Aktivitäten von den Mitgliedsstaaten fernzuhalten. Diese Ambivalenz drückt sich in einem Grenzregime aus, welches im Sinne einer ‚smart border' versucht, den verschiedenen Ansprüchen gerecht zu werden. In der Umsetzung wird dieser Vielseitigkeit von Funktionen im Rahmen eines zunehmenden Grenz*managements* versucht nachzukommen. Diese Veränderungen werden in entscheidendem Maße durch den Einsatz der Grenzschutzagentur FRONTEX intensiviert, welche die sowohl inhaltliche als auch technische Vereinheitlichung der Arbeit nationaler Grenzschutzbehörden verfolgt.

In der Durchsetzung ihrer gemeinschaftlichen Interessen macht sich die Europäische Union den physisch-materiellen Raum zunutze, indem sie die Differenzierung von Einreisemöglichkeiten vornehmlich an die Staatsbürgerschaft und somit an die Gebiete der Mitgliedsstaaten des Schengener Abkommens koppelt. Die daran anknüpfenden Regulierungen für die Einreise von Personen der Nachbarstaaten bedeuten für viele Einreisewillige nicht nur eine stark erschwerende Strukturierung der grenzbezogenen Abläufe, sondern auch die Verhinderung des Grenzübertrittes insgesamt. Diese Platzzuweisungen von Bürgern und Bürgerinnen der Staaten außerhalb des Schengenraums ist zusätzlich durchwachsen von einer Begründung auf sozialen Kriterien. Die direkte Kopplung der Einreisechancen an den Nachweis finanzieller Mittel sowie die in allen Phasen der Grenzabfertigung wiederkehrende Kriminalisierung sozial benachteiligter Bevölkerungsgruppen verstärken die schädigende Wirkung der sozialen Positionszuweisungen durch die Grenzregulierungen.

Die Regulierungen für die Außengrenzen der Europäischen Union stellen somit einen komplexen Filter und infolgedessen eine sehr differenzierte Handlungsbeschränkung dar, welche für die grenznahe Bevölkerung und ihre alltäglichen ökonomischen Aktivitäten nicht ohne Folgen bleiben kann. Die dabei geltenden, zum Teil visuell und subjektiv-situativ begründeten Kategorisierungen für die Handlungsentscheidungen der Mitarbeiter/innen der Grenzbehörden geben einen ersten Hinweis darauf, dass die tatsächliche Realisierung der einheitlichen Vorgaben zu den Grenzkontrollen nicht völlig homogen ausfallen kann. Die Praxis der Umsetzung der Grenzregulierungen baut zusätzliche Wendungen in die Handlungsstrukturierungen ein, schafft Lücken und schließt andere Möglichkeiten aus, wodurch die Komplexität weiter erhöht wird. Wie das konkret aussehen kann, wird in den nun folgenden Ausführungen zu den untersuchten Grenzabschnitten thematisiert.

5 Die Handlungskontexte an den Fallstudienorten

Der Analyse der Handlungsorientierungen von Anwohner/innen an der EU-Außengrenze geht mit diesem Kapitel eine Einführung in die Handlungsumfelder dieser Akteure voraus. In diese Erläuterungen zu den betrachteten binationalen Grenzen und der für die Akteure relevanten Grenzübergänge, in die Darstellungen zu den lokalen Lebensbedingungen fließen neben Auswertungen von Dokumenten und sekundären Datenquellen auch Ergebnisse der Interviews und Beobachtungen ein, welche es ermöglichen, die Kontexte der Akteure mit mehr Details und aus verschiedenen, lokalen Perspektiven zu beleuchten. Die Ausführungen dienen dazu, den/die Leser/in in die lokalspezifischen Aspekte des Umgangs mit den Grenzregulierungen einzuführen, ohne an dieser Stelle bereits eine Erklärung für die im weiteren Verlauf der Arbeit ermittelten Handlungsorientierungen der Akteure suggerieren zu wollen.

5.1 Von der einfachen Staatsgrenze zur EU-Außengrenze

5.1.1 Im Wandel der Grenzfunktionen: die polnisch-ukrainische Grenze

5.1.1.1 Die Entwicklung der polnisch-ukrainischen Grenze

Der heutige Verlauf der Grenze zwischen der Ukraine und Polen hat eine außerordentlich komplexe Vergangenheit. Als die machthabenden Akteure der politischen Neuorientierungen nach dem Zweiten Weltkrieg den Grenzverlauf festlegten, gab es in diesen Regionen ethnisch sehr gemischte Besiedlungsstrukturen, sodass es schwer möglich war, in ihnen einen möglichen Anhaltspunkt zu wählen (Stępień 2001: 259). Im Streit zwischen polnischen, ukrainischen und sowjetischen Besitzansprüchen entlang der Flüsse San und Zbrucz beriefen sich die sowjetischen Politiker auf die historische Curzon-Linie[56] und setzten bereits auf

---

56 Die Curzon-Linie geht auf einen Entwurf des militärischen Bündnisses der Entente zwischen dem Vereinigten Königreich, Russland und Frankreich zum Ende des Ersten Weltkrieges zurück. Die Linienführung sollte festlegen, in welchen Landesteilen es dem polnischen Staat erlaubt sein würde, eine Zivilregierung aufzubauen (Stępień 2001: 260).

der Konferenz von Teheran im Jahr 1943 in Verhandlungen mit den Abgesandten aus Großbritannien und den USA den heutigen Verlauf der Grenze durch (Stępień 2001: 259ff.). Besiegelt wurde die Grenzziehung in einem Abkommen zwischen dem von Stalin initiierten Kommunistischen Polnischen Komitee der Nationalen Befreiung (PKWN) und der Regierung der Sowjetunion im Jahr 1944. Sie blieb auch in den nachfolgenden Verhandlungen und Konferenzen (Jalta, Potsdam) unverändert, trotz Protesten der Polnischen Exilregierung und großer Teile der polnischen Bevölkerung (ebd.: 262 f.).

In den darauf folgenden Jahrzehnten war die Grenze zwischen der Ukrainischen Sowjetrepublik und Polen relativ undurchlässig, strenge Visa-Regulierungen herrschten vor. Zwar unterzeichneten beide Staaten im Jahr 1979 ein Abkommen für den visafreien Reiseverkehr, allerdings wurden die Grenzen bereits im Jahr 1980 im Zuge der politischen Bewegungen in Polen (*Solidarnosc*) wieder geschlossen. Erst als die politischen Umbrüche auch die Sowjetunion erreichten, lockerten sich die Grenzkontrollen wieder. Spätestens seit der Unabhängigkeit der Ukraine im Juli 1990 konnte man einen regen, grenzüberschreitenden Austausch in dieser Region beobachten.

Am 1. Mai 2004 trat Polen offiziell der Europäischen Union und somit auch dem Schengener Abkommen bei. Angewandt werden die Schengener Grenzregulierungen seit dem 21. Dezember 2007[57]. Der Verlauf der EU-Außengrenze, insbesondere der Außengrenze des Schengen-Raums an dieser Grenze war daher zum Zeitpunkt der hier dargestellten Untersuchungen im Jahr 2008 noch eine recht neue Tatsache, deren Konsequenzen sich gerade erst zu entwickeln begannen.

5.1.1.2 Eine neue Barriere: die Grenzregulierungen

Seit Dezember 2007 benötigen ukrainische Staatsbürger/innen ein Schengen-Visum zur Einreise in das Nachbarland Polen. Diese Bestimmungen stellen im Vergleich zu den vorher geltenden, recht lockeren Regeln[58] zwischen den Län-

---

57 Die Regeln des Schengener Abkommens in Bezug auf EU-Außengrenzen werden an dieser Grenze zwischen Polen und der Ukraine seit dem Tag angewandt, an welchem gleichzeitig die Binnengrenzen zwischen Polen und Deutschland im Sinne des Schengener Abkommens geöffnet wurden. Vollständige Anwendung des Schengener Abkommens besteht in Polen seit dem 30.3.2008, seitdem gelten auch auf den Flughäfen entsprechend angepasste Regulierungen.

58 Während der 1990er Jahre waren für individuelle Reisen in beide Richtungen noch Einladungen nötig, welche allerdings eher einen symbolischen Charakter hatten, da entsprechende Stempel oder Voucher ohne viel Aufwand und Kosten zu bekommen waren. Im September des Jahres 1998 unterzeichneten die Ukraine und Polen ein Abkommen zum visafreien Reiseverkehr (Stępień 2001: 270).

dern eine große Veränderung dar. Zwar hatte Polen schon im Jahr 2003 mit dem Beitritt zum *Acquis Communautaire* und somit auch zum Schengen-Besitzstand eine Visumspflicht für die östlichen Nachbarstaaten Russland, Belarus und Ukraine eingeführt, allerdings waren die Antragsprozedere und tatsächlichen Kontrollen noch recht freizügig gehalten. Seit 2007 gelten weitaus strengere Regeln in Bezug auf Dokumente, Antragsfristen und Gebühren sowie Nachweisen ausreichender finanzieller Mittel[59], und erschweren somit die Grenzüberschreitung auf entscheidende Weise.

Für polnische Staatsbürger blieb die Einreise in die Ukraine dagegen auch nach dem Schengen-Beitritt Polens unproblematisch. Schon im Mai 2005 hatte die Ukraine die Visumspflicht für Bürger/innen von EU-Mitgliedsstaaten zum Teil aufgehoben, Reisende können für Transitzwecke oder Aufenthalte von bis zu 90 Tagen ohne Visum in die Ukraine gelangen. Unter anderem in Anerkennung dieser toleranten Reiseregelungen für EU-Angehörige legte die EU auch für ukrainische Staatsbürger/innen bereits vor Anwendung der Schengen-Regulierungen einige Erleichterungen für die Visabeschaffung fest. Die Umsetzung des entsprechenden Visaerleichterungsabkommens vom 18.06.2007 wurde an die Bedingung der Rückübernahme illegaler Flüchtlinge[60] durch die Ukraine geknüpft (vgl. Europäische Gemeinschaft und Ukraine 2007). Die Vereinfachungen in der Visabeschaffung beziehen sich auf bestimmte Personengruppen, vor allem auf Vielreisende (z.B. LKW-Fahrer/innen, Studenten, Teilnehmer/innen an Austauschaktivitäten, Unternehmer/innen, Diplomat/inn/en) (ebd.). Diesen Reisenden wird unter anderem eine kostenfreie Visumsbearbeitung und Verlängerung der Gültigkeit der Visa in Aussicht gestellt. Weitere Erleichterungen gibt es in Bezug auf die Ausstellung von Mehrfachvisen sowie allgemein hinsichtlich der erforderlichen Dokumente bei der Antragstellung (Kokhan 2007: 2).

Die Regulierungen der EU-Außengrenze zwischen Polen und der Ukraine waren im Jahr 2008 noch stets in Veränderung begriffen. So steht es laut der Gesetzgebung der EU (Europäische Kommission 2006a) den Mitgliedsstaaten der EU frei, jeweils bilateral vereinbarte Erleichterungsmaßnahmen mit Nicht-

---

59 Es zeigt sich, dass diese Auflage des Nachweises finanzieller Mittel vielfach ein größeres Hindernis in der grenzüberschreitenden Zusammenarbeit darstellt als der Visabeschaffungsprozess an sich (vgl. auch Krok/Smętkowski 2006: 188).
60 Diese Rückübernahme-Abkommen sind ursprünglich in beide Richtungen gedacht, verfolgen aber in der Realität der EU-Außengrenzen vor allem das Ziel der Ausweisung illegal zugewanderter Flüchtlinge von dem Gebiet der EU-Mitgliedsstaaten. Zwar sollten dabei die Richtlinien der Asylpolitik weiterhin Beachtung finden und somit eine angemessene Behandlung für schutzbedürftige Personen gewähren, die Praxis sieht jedoch oft sehr anders aus. Für kritische Analysen der Umsetzung der Rückübernahme-Abkommen unter anderem in der Ukraine, siehe Human Rights Watch (2010).

EU-Nachbarstaaten zu ergreifen, um vereinfachte Einreisebedingungen für Anwohner/innen eines ausgewiesenen Gebietes entlang der Grenze festzulegen. An der polnisch-ukrainischen Grenze wurden in diesem Zeitraum intensive Verhandlungen zur genauen Ausführung einer solchen Regulierung zum *Kleinen Grenzverkehr* im Frühjahr/Sommer 2008 durchgeführt[61].

Für den Warentransport nach Polen gelten seit Ende des Jahres 2007 ebenfalls die Bestimmungen der Zollregulierung der EU mit den entsprechenden Mengenbegrenzungen und Gebühren (Rat der Europäischen Union 2007). Seitdem gibt es auch für die Durchführung der Kontrollen am Grenzübergang damit verbundene Anpassungen. In umgekehrter Richtung gelten an dieser Grenze recht ähnliche Mengenbegrenzungen für individuell mitgeführte Waren (Staatlicher Zolldienst Ukraine 2011).

5.1.1.3 Pufferzone? Nachbarschaftspolitik im Osten

„For the West, Ukraine is a migraine."
(Hrytsak 2005: 6)

Infolge der politischen Umbrüche der 1990er Jahre musste sich der ukrainische Staat neu positionieren zwischen dem europäischen Westen und Osten, zwischen der EU und Russland. Zunächst bewahrten die ukrainischen Politiker/innen trotz geographischer Lage und historischer Gemeinsamkeiten ihres Landes mit mitteleuropäischen Staaten eine recht distanzierte Haltung zur Europäischen Union (Browning/Christou 2010: 113). Zwar wurden im Februar 1993 die Euroregion ‚Karpaty' zusammen mit Regionen in Polen, der Slowakei und Ungarn (Stępień 2001: 269), und 1995 die Euroregion ‚Bug'[62] mit Polen und Belarus gegründet sowie bereits 1994 das Abkommen über Partnerschaft und Zusammenarbeit mit der EU unterzeichnet, allerdings waren die politischen Orientierungen in der Ukraine noch nicht sehr stark auf die EU ausgerichtet.

Das änderte sich in vielfacher Weise im Jahre 2004. Zum einen machte es sich die EU im Rahmen der Osterweiterung der Union zum Ziel, ihre Politik

---

61 Besonders die darin festzulegende Entfernung von der Grenze war ein wichtiger Verhandlungspunkt, da die Ukraine bemüht war, auch die Großstadt Lviv mit in den Bereich der Erleichterungen einzuschließen. Zwar konnte dieser Punkt nicht erfüllt werden, aber Anfang Juli 2009 trat letztendlich eine Regelung zum Kleinen Grenzverkehr an der polnisch-ukrainischen Grenze in Kraft. Seitdem registriert Polen wachsende Besucherzahlen von Personen mit einer solchen speziellen Grenzübertrittsgenehmigung, die durchschnittliche Aufenthaltsdauer in Polen betrug im Jahr 2009 etwa 6 Stunden (Europäische Kommission 2011: 6; vgl. auch Abschnitt 4.3.3 dieser Arbeit).

62 Die Euroregion ‚Bug' schloß ab dem Jahr 2000 auch den Kreis Žovkva des Bezirkes Lviv ein (Krok/Smętkowski 2006: 178).

gegenüber den neuen Nachbarn frisch zu definieren. Dies erfolgte auf eine Weise, die zwar keine konkreten Versprechungen über weitere Mitgliedschaften in der EU enthielt, aber dennoch enge Beziehungen aufbauen und neue Trennlinien in Europa vermeiden sollte (Europäische Kommission 2003: 4, vgl. auch Kap. 4.2.1). Auf der anderen Seite sorgte die Aufbruchsstimmung und Dynamik der *Orangenen Revolution*[63] am Jahresende 2004 auch für veränderte politische Einstellungen gegenüber der EU in der Ukraine selbst. Diese waren gekennzeichnet durch die Einnahme einer gewissen Distanz zur Führung Russlands und im Gegenzug einer stärkeren Akzeptanz der unterstützenden Angebote der Europäischen Union (Browning/Christou 2010: 114). Weitere Entwicklungen der Zusammenarbeit wurden auf formaler Ebene durch den Aktionsplan zur Zusammenarbeit der EU und Ukraine vom 9. Dezember 2004 bestimmt. Im Jahr 2008 kam es schließlich zur Vereinbarung der Unterzeichnung eines Assoziierungsabkommens; eine tatsächliche Aufnahme der Ukraine in die Europäische Union war damit jedoch nicht zwingend verbunden.

Seit dem Jahr 2008 ist die Ukraine auch Mitglied der *Östlichen Partnerschaft*, einem Teilprojekt der Europäischen Nachbarschaftspolitik, welches sich speziell auf die östlichen Nachbarstaaten zur Entwicklung engerer Beziehungen mit der EU richtet (Europäische Kommission 2008: 2). In einer Studie zu den Effekten der EU-Partnerschaftsprogramme entlang der polnisch-ukrainischen Grenze schätzen die befragten lokalen Akteure die Auswirkungen offizieller Maßnahmen in den Euroregionen ‚Karpaty' und ‚Bug' als eher geringfügig ein. Aus Mangel an tatsächlicher finanzieller Unterstützung wäre es nur in wenigen Ausnahmen zur erfolgreichen Durchführung gemeinsamer Projekte gekommen, die Euroregionen würden letztendlich nur auf dem Papier existieren (Stryjakiewicz 2009: 18). Seit Inkrafttreten der PHARE[64]- und TACIS-Programme der EU (vgl. Kap. 4.1.2) in dieser Gegend Ende der 1990er Jahre hätte sich die offizielle Zusammenarbeit zwar verbessert, allerdings wären die EU-Förderungen für diese Regionen trotz allem recht gering ausgefallen, und wären größtenteils eher in die Versicherheitlichung der Grenze geflossen (Human Rights Watch 2010: 25; Krok/Smętkowski 2006: 187). Die tatsächlich bedeutenden Befürworter/innen und Vorantreiber/innen grenzüberschreitender Zusammenarbeit sehen daher auch

---

[63] Die so genannte Orangene Revolution bezeichnet eine im Rahmen der Präsidentschaftswahlen im Herbst 2004 ausgelöste Protestbewegung der ukrainischen Bevölkerung, welche den Aufbau demokratischer und rechtsstaatlicher Strukturen forderte (Kloka 2005).
[64] Das PHARE-Programm der Europäischen Union ('Poland and Hungary: Aid for Restructuring of the Economies') ist eines der Programme zur finanziellen Unterstützung von Transformationsprozessen in potentiellen Beitrittsländern. Es wurde ursprünglich im Jahr 1989 eingerichtet zur wirtschaftlichen Hilfe für Polen und Ungarn (siehe Rat der Europäischen Gemeinschaften 1989) und später auf weitere Beitrittskandidaten in Mittel- und Osteuropa ausgedehnt.

offizielle Vertreter/innen eher in den lokalen, privaten Unternehmer/innen auf beiden Seiten der Grenze (Krok/Smętkowski 2006: 186).

5.1.2 Alte und neue Abgrenzungen: die finnisch-russische Grenze

5.1.2.1 Die Entwicklung der finnisch-russischen Grenze

Die Grenze zwischen dem russischen und dem finnischen Karelien stellt einen der nördlichsten Abschnitte der EU-Außengrenze dar. Der gegenwärtige Verlauf dieser Grenze wurde im Zuge der militärischen Auseinandersetzungen des Zweiten Weltkrieges in einem Waffenstillstandsabkommen zwischen der Sowjetunion und Finnland im Jahr 1944 festgelegt (Liikanen/Zimin/Ruusuvuori/Eskelinen 2007: 26).

Abbildung 9: Grenzverschiebungen in den Kriegsjahren*, Stand 1944

* die dunkel markierten Bereiche gingen 1940 und 1944 von Finnland an die Sowjetunion über

Qu.: Jukarainen (2002: 84)

Die Verschiebungen der Grenze während der Kriegshandlungen hatten zur Folge, dass vormalige Gebiete des finnischen Kareliens ab diesem Zeitpunkt zur Sowjetunion gehörten (siehe Abb. 9) und nahezu eine halbe Million Menschen aus diesen Gebieten in andere Teile Finnlands umsiedelten (Liikanen/Zimin/Ruusuvuori/Eskelinen 2007: 27). Auf der Seite der damaligen Sowjetunion wurden infolgedessen Bewohner/innen aus anderen Teilen des Landes angeworben (Eskelinen/Haapanen/Druzhinin 1999), u.a. aus der damaligen Weißrussischen und Ukrainischen Sowjetrepublik[65].

In der Zeit nach den beiden Weltkriegen stellte diese Grenze zunächst einige Jahrzehnte lang einen Teil der Abschottung zwischen den politischen Lagern Ost und West dar, und war daher als militärisch abgeriegelte Grenze wahrnehmbar (Liikanen/Zimin/Ruusuvuori/Eskelinen 2007: 27). Nach dem Zerfall der Sowjetunion bestanden zwar weiterhin recht strenge Visumsregulierungen und Grenzschutzmaßnahmen zwischen den Staaten, dennoch konnte in den 1990er Jahren eine zunehmende Öffnung für Kooperation und Interaktion in mehreren Bereichen beobachtet werden (Eskelinen/Haapanen/Druzhinin 1999: 329).

Wenn auch die Grenze zwischen Finnland und Russland auf einen sehr bewegten geschichtlichen Hintergrund mit vielzähligen Verschiebungen zurückblickt, so verkörpert dieser Abschnitt im Rahmen dieser Untersuchungen ein Beispiel für Stabilität, nämlich in Bezug auf den hier schon länger bestehenden Verlauf der Außengrenze der Europäischen Union. Finnland trat zu Beginn des Jahres 1995 der EU bei, und somit wurde die Grenze zwischen Finnland und Russland zu einem Teil der EU-Außengrenze. Das Schengener Abkommen wurde im Jahr 1996 unterzeichnet und ist hier bereits seit dem Jahr 2001 wirksam.

5.1.2.2 Die Grenzregulierungen

Im Personenverkehr stützen sich die Regulierungen zur Einreise nach Finnland seit 2001 auf die Vorgaben des Schengener Durchführungsübereinkommens. Für russische Staatsbürger waren die Umstellungen durch die Schengen-Visaregulierungen nicht sehr groß, da sie auch zuvor schon einer strengen finnischen Visumspolitik gegenüber standen (Liikanen/Zimin/Ruusuvuori/Eskelinen 2007: 33). Seit der Einführung der Schengen-Regeln haben sich allerdings neben den Antragskosten und der Reichweite der Gültigkeit vor allem Änderungen in den Verfahren der Visumerteilung ergeben, welche als eine Verkomplizierung und Bürokratisierung der Abläufe wahrgenommen wurden[66].

---

65 Nach der Daten des Russischen Bevölkerungszensus' aus dem Jahr 2002 nahmen zu diesem Zeitpunkt Belorussische Bewohner/innen 5,3% der Bevölkerung Kareliens ein, Ukrainische Bewohner/innen etwa 2,7% (Administration of the Republic of Karelia 2010).
66 Während finnische Politiker die Veränderungen im Frühjahr 2001 als eher geringfügig einordneten, war man in Russland eher skeptisch. Wenngleich dort hervorgehoben wurde, dass man sich nun mit einem Visum in mehreren Ländern frei bewegen könne, gingen schon so manche Bewohner/innen bereits vor der Änderung des Grenzregimes davon aus, dass der Beitritt der nordeuropäischen Staaten zum Schengener Abkommen den Erhalt eines Visums nur verkomplizieren würde (Yablokova 2001).

Im Gegenzug zu den Visumsbestimmungen der EU behielt auch Russland seine Visumspflicht für EU-Bürger bei. Erst im Mai 2007 wurde ein Abkommen zwischen der Europäischen Gemeinschaft und der Russischen Föderation geschlossen, welches einige Schritte zur Erleichterung der Ausstellung von Visa für Bürger der Europäischen Union und für Staatsangehörige der Russischen Föderation enthielt. Neben Gebührensenkungen machen sich die Entlastungen im Antragsverfahren für ausgewählte Kategorien von Reisenden bemerkbar, beispielsweise bei Geschäftsreisenden, Angehörigen von Transportunternehmen oder Teilnehmer/innen an Bildungsprogrammen (Europäische Gemeinschaft und Russische Föderation 2007).

Die Arbeit des finnischen Zolls orientiert sich ebenfalls an den gemeinsamen Regulierungen der EU. Es gibt Beschränkungen für die Mengen an zollfrei eingeführten Waren, sowie festgelegte Zollgebühren und Richtlinien für bestimmte Produktgruppen (vgl. Kap. 4.3.4). Dass dennoch auch eigene nationale Gesetzgebungen möglich sind, zeigt sich unter anderem am Beispiel einer speziellen Regulierung in Hinsicht auf die Mengen der erlaubten, zollfreien Mitführung von Alkohol an der finnisch-russischen Grenze[67].

Weitaus mehr als eine Spiegelung der EU-Bestimmungen stellen die Einfuhrbedingungen des Russischen Zolls dar. Während es zwar auch im Russischen Zollkodex ähnliche Begrenzungen für bestimmte Warengruppen des persönlichen Bedarfs gibt, gelten zusätzliche Beschränkungen für die Höhe des insgesamt zollfrei mitgeführten Gepäcks. Im Jahr 2008 lag diese Limitierung bei 35 kg, während sie kurz zuvor noch bei 50 kg gelegen hatte.

Eine weitere Besonderheit russischer Grenzregulierung stellt die 50 Kilometer breite Grenzzone dar, welche durch die Grenzregulierungen Russlands festgelegt wird (siehe auch Liikanen/Zimin/Ruusuvuori/Eskelinen 2007: 36 f.). Diese Zone soll vor allem dem Schutz der Sicherheit des Landes dienen. In ihr dürfen sich nur Personen aufhalten, die über entsprechende Dokumente verfügen, oder die – im Fall von Durchreisenden – von den Grenzschutzbehörden durchgelassen wurden. Neben dem Aufenthalt von Personen ist auch die Durchführung von Aktivitäten, wirtschaftlichen Entwicklungen und dergleichen für diesen Bereich stark reguliert und eingeschränkt.

---

67 Alkohol einzuführen ist für die finnischen Staatsbürger nur noch möglich, wenn sie sich minimal 20h im Nachbarland aufhalten. Für russische Staatsbürger gelten noch strengere Einschränkungen, ihnen ist die zollfreie Einfuhr von Alkohol in Mengen des persönlichen Bedarfs nur dann erlaubt, wenn sie sich minimal 72 Stunden in Finnland aufhalten werden (Tulli 2010). Tatsächlich stellte die Übernahme der EU-Zoll-Regulierungen für Finnland mit Blick auf den hohen Alkoholkonsum eine Problematik dar und sind die Anpassungen der Sorge der finnischen Regierung um die Gesundheit seiner Bürger zuzuordnen (Karlsson/Österberg 2009: 127).

5.1.2.3 Trennlinie oder Partnerschaft? Nachbarschaftspolitik im Norden

Generell hat sich im Norden der Europäischen Union die grenzüberschreitende Zusammenarbeit seit der politischen Wende in den 1990er Jahren recht schnell und vielfach vor allem auf Basis von Eigeninitiativen entwickelt (Browning/Joenniemi 2008: 541). Die dabei wirkenden Visionen starker Vernetzung und grenzüberschreitender Regionalisierung gingen seit 1998 in die Politik der *Northern Dimension* Initiative ein, einem Zusammenschluss zwischen der Russischen Föderation, der EU, Island, Norwegen. Die in diesem Rahmen erarbeiteten politischen Maßnahmen zur Förderung der Zusammenarbeit berufen sich auf den gemeinsamen Geist einer Partnerschaft und sollen dem Entstehen von Trennlinien im Norden Europas entgegenwirken (European Commission 2006: 1)[68].

Neben dieser Politik der *Northern Dimension* wurden auch an diesem Abschnitt der EU-Außengrenze solche Programme der EU wirksam, welche sich auf die Zusammenarbeit der Union mit ihren Nachbarstaaten richten. Dazu gehörten die Strukturfondsprogramme INTERREG (ab 2001) und TACIS (ab 2005), und die Maßnahmen im Rahmen der Europäischen Nachbarschaftspolitik (ENP). Die Strukturfondsprogramme richteten sich im Falle der INTERREG-Projekte auf die Förderung der Zusammenarbeit mit Blick auf die wirtschaftliche Stabilisierung peripherer Gebiete von Finnland. Das TACIS-Programm dagegen hatte das Ziel, die Transformationsprozesse[69] in Russland durch grenzüberschreitende Zusammenarbeit zu unterstützen (Liikanen/Zimin/Ruusuvuori/Eskelinen 2007: 31)[70]. Die darin geförderten Projekte fanden auch in der ‚Euregio Karelia' statt, der administrativen Abgrenzung einer Euroregion, welche hier die drei finnischen Regionen Kainuu, Nord-Karelien and Nord-Ostrobothnia und die Russische Republik Karelien einschließt (Council of Oulu Region 2009). In der Praxis stellte es sich allerdings auch hier als schwierig heraus, tatsächlich Projekte gemeinsam und grenzüberschreitend durchzuführen. Daher war es unter anderem ein Ziel der im Jahr 2004 begonnenen Aktivitäten der Europäischen Nachbarschaftspolitik, diese Bedingungen der Zusammenarbeit zu verbessern und institutionelle Barrieren abzubauen. Seitdem laufen Förderprojekte im Rahmen

---

68 Trotz dieses ausgesprochenen Zieles einer gleichwertigen Partnerschaft im Rahmen der 'Northern Dimension' wurde die Initiative dennoch von einigen Autoren für ihre EU-Dominanz und deklarierte Vorreiter-Funktion der EU in Hinblick auf Russland kritisiert (Browning/Joenniemi 2008: 541).
69 Transformation soll hier verstanden werden als ein struktureller und institutioneller Wandel, welcher als eine Anpassungsreaktion den sozialen Wandel zur Folge hat (Dangschat 1997: 100).
70 Das TACIS Programm wurde spezifisch für die Unterstützung der Kooperation der EU-Mitgliedsländer mit Staaten der ehemaligen Sowjetunion entwickelt. Entlang der Finnisch-Russischen Grenze durchgeführte Projekte richten sich vor allem auf den Ausbau der Infrastruktur der Grenzübergänge und ihrer Umgebung (vgl. Paasi 1999a: 674).

des Nachbarschaftsprogrammes der EU, welches die Programme INTERREG und TACIS seit 2007 zusammenführt und somit ablöst (ebd.). Allerdings stellt die Europäische Nachbarschaftspolitik mit dem darin vertretenen, EU-weit homogenisierten und stärker bilateral (statt multilateral) ausgerichteten Ansatz eine Herausforderung für Russlands Außenpolitik in dem Zusammenschluss der *Northern Dimension* dar. Die politische Führung Russlands versuchte, die Linie der ENP-Politik der EU zu meiden und mit einer strategischen Partnerschaft vor allem in wirtschaftspolitischer Hinsicht einen eigenen Weg der Zusammenarbeit mit der EU zu finden. Dennoch sind die Programme der Europäischen Nachbarschaftspolitik auch im Norden der EU anzutreffen und haben Auswirkungen auf die politisch-institutionelle Landschaft der grenzüberschreitenden Zusammenarbeit (vgl. Browning/Joenniemi 2008: 542 f.). Die Aushandlungen im Rahmen der *Northern Dimension* sind daher für Russland weiterhin einen wichtiges Mittel, um die Beziehungen zur EU auf einer Ebene gegenseitiger Anerkennung und Gleichwertigkeit der Partner zu stabilisieren (ebd.: 544; Liikanen/Zimin/Ruusuvuori/Eskelinen 2007: 32 f.).

5.2 Lokale Handlungskontexte der Akteure

Nach der Einführung in die geopolitischen Hintergründe der Grenzziehungen sowie Entwicklung der Grenzregulierungen an den betrachteten Abschnitten der EU-Außengrenze werden im folgenden die näheren lokalen und regionalen Umfelder der untersuchten Akteure in den Vordergrund gerückt. Besonderer Schwerpunkt wird dabei auf die sozio-ökonomischen sowie institutionellen Bedingungen gelegt, um auf diese Weise die untersuchten Handlungen in ihrer lokal gültigen Relevanz und Legitimierung besser einordnen zu können.

5.2.1 Handlungskontexte im Lvivsker Bezirk der Ukraine

5.2.1.1 Wirtschaftliche und soziale Rahmenbedingungen

Die EU-Außengrenze verläuft hier zwischen zwei ehemaligen Mitgliedsstaaten des Warschauer Paktes, die also in Bezug auf ihre wirtschaftlichen, sozialen und institutionellen Hintergründe in den letzten Jahrzehnten ähnliche Transformationsentwicklungen durchlaufen. Dennoch weisen die Regionen beiderseits der Grenze einige wesentliche Unterschiede in ihren Strukturen und Kontextbedingungen für ökonomische Aktivitäten auf.

Abbildung 10: Disparitäten an der polnisch-ukrainischen Grenze im Bruttoinlandsprodukt (BIP) pro Kopf (Stand: 2001)

Qu.: Golovko (2007)

Wie man aus der Abbildung 10 erkennen kann, verzeichnen die Regionen auf der ukrainischen Seite der Grenze ein geringeres Pro-Kopf-Einkommen als ihre westlichen Nachbarregionen. Auch Lohnkosten und Preise sind in der Ukraine deutlich niedriger (vgl. auch Krok/Smętkowski 2006: 190). Der politische Umbruch Anfang der 1990er Jahre brachte eine starke Verschlechterung der Lebensbedingungen mit sich und zwang viele Menschen zum Fortzug aus diesen Gebieten.

In den 2000er Jahren stabilisierte sich die Lage etwas, was sich an beständigeren Unternehmensgründungsraten und niedrigeren Arbeitslosenquoten zeigte (ebd.: 179 f.). Ein hoher Anteil der Bevölkerung dieser Gebiete ist in der Landwirtschaft tätig. Dennoch weisen Lviv und auch der Kreis Žovkva einige industrielle Aktivitäten auf, vor allem in den Bereichen der Beleuchtungs- und Lebensmittelindustrie sowie der Herstellung von Baumaterialien oder einfachen Maschinen (ebd.: 182).

Die Regionen im Osten Polens befinden sich nicht nur geographisch, sondern auch wirtschaftlich an der Peripherie ihres Landes. Sie spielten in nationalen Entwicklungsstrategien Polens nur eine untergeordnete Rolle und auch die lange Zeit geschlossenen Grenzen nach Osten verlangsamten die ökonomische Entwicklung dieser Gebiete (Wust/Haase 2002: 11 ff.; vgl. auch Stryjakiewicz 2009: 10). Dennoch haben sich die Strukturen auf der polnischen Seite im Vergleich zu den ukrainischen Nachbarregionen bereits etwas stärker stabilisiert (Krok/Smętkowski 2006: 190). Auch hier liegt ein großer Beschäftigungsanteil im landwirtschaftlichen Sektor. Andere wirtschaftliche Aktivitäten sind vor allem in den Bereichen Handel und Transport, Dienstleistungsgewerbe und Tourismus zu finden. Vielen Unternehmen sind besonders die Handelsbeziehungen mit westlichen Märkten wichtig geworden (ebd.: 182). Allerdings spielt auch der Austausch mit den ukrainischen Nachbarn eine große Rolle für die lokale Wirtschaft. Bedeutende Preisdifferenzen für verschiedene Waren auf beiden Seiten der Grenze führten in den 1990er Jahren zu einem rapiden Wachstum von Kleinhandel auf Märkten auf der polnischen Seite der Grenze; in Przemyśl bestand eine Zeit lang der größte Markt Polens (ebd.: 183; vgl. auch Williams/Baláž 2002: 327; Wust/Haase 2002: 20). Damals kamen ukrainische Kleinhändler/innen in großen Zahlen über die Grenze und verkauften Waren, die in ihrem Heimatland geringfügiger besteuert waren. Im Ausgleich erwarben sie Produkte, die in der Ukraine nur schwer zu bekommen waren, wie z.B. Kosmetika, Haushaltswaren oder Möbel. Auch die Bevölkerung der polnischen Seite nutzte diese Art der grenzüberschreitenden Aktivitäten zur Einkommensgenerierung.

Seitdem das Inkrafttreten der Schengen-Regulierungen die Bedingungen für Ukrainer/innen erschwert hat, haben polnische Händler/innen den nahezu alleinigen Zugriff auf diesen Marktbereich. Die Arbeitslosigkeit im Osten Polens ist

5.2 Lokale Handlungskontexte der Akteure

hoch, sie lag Ende des Jahres 2008 in der Stadt Przemyśl bei 17 Prozent[71]. Betrachtet man die grenznahen Landkreise insgesamt und schließt somit auch die ländlichen Gebiete ein, liegen die Werte sogar bei 20-27 Prozent (Urząd Statystyczny w Rzeszowie 2008b: 23). In dieser Situation bietet die sogenannte „praca z granicy" (sinngemäß: Grenzarbeit) vielen Bewohner/inne/n eine Alternative[72]. Selbst gegenüber offiziellen Arbeitsplatzangeboten wird diese Tätigkeit oft vorgezogen:

> „Ich gehe für 800 Zloty auf die Hand nicht arbeiten, weil ich an der Grenze 800 Zloty am Tag verdiene."[73]

Kleinhandel war in den 1990er Jahren die bedeutendste Form grenzüberschreitender Zusammenarbeit, ein recht großer Anteil dieses Handels verlief auf inoffizielle Weise. Aber auch formale Formen wirtschaftlicher Zusammenarbeit nahmen langsam zu, besonders seitdem Polen in den 2000er Jahren mehr ökonomische Stabilität erlangte, und polnische Unternehmen nun in wachsendem Maße in der Lage waren, auf der ukrainischen Seite zu investieren (Krok/Smętkowski 2006: 184). Bereits seit den Öffnungsprozessen in 1990/91 wurden in den Regionen beiderseits der Grenze Bemühungen angestellt, um die Bedingungen für die grenzüberschreitende Zusammenarbeit zu verbessern.

Auch die Gründung der grenzüberschreitenden Euroregion wurde zum Teil mit viel Hoffnung auf vereinfachte Zusammenarbeit angesehen. Allerdings stellt die zu geringe Zahl an Grenzübergängen (ebd.: 182; Stępień 2001: 270) nach wie vor ein Hindernis für die wirtschaftliche Zusammenarbeit dar, die Überschreitung der Grenze ist mit langen Wartezeiten verbunden. Zusätzlich nennen polnische Unternehmer/innen schlechte Infrastrukturbedingungen in der Ukraine sowie die dortigen Regulierungsunsicherheiten und korrupte Bedingungen als Hindernisse für mehr grenzüberschreitende Zusammenarbeit (Krok/Smętkowski 2006: 188). Ein Ansprechpartner der Kreisverwaltung Žovkva berichtet von „gerade mal einer Hand voll" Unternehmen aus EU-Mitgliedsstaaten, die sich in seiner Region angesiedelt hätten, viele wären es nicht, und gerade jetzt in den Zeiten der Wirtschaftskrise würden die Investitionen zurückgehen[74].

> „Es gibt einige joint ventures generell, viele auch nur auf dem Papier, aber so 10-15, die ernsthaft arbeiten."[75]

---

71 Interview mit der Stadtverwaltung Przemyśl (Polen), 27.03.2009
72 Interview mit der Stadtverwaltung Przemyśl (Polen), 27.03.2009
73 Interview im Arbeitsamt des Kreises Przemyśl (Polen), 24.03.2009
74 Interview mit der Kreisverwaltung Žovkva (Ukraine), 30.03.2009
75 ebd.

Viele Betriebe würden schließen, wären nicht mehr in der Lage, Löhne zu zahlen. Offizielle Werte für die Arbeitslosenrate würden zwar bei vielleicht 3-4% liegen, aber die verdeckte Arbeitslosigkeit läge um vieles höher. Man würde versuchen, sich zu arrangieren[76].

5.2.1.2 Institutioneller Kontext

Die Ukraine ist in ihren formalen Strukturen stark zentralistisch geprägt, lokale und regionale Behörden haben vergleichsweise geringere eigene Entscheidungsbefugnisse. Für wirtschaftliche Akteure in den Grenzregionen bedeutet dies, dass jegliche Interaktionen mit den Verwaltungen oftmals sehr langwierig und komplex verlaufen (vgl. auch Krok/Smętkowski 2006: 180).

Zusätzlich zu ihrer zentralisierten Ausrichtung weisen die staatlichen Institutionen sehr gravierende Probleme in ihrer Funktionalität und Durchsetzungskraft auf. Die Unsicherheiten des Übergangs von einer Planwirtschaft zur freien Marktwirtschaft Anfang der 1990er Jahre nutzten einige wenige politisch und wirtschaftlich machtvolle Akteure, um Spielregeln zu ihren eigenen Gunsten aufzustellen (Round/Williams/Rodgers 2008: 173). Staatliche Institutionen sind dagegen nur mangelhaft ausgeprägt und lassen unregulierte und korrupte Beziehungsgeflechte zu, welche Round, Williams und Rodgers (ebd.) als „floating mists" bezeichnen. In diesen nebulösen Feldern zurechtzukommen, zwingt besonders die wirtschaftlich schlechter gestellten Akteure dazu, eigene, meist informelle Wege und Praktiken zu finden.

Dabei ist die Nutzung informeller Netzwerke für die Bevölkerung der Ukraine nicht neu. Auch in den Jahrzehnten der Sowjetunion spielte diese Art der eigenen Versorgung angesichts der Mängel an einer Vielzahl von Waren eine große Rolle (ebd.: 188). Die so entwickelte Alltäglichkeit informeller Praktiken als Bewältigungsstrategien unter schwierigen Lebensbedingungen hat sich auch nach der politischen Wende fortgesetzt (Müller/Miggelbrink (im Erscheinen)). Informalität ist daher nicht nur weit verbreitet, sondern in der ukrainischen Gesellschaft auch weitgehend akzeptiert. Diese Akzeptanz reicht über notwendige Praktiken der Eigenversorgung weit hinaus. Zusätzliche Zahlungen bei Verwaltungsvorgängen, Bestechungsgelder für jegliche Vorgänge beim Finanzamt, Extrakosten bei Arztbesuchen oder illegale Aufnahmegebühren für Schulen und Universitäten sind nur einige Beispiele der tiefen Durchdringung der sozialen Strukturen mit informellen Praktiken (ebd.: 176 ff.). Die Anwendung informeller Praktiken macht also vor staatlichen Behörden nicht Halt. Es überrascht daher

---

76 ebd.

nicht, sie auch in den Interaktionen an Grenzübergängen anzutreffen – sowohl bei den Grenzüberschreitenden als auch bei den Beamten (vgl. Bruns/Miggelbrink/Müller 2011). Informelle Aktivitäten sind somit weniger ein Versuch, den Staat zu betrügen, als vielmehr ein Ergebnis des Versagens des Staates, den Arbeitnehmer/inne/n ausreichende Löhne in Aussicht zu stellen, Korruption effizient zu bekämpfen und funktionierende formelle Rahmenbedingungen aufzubauen (Round/Williams/Rodgers 2008: 178).

5.2.2 Handlungsbedingungen im russischen Karelien

5.2.2.1 Wirtschaftliche und soziale Rahmenbedingungen

> „The border continues to run between two completely different societies, and the gap between the standards of living on the two sides is among the largest in the world."
> (Paasi 1999a: 674)

Historisch bedingt hat sich die Wirtschaftsstruktur der Regionen entlang der finnisch-russischen Grenze sehr unterschiedlich entwickelt. Infolge der langjährigen Abschottung zweier sehr verschiedener Wirtschaftssysteme bestanden bei der graduellen Öffnung der Grenzen in den 1990er Jahren sehr große Unterschiede in Hinsicht auf die Pro-Kopf-Einkommen und Kaufkraft der Bevölkerung, welche auch in den Jahren nach der Jahrtausendwende noch anhielten (vgl. Abb. 11). Im Rahmen der arbeitsteiligen Entwicklung der Sowjetrepubliken wurde die karelische Teilrepublik in den Jahrzehnten der Sowjetunion verstärkt als Rohstoffregion mit größeren Betrieben im Bereich des Holzabbaus spezialisiert (Eskelinen 2006: 11; Piipponen 1999: 186). In diesen Regionen wird durchschnittlich ein Drittel des Bruttoinlandprodukts in der Forstwirtschaft/Holzindustrie erwirtschaftet. Die Industriezweige Holzabbau, Holzverarbeitung und Papierindustrie, welche insgesamt die Holzwirtschaft ausmachen, nahmen Mitte der 90er Jahre mit 48 Prozent den größten Teil aller in der Industrie beschäftigten Arbeitskräfte in Karelien ein[77] (Piipponen 1999: 198). Die Holzwirtschaft spielt auch heute noch die entscheidende Rolle für die wirtschaftliche Entwicklung der Republik Karelien. Diese einseitige Ausrichtung der Wirtschaft wurde durch die Öffnung der Grenze in den 1990er Jahren noch verstärkt.

---

[77] Im Vergleich dazu nahmen die Beschäftigten in der Holzwirtschaft in Russland insgesamt in diesem Zeitraum knapp 9 Prozent ein (Piipponen 1999: 198).

Abbildung 11: Disparitäten an der finnisch-russischen Grenze im BIP pro Kopf (Stand: 2004)

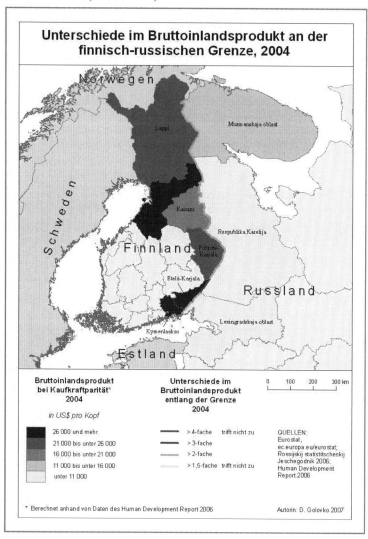

Qu.: Golovko (2007)

Die geographische Lage wurde genutzt, um direkte Kontakte zum Westen aufzubauen und sich vom lenkenden Einfluss der Moskauer Behörden zu lösen (Eskelinen, Haapanen/Druzhinin 1999: 332). Die Unternehmen im Russischen Karelien setzten dann mit aller Kraft auf den Holzexport in den Westen, andere Industriezweige dagegen ließen unter dem zunehmenden und zunehmend globalen Konkurrenzdruck nach, eine Situation, die Eskelinen (2006: 12) als *lock-in* beschreibt.

Die östlichen Regionen Finnlands waren schon seit den Anfangszeiten der Holzindustrie ein wichtiger Handelspartner für Russland. Die Zeit der Grenzverschiebungen und –schließungen im 20. Jahrhundert hatten diese Handelsverbindungen unterbrochen. Auf der finnischen Seite verursachte dies einen starken Einschnitt in die wirtschaftliche Entwicklung und trug dazu bei, dass die finnischen Grenzgebiete Kareliens heute im nationalen Zusammenhang Finnlands eine periphere und wirtschaftlich abgehängte Region darstellen (ebd.: 7 f.). Die Zunahme der lokalen grenzüberschreitenden Kooperationsmöglichkeiten nach der politischen Wende der 1990er Jahre bot daher auch für die finnisch-karelischen Gebiete eine willkommene Möglichkeit, die zusätzlichen Marktoptionen zu nutzen und gegen den ökonomischen Rückstand anzugehen (Eskelinen/Haapanen/Druzhinin 1999: 334).

Die wirtschaftliche Entwicklung des russischen Kareliens leidet infolge der Transformationsprozesse generell unter dem Mangel an Kapital und der sinkenden Kaufkraft der Bevölkerung (Kortelainen 1997: 169). Erst etwa seit der Jahrtausendwende sorgen die sich insgesamt stabilisierenden institutionellen Bedingungen für eine langsame Zunahme von Investitionen aus dem Ausland sowie Diversifizierungen der Wirtschaftsstrukturen (Eskelinen 2006: 13 f.). Gerade für die an Finnland angrenzenden Gebiete spielt die grenzüberschreitende Zusammenarbeit eine enorm wichtige Rolle, dies bestätigt auch eine leitende Mitarbeiterin der Kreisverwaltung in der russischen Stadt Sortavala:

„Die Nähe zur Grenze zu Finnland ist eine der grundlegenden Bedingungen für die Entwicklung. Natürlich ist die Entwicklung der grenzüberschreitenden Zusammenarbeit wichtig, wie eine Art Teilgebiet der Entwicklung des Kreises Sortavala."[78]

Ein besonderes Hemmnis für grenzüberschreitende wirtschaftliche Aktivitäten ist in den mangelhaften Infrastrukturbedingungen auf der russischen Seite zu sehen. Zu den Zeiten der geschlossenen Grenze wurden die Verkehrsverbindungen nicht weiter ausgebaut (Eskelinen/Haapanen/Druzhinin 1999: 335). Die allmähliche Verbesserung dieser Strukturen hat sich auch im Rahmen der verstärkten Kooperation Anfang der 1990er Jahre zum hauptsächlichen Schwerpunkt entwi-

---

78 Interview mit der Wirtschaftsabteilung der Stadtverwaltung Sortavala (Russland), 24.10.2008

ckelt, unter anderem im Rahmen von Projekten mit Förderung des TACIS-Programmes der Europäischen Union. Grenzüberschreitende wirtschaftliche Aktivitäten sind neben der Holzwirtschaft auch in Tourismus und Kleinhandel zu beobachten (Liikanen/Zimin/Ruusuvuori/Eskelinen 2007: 64). Im Bereich des Kleinhandels werden die Kaufkraft-Unterschiede genutzt, welche zwischen der finnischen und russischen Seite der Grenze bestehen. Gleichzeitig sind die Einkommen der Finnen im Osten Finnlands durchschnittlich erheblich geringer als in Finnland insgesamt. Die Finnen ergreifen daher die Gelegenheiten, auf russischer Seite preisgünstig einzukaufen. Die Bewohner/innen der russischen Seite nutzten lange Zeit die Möglichkeit, Waren in Finnland anzubieten bzw. Produkte aus Finnland auf informelle Weise in Russland zu verkaufen, um sich eine zusätzliche Einkommensquelle aufzubauen (vgl. auch ebd.: 65). Denn wenn auch die offiziellen Zahlen des Arbeitsamtes dies nicht erahnen lassen – laut Statistik liegt die Arbeitslosigkeit im Kreis Sortavala im Untersuchungszeitraum zwischen 1 und 1,5 Prozent – so wird die angespannte Situation in Hinsicht auf Arbeitsplätze und Einkommen im Gespräch mit einer leitenden Angestellten des Arbeitsamtes Sortavala dennoch sehr deutlich. Vor allem Frauen und jüngere Menschen wären von der Arbeitslosigkeit betroffen, und würden sich nach Möglichkeiten der Saisonarbeit im nahe gelegenen Finnland umsehen. Ist man bereit, in Finnland Beeren zu pflücken, so hilft das Arbeitsamt bei der Vermittlung.

Die Löhne sind im Kreis Sortavala etwa ein Drittel niedriger als anderswo in Karelien; in einem Vergleich mit Löhnen in St. Petersburg fällt die Differenz noch viel größer aus. Eine finnische Produktionsfirma hätte sich kürzlich in Sortavala angesiedelt, und obwohl auch diese das niedrige Lohnniveau ausnutzt, den Durchschnittslohn des Kreises sogar noch einmal um die Hälfte unterbietet, wollen viele Bewohner/innen dort arbeiten, gäbe es doch immerhin normale Tagesschichten und sogar Trinkwasser für alle Mitarbeiter/innen, und sei es ein heller und warmer Arbeitsort[79].

5.2.2.2 Institutioneller Kontext

Wenn die Bewohner der russischen Seite Kareliens grenzüberschreitend handeln, so bewegen sie sich hier in sehr gegensätzlichen institutionellen Kontexten. Während sie selbst noch mit den Umbrüchen der letzen Jahrzehnte beschäftigt sind, bestehen auf der finnischen Seite Kareliens schon seit langem stabile, demokratische Strukturen. Die unterschiedlichen historischen Hintergründe, ihre

---

[79] Interview mit dem Arbeitsamt Sortavala (Russland), 24.10.2008

5.2 Lokale Handlungskontexte der Akteure

Mentalitätsunterschiede sind tief verwurzelt im Gedächtnis der Menschen in dieser Region und haben Einfluss auf ihre Einstellungen und ihr Verhalten (Eskelinen/Haapanen/Druzhinin 1999: 335).

Die Rahmenbedingungen für ökonomisches Handeln auf der russischen Seite, die dabei geltenden formellen wie informellen Regeln, Normen und ungeschriebenen Gesetze unterlagen in den letzten Jahrzehnten starken Veränderungsprozessen. Durch die Einführung der Marktwirtschaft wurden die Spielregeln für wirtschaftliches Handeln neu aufgestellt; ein Wandel, der für Akteure, welche in der Ära der Sowjetunion sozialisiert wurden, eine große Umstellung bedeutet (vgl. Kortelainen 1997: 169). In der Organisation der Arbeit und des sozialen Lebens haben sich entscheidende Änderungen vollzogen. Beispielsweise übernahmen die holzverarbeitenden Betriebe in den Zeiten der Sowjetunion eine bindende Rolle für sämtliche Alltagsaktivitäten der Bewohner/innen (Piipponen 1999: 198). Nach der politischen Wende Ende der 1980er und 1990er Jahre und den darauf folgenden wirtschaftlichen Transformationen wurden viele dieser Betriebe aufgrund der nun ausgesetzten Konkurrenz auf dem Weltmarkt geschlossen, die Einbettung in diese Strukturen ist somit vielerorts weggefallen. Problematisch für die erfolgreiche Durchführung eigenständiger ökonomischer Aktivitäten unter den neuen Bedingungen ist vor allem aber der Mangel an unternehmerischen Kenntnissen (Kortelainen 1997: 170).

„...many Russians feel like fish on dry land in the new market economy."
(Kortelainen 1997: 170)

Der Umgang mit dieser Situation gestaltet sich sehr unterschiedlich. Einige russische Staatsbürger/innen haben sich bereits angepasst, haben gelernt, die Marktwirtschaft für ihre Zwecke zu nutzen. Sie zählen zu den so genannten Gewinnern der Transformation. Andere versuchen über die Runden zu kommen, indem sie auf mehrere Standbeine setzen und Tätigkeiten in verschiedenen wirtschaftlichen Organisationsformen durchführen: nach neuen marktwirtschaftlichen Regeln, nach den früheren, sowjetischen Prinzipien, oder selbst auf ganz traditionelle Weise (ebd.: 170 ff.). Besonders letzteres ist eine Reaktion auf die schwierige finanzielle Lage, in der sich viele befinden. Man versorgt sich nicht nur mit eigens angebauten Lebensmitteln bzw. den Naturalien der Umgebung (Beeren oder Pilze), sondern nutzt auch seine sozialen Netzwerke zur gemeinschaftlichen Existenzsicherung (ebd.: 173). Die informellen Strukturen, die dabei bestehen, bilden für viele Bewohner Kareliens eine Basis, um den Herausforderungen der gegenwärtigen Lage zu trotzen. Bei der Lösung von alltäglichen Problemen, so zeigen einige Studien, wird eher selten auf formale Institutionen zurückgegriffen[80]. Die Entscheidung darüber, was als legitim gilt, ist mitunter stark an ein eigenes Verständnis von und eine Verpflichtung zu Fairness gebunden, die vor allem innerhalb von Netzwerken, Nachbarschaftsbeziehungen und Bekanntenkreisen gemessen und möglichst eingehalten wird (Hendley 2009: 2).

Die vielen kleinen noch andauernden Schritte, in welchen die Transformationsprozesse ablaufen, äußern sich auch nach der politischen Wende in den alltäglichen institutionellen Abläufen. Einige Aspekte der Gesetzgebung, der Politik, besonders aber auch der viel beklagte Bürokratismus lassen sich auf vergangene Systeme und Strukturen zurückführen (Kortelainen 1997: 169). Noch immer zählen persönliche, informelle Kontakte oft mehr als amtliche Wege:

„Because, in Russian culture it doesn't matter, with what organization you work, what kind of centre, they just, if they know a person, who has worked with them so many years..."[81]

Auch in dem Bezug von Informationen, Neuigkeiten, Veränderungen in wichtigen Kontextbedingungen wird vor allem auf den informellen Austausch und die sogenannte Mund-zu-Mund-Propaganda vertraut – ein Phänomen, welches auch der Belegschaft des Finnischen Konsulates in der Karelischen Republik aufgefallen ist:

Interviewerin: „Is there also some other source of information?"
Angestellte: „There's what we call mouth-to-mouth, it is very quick and they use it, they are more interested in that than having the brochures, or some thing black-on-white, because, I don't know, that's the kind of way of living there. They really want to gossip, and hear things, mouth to mouth. (...)"
Interviewerin: „And if there are any changes in these application procedures, then how do you inform..."
Angestellte: „We are putting the changes black-on-white on the walls in the consu late, we are putting them into the internet, too. And we are trying to put it into the papers, too, that's not very interesting for them, they want to hear it from...."((lacht))
Interviewerin „So you have to start gossiping..."
Angestellte: „Yes, ((lacht)) 'haven't you heard already..."[82]

---

80 Hendley führt unter anderem die historische Erfahrung des Mangels an Vertrauen in staatliche Institutionen der Sowjetzeit als Hintergrund für diese Tendenz an. Ungeschriebene Gesetze oder alltägliche Routinen wären daher in einem Land wie Russland mindestens ebenso bedeutende Bestandteile eines Empfindens von Legalität wie formale Gesetze (Hendley 2009: 1).
81 Interview mit dem Beratungszentrum für grenzüberschreitende Kooperation (KETI),Tohmajärvi (Finnland), 21.10.2008
82 Interview mit einer leitenden Angestellten des Finnischen Konsulates Petrosawodsk (Russland) in der Visastelle Onttola (Finnland), 05.11.2008

Welche Handlungen in diesen Kontexten als legitim gelten, ist daher nicht offiziell festgelegt, es fehlt an formellen Strukturen einer solchen Einordnung, und es fehlt an ihrer konsequenten Durchsetzung. Stattdessen setzen sich entlang der jeweils gängigen Praxis ganz eigene Festlegungen von Legitimität durch (vgl. Bruns/Miggelbrink/Müller 2011).

5.3 Die lokale Umsetzung des EU-Grenzregimes

In einem weiteren Schritt der wissenschaftlichen Annäherung an die untersuchten, grenzbezogenen Handlungen sollen in diesem Abschnitt die Formen der lokalen Umsetzung der Grenzregulierungen in den Blick genommen werden. Als Teil der alltäglichen örtlichen Praxis stehen sie in unmittelbarem Zusammenhang zu den Handlungsorientierungen der Akteure.

5.3.1 Eine neue EU-Außengrenze: die polnisch-ukrainische Grenze

5.3.1.1 Die Grenzübergänge des Lvivsker Bezirks nach Polen

Abbildung 12: Lage der Untersuchungsorte, polnisch-ukrainische Grenze

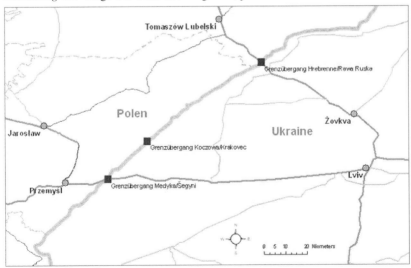

Qu.: Eigene Darstellung

Im Untersuchungsgebiet des Bezirkes Lviv im Südwesten der Ukraine befinden sich drei Grenzübergänge nach Polen. Der südlich gelegene Grenzübergang Šegyni/Medyka ist eine Besonderheit, da er sowohl von Kraftfahrzeugen als auch von Fußgängern genutzt werden kann. Die kleineren Ortschaften Medyka und Šegyni sind unmittelbar an der Grenze gelegen und weisen entsprechende Infrastruktureinrichtungen wie Cafés, Restaurants, Verkaufseinrichtungen und Haltestellen des Öffentlichen Nahverkehrs auf.Der Übergang bei Šegyni war zu den Zeiten der Sowjetunion der einzige Straßenübergang zwischen der ukrainischen und polnischen Seite und ist auch heute noch der zahlenmäßig bedeutendste Übergang an dieser Staatsgrenze (vgl. Urząd Statystyczny w Rzeszowie 2008c: 24).

Die Kapazitäten der Übergänge reichen nicht aus, um das hohe Verkehrsaufkommen an diesem Abschnitt der EU-Außengrenze zu bewältigen. Reisende müssen mit langen Wartezeiten rechnen, besonders bei der Einreise in die Europäische Union (vgl. Krok/Smętkowski 2006: 182). Der Übergang Korczowa/Krakovec wurde 1997 neu eröffnet, um den südlich gelegenen Übergang in Šegyni zu entlasten, hat aber eher die Verkehrsaufkommen an den nördlicheren Übergängen reduziert (ebd.). Auch der Übergang Hrebenne/Rawa Ruska befindet sich an einer wesentlichen West-Ost-Transitstrecke und ist vor allem auf den Güterverkehr ausgerichtet.

Die Bezirkshauptstadt Lviv mit etwas mehr als 700 000 Einwohnern liegt etwa 80 Kilometer vom Grenzübergang Medyka/Šegyni entfernt. Auf der polnischen Seite ist Przemyśl mit ca. 67000 Einwohner/inne/n (Urząd Statystyczny w Rzeszowie 2008b: 5) die nächstgelegene Stadt, bei den nördlicheren Übergängen jeweils Jarosław und Tomaszów Lubelski in etwas weiterer Entfernung.

Seit Mitte der 1990er Jahre stieg vor allem die Anzahl der Grenzübertritte von Ukrainer/inne/n stieg stetig an (Stępień 2001: 271), sie nahmen jährlich etwa 65-70 Prozent der Grenzübertritte ein. Seit dem Inkrafttreten der Schengen-Regulierungen, so berichten auch die Grenzbeamten an den Übergängen, hat sich dieses Verhältnis umgedreht[83], die veränderten Visabestimmungen zeigen ihre Auswirkungen. Die Anzahl der von polnischen Konsulaten ausgegebenen Visa für ukrainische Staatsbürger ist von 2007 zu 2008 um knapp 60 Prozent gesunken, und dies macht sich auch bemerkbar in den Statistiken zum grenzüberschreitenden Verkehr. An der polnisch-ukrainischen Grenze ist die gesamte Anzahl nicht-polnischer Einreisender nach Polen von 2007 bis 2008 um knapp 48 Prozent (von knapp 5 Millionen auf 2,5 Millionen) gesunken (Wasilewska 2009: 7; vgl. auch Kazmierkiewicz 2011)[84].

---

83 Interview mit dem polnischen Grenzschutz am Grenzübergang Korczowa/Krakovec, 05.06.2008
84 Die Daten für nicht-polnische Einreisende weisen leider keine Unterteilung nach Nationalitäten auf. Dennoch ist davon auszugehen, dass der überwiegende Teil dieser Gruppe in der Ukraine und

Die weitaus meisten Grenzübertretenden an der polnisch-ukrainischen Grenze geben Einkäufe als den wichtigsten Grund für ihre Reise an, und dies gilt in beide Richtungen. Auch die Ansprechpartner/innen an den hier betrachteten Grenzübergängen bestätigen das in den Interviews. Die ukrainischen Grenzüberschreitenden würden vor allem Lebensmittel und Baumaterialien aus Polen mitbringen, während die polnischen Grenzüberschreitenden stark von den Ersparnissen bei Benzin, Tabakwaren und verschiedenen landwirtschaftlichen Produkten profitieren[85].

Etwa ein Zehntel der erfassten Grenzübertritte an dieser Grenze wird mit beruflichen Tätigkeiten begründet (Urząd Statystyczny w Rzeszowie 2008a). Dazu gehören selbständige berufliche Aktivitäten verbunden mit Kontakten zu polnischen Geschäftspartnern, aber auch Arbeitsmigration (vgl. Wasilewska 2009: 9). In der Region um Przemysl sind vor allem in der Landwirtschaft Arbeitskräfte aus der Ukraine sehr gefragt; in den meisten Fällen basieren diese Arbeitsverhältnisse schon auf längeren Bekanntschaften (vgl. Interview mit dem Leiter des Südostinstitutes Przemyśl (Polen), 06.06.2008). Andere Auswandernde suchen auch in weiterer Entfernung nach Verdienstmöglichkeiten, in anderen Gebieten Polens oder in weiter westlich gelegenen EU-Mitgliedstaaten (siehe auch Wasilewska 2009: 9). Neben den Ukrainern würden auch einige andere Migranten diese Grenzübergänge passieren, zum Beispiel aus der Republik Moldau[86].

Eine andere Gruppe von Grenzüberschreitenden, über die in Gesprächen mit offiziellen Vertretern der Grenzbehörden nur wenig gesprochen wird, sind illegale Flüchtlinge [87]. Ganz anders als im Untersuchungsgebiet an der russisch-finnischen Grenze sind Versuche der illegalen Einwanderung in die EU über die Ukraine sehr häufig, allein die Zahlen der abgewiesenen illegalen Flüchtlinge liegen jedes Jahr in den 1000er Stellen (Human Rights Watch 2010: 21)[88].

---

vor allem in den grenznahen Gebieten wohnhaft ist, da ca. 60% dieser Gruppe die Grenze täglich bis mehrmals wöchentlich überqueren, weitere 30% mehrmals im Monat (Urząd Statystyczny w Rzeszowie 2009: 4f.).
85 Interview mit dem polnischen Grenzschutz am Grenzübergang Korczowa/Krakovec, 05.06.2008
86 Interview mit dem polnischen Grenzschutz am Grenzübergang Korczowa/Krakovec, 05.06.2008
87 Diese wurde u.a. erwähnt in einem Interview mit einem leitenden Angestellten des polnischen Grenzschutzes in Przemyśl (02.06.2008), der berichtete, dass es bei schlechtem Wetter immer mehr illegale Flüchtlinge gäbe als bei schönem Wetter.
88 An der Grenze der Ukraine zur EU abgewiesene oder aufgegriffene Flüchtlinge werden in entsprechenden Lagern in der Nähe der Grenze temporär untergebracht. Die dabei zum Teil unmenschlichen Bedingungen und Behandlungen haben bereits vielfach zu Protesten in der medialen Öffentlichkeit geführt und werden in Studien des Human Rights Watch und Bordermonitoring Ukraine (BMPU) näher untersucht (Border Monitoring Project Ukraine 2010).

5.3.1.2 Die EU-Grenzregulierungen als neue Herausforderung

Die Regulierungen des Schengener Abkommens sind für die polnischen Grenzbehörden zum Zeitpunkt der hier durchgeführten Gespräche noch recht neu. Der Kommandant einer lokalen Abteilung des polnischen Grenzschutzes an der Grenze zur Ukraine stellte im Interview im Sommer 2008 fest, dass es noch zu früh sei einzuschätzen, wie sich der Beitritt Polens zum Schengener Abkommen auf die Grenze auswirken würde. Allerdings wäre schon in der kurzen Zeit seit dem Beginn der Anwendung des Schengener Grenzkodexes Ende des Jahres 2007 zu beobachten, dass der Grenzverkehr von der Ukraine nach Polen stark abgenommen habe. Man erklärt sich diese Entwicklung vor allem mit den nun notwendigen, schwer erhältlichen Schengen-Visa für ukrainische Staatsbürger[89].

Im polnischen Konsulat in Lviv (Ukraine) hat man seit der Einführung der Schengen-Regulierungen die Anzahl der Mitarbeiter/innen in der Visa-Abteilung erhöht, ein zusätzlicher provisorischer Standort in einem anderen Gebäude wurde eingerichtet (siehe Abb. 13). Die Arbeit hat zugenommen, die Visabearbeitung ist nun zur Hauptaufgabe des Konsulates geworden. Ein leitender Angestellter des Konsulates versichert, dass man stets bemüht ist, die Antragsbearbeitungsfrist von zehn Tagen einzuhalten – soweit alle Dokumente vorliegen[90].

Abbildung 13: Warten auf ein Visum am polnischen Konsulat in Lviv

Qu.: Eigene Aufnahme, Lviv (Ukraine), März 2009

---

89 Interview mit dem Polnischen Grenzschutz, Regionalabteilung Przemyśl (Polen), 02.06.2008
90 Interview mit dem Polnischen Konsulat in Lviv (Ukraine) 30.03.2009

Gefragt nach den langen Warteschlangen am Konsulat berichtet der Interviewte rechtfertigend über zwanzig vorhandene Schalter, und erklärt, dass es ein ständiges Rotationsprinzip der Mitarbeiter/innen zwischen diesen Schaltern gäbe, um der Korruption vorzubeugen. Sonderbestimmungen würden beispielsweise für Professoren, Ärzte, Politiker und Vertreter der Verwaltungen mit einem wichtigen Anliegen gelten. Sie müssten nicht jedes Mal persönlich im Konsulat erscheinen, und in Abhängigkeit der jeweiligen Termine oder der Angelegenheiten, die den Grenzübertritt erfordern, könne die Visabearbeitung auch einmal schneller als in zehn Tagen erfolgen. In einem Interview mit einer Person, die demnach Erleichterungen im Antragsverfahren erfahren sollte – einem leitenden Angestellten der Kreisverwaltung von Žovkva (Ukraine) – erhält man allerdings einen Einblick in die tatsächliche Praxis. Seine kürzlichen Versuche, für Termine auf der polnischen Seite ein Visum zu bekomme, verliefen weniger erfolgreich. So auch beim letzten Mal, viel zu lange dauerte es alles:

„Zwei Monate lagen die Papiere wohl dort, dann an einem Donnerstag riefen sie an, dass das Visum fertig wäre, aber am Samstag würde es schon ablaufen, mein Reisezweck hätte aber eigentlich bis Dienstag gedauert, also bin ich nicht gefahren, weil es keinen Sinn machte - und das bei mir, trotz dieser Position, was soll man da noch bei den einfachen Leuten erwarten."[91]

Auf möglicherweise vorkommende Verluste von Antragspapieren angesprochen weist der Konsulat-Angestellte darauf hin, dass auch die Mitarbeiter/innen der Visaabteilung Menschen und keine Maschinen wären.

„Ich würde mich wundern, wenn es bei einer solchen Anzahl, bei mehreren zehntausend ausgegebenen Visa im Monat, keine Fehler, Probleme geben würde."[92]

Eigentlich wäre aber die Prozedur der Visumbearbeitung so konstruiert, dass es im Prinzip nicht möglich sei, dass Dokumente verschwinden, die Arbeit erfolge abgestimmt mit dem Computersystem[93]. An den Grenzübergängen der polnisch-ukrainischen Grenze, wo polnische und ukrainische Staatsbürger lange Jahre in gleichen Teilen am grenzüberschreitenden Austausch und Handel verdienten, werden polnische Grenzbeamte nun durch die EU-Regulierungen angehalten, entsprechend der EU-Kategorisierungen (vgl. Kap. 4) zu unterscheiden. Sie ändern also ihre Arbeitsweise je nach Staatsbürgerschaft der kontrollierten Person. Das ist für sie neu. Aber gerade in diesen Interaktionen werden wichtige Aspekte der Handlungsmöglichkeiten für die Grenzgänger/innen geformt, gerade

---

91 Interview mit der Kreisverwaltung Žovkva (Ukraine), 30.03.2009
92 Interview im Polnischen Konsulat in Lviv (Ukraine), 30.03.2009
93 Interview im Polnischen Konsulat in Lviv (Ukraine), 30.03.2009

da fallen die Veränderungen der Bedingungen besonders auf. Ukrainische Staatsbürger/innen, ob unterwegs zum Schwarzmarkt oder zum Kooperationspartner, werden häufiger und intensiver kontrolliert – so schreibt es das Gesetz vor. Sie stehen nun anderen Schwierigkeiten gegenüber als ihre polnischen Nachbarn.

Abbildung 14: Grenzübergang Medyka/Šegyni

 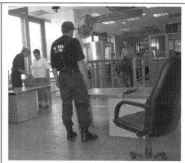

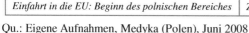

| *Einfahrt in die EU: Beginn des polnischen Bereiches* | *Zollkontrollen der Fußgänger/innen* |

Qu.: Eigene Aufnahmen, Medyka (Polen), Juni 2008

Für die Arbeit des polnischen Zolls, so betont der Direktor des örtlichen Zollamtes in Przemyśl (Polen)[94], sind die Veränderungen seit der Anwendung des Schengener Abkommens zunächst gering, die Art der transportierten Waren – vor allem der Kleinhandel und Schmuggel von Zigaretten und Alkohol – wären im Grunde gleich geblieben. Dennoch scheint die Umsetzung der Grenzregulierungen nicht unproblematisch, wie die Berichte der Zollangestellten selbst und die zum Zeitpunkt der Untersuchung stattfindenden Proteste der polnischen Zollbeamten zeigen. Die Unzufriedenheit der Zöllnerinnen und Zöllner mit den schwierigen Arbeitsbedingungen und den dafür als unangemessen empfundenen Löhnen hat bereits zu einer Reihe von Streiks geführt. Im Vergleich zu den Aufgaben der Grenzschutzbeamten empfinden sich die Zöllner/innen stark benachteiligt, da jene lediglich die Pässe öffnen müssten, während sie selbst die engen Kontakte zu den „unzufriedenen Kunden" zu ertragen hätten[95]. Selbst von Bedrohungen gegenüber Zöllnern ist die Rede. Beamte, die an der Grenze die Personenkontrollen durchführten, könnten nicht „ruhig ins Lokal" gehen, auch von Einkaufsgängen in Uniform wäre abzuraten:

---

94 Interview mit dem Zollamt Przemyśl (Polen), 04.06.2008
95 Interview mit Mitarbeiter/inne/n des Zollamts Przemyśl (Polen), 24.03.2009

5.3 Die lokale Umsetzung des EU-Grenzregimes

„Einmal musste ich dienstlich, in Uniform, etwas in einem Laden einkaufen, auf dem Weg dahin sagte ich zu mir: 'Hoffentlich erkennt mich keiner'."[96]

Da der Anteil ukrainischer Grenzüberschreiter/innen seit der Einführung des Schengen- Visas stark gesunken ist, sind es nun hauptsächlich die Bewohner/innen der polnischen Grenzregion, die an der Grenze Schlange stehen und kontrolliert werden müssen. Somit hat der Anteil an Interaktionen mit den eigenen Landsleuten, mit Bekannten und Nachbarn oder Verwandten für die polnischen Zollbeamten stark zugenommen. In solchen Konfliktsituationen versucht man sich auf die notwendige Einhaltung der vorgeschriebenen Prozeduren und Grenzregulierungen zu berufen. Die von den dortigen Kleinhändler/innen als zu lang andauernde Personenkontrolle dürfe somit nicht als Schikane, sondern vor allem als Versuch einer gründlichen Arbeitsweise betrachtet werden, erklären Beamte des polnischen Zolls in Przemyśl.

„Ich glaube nicht, dass es wegen der „Ameisen" ist – ein wichtiger Grund ist die Vorsicht der Zöllner etwas falsch zu machen, da ihre Arbeit kontrolliert wird. Es gibt am Grenzübergang viele Kameras – es drohen arbeitsrechtliche Konsequenzen und Arbeitsplatzverlust. Man weiß nicht, wer der Grenzpassant ist, es kann auch ein Kontrolleur sein."[97]

Einfacher wird die Einhaltung von vorgeschriebenen Abläufen, wenn ein gewisses Maß an Technik ins Spiel kommt. Zum Zeitpunkt der Interviews hatte man an der polnischen Grenze begonnen, die Kontrollen von Lastkraftwagen am Grenzübergang mit einer Magnetkarte zu begleiten. Diese würde helfen, die einzelnen Schritte der Kontrolle routiniert durchzuführen und transparent zu halten.

„Ja, es gibt bei uns standardisierte Abläufe. Der LKW wird gewogen, die mitgeführten Dokumente werden eingesammelt und kontrolliert, und danach das Fahrzeug durchleuchtet. Zur Prozedur gehört, dass der Fahrer eine Chipkarte erhält. Gespeichert sind alle Punkte, die er am Grenzübergang ablaufen muss. Wenn die Karte komplett ist, darf der Übergang passiert werden."[98]

Dennoch räumen die Interviewpartner ein, dass die geforderten Standards nicht immer eingehalten werden können. Während die EU-Anweisungen beispielsweise eine effiziente und flüssige Abfertigung an den Grenzübergängen fordern, stehen nicht immer die dafür nötigen Kapazitäten zur Verfügung.

---

96 Interview mit Mitarbeiter/inne/n des Zollamts Przemyśl (Polen), 24.03.2009
97 ebd.
98 Interview mit dem Zollamt Przemyśl (Polen), 04.06.2008

„In den letzten Jahren ist der Grenzverkehr stark gestiegen – darauf ist die Anzahl der Spuren, der Mitarbeiter nicht eingestellt. Nicht immer sind alle Mitarbeiter auf Arbeit (Urlaub, Krankheit). Fälle von Korruption bzw. Korruptionsverdacht verminderten auch die Zahl – sie werden erst mal entlassen vom Kontrolldienst – neue Mitarbeiter brauchen dann länger bei der Kontrolle, weil sie noch nicht so eingearbeitet sind."[99]

Zur Verstärkung der Mitarbeiterzahlen werden nun auch zusätzliche Angestellte von den westlichen Grenzen Polens (nun Schengen-Binnengrenzen) für die östlichen Kontrollpunkte gewonnen. Diese würden aber häufig aufgrund ihrer Familienanbindung wieder zurückkehren wollen, sodass diese Allokation mit starken Fluktuationen in der Belegschaft verbunden ist[100]. Trotz des problematischen Arbeitsfeldes findet sich immer wieder Nachwuchs für die Tätigkeit bei der polnischen Zollbehörde. Die hohe Arbeitslosigkeit wäre ein Grund, und die Einstellung bei einer staatlichen Behörde verspräche eine gewisse Stabilität. Allerdings könnten sich viele junge Leute die Schwierigkeiten an der Grenze nicht recht vorstellen, einige würden die Arbeit dann sehr bald wieder aufgeben ((Interview mit Mitarbeiter/inne/n des Zollamts Przemyśl (Polen), 24.03.2009).

Die Arbeitsabläufe auf der ukrainischen Seite sind vom Übergang Polens zu den Schengen-Regulierungen nicht unmittelbar betroffen. Allerdings sind auch hier einige Veränderungen spürbar, gerade im Bereich der Kontakte und Zusammenarbeit mit den polnischen Beamten am Grenzübergang. So berichtet ein Mitarbeiter des ukrainischen Grenzschutzes am Übergang Šegyni, dass es in der Vergangenheit einfacher war, Abstimmungen zu treffen, Probleme vor Ort zu klären. Nun aber lehnten polnische Beamte kurzfristige Lösungen in Gesprächen ab: „Das hängt nicht von uns ab, das muss die EU entscheiden"[101]. Die Praxis der lokalen Interaktionen und Entscheidungsfindungsprozesse zwischen den Behörden der zwei Nationen an Grenzübergängen ist also komplizierter geworden.

Als staatliche Behörden sind auch der ukrainische Grenzschutz und Zoll von den generellen Unsicherheiten der institutionellen Strukturen in der Ukraine geprägt. Viele Beamte haben ihre Ausbildungen noch zu sowjetischen Zeiten absolviert. Die dabei übernommenen Gewohnheiten und Verhaltensregeln sind noch immer spürbar (siehe auch Stępień 2001: 269). Die institutionellen Transformationsprozesse dauern weiter an und Reformen in den Verwaltungen sind dringend erwünscht; zum Zeitpunkt ihrer Durchführung bleiben Schwierigkeiten jedoch häufig nicht aus, ist mit Effizienzverlusten und Umstellungen in Interak-

---

99 Interview mit Mitarbeiter/inne/n des Zollamts Przemyśl (Polen), 24.03.2009
100 Interview mit dem Zollamt Przemyśl (Polen), 04.06.2008
101 zitiert im Interview mit dem ukrainischen Zoll und Grenzschutz am Grenzübergang Medyka/Šegyni, 23.07.2008

5.3 Die lokale Umsetzung des EU-Grenzregimes

tionen zu rechnen. So schildert ein leitender Angestellter des polnischen Zolls in Przemyśl im Juni 2008:

„Zurzeit gibt es gewisse Probleme mit den Änderungen der Verwaltungsstruktur auf der ukrainischen Seite, hoffentlich sind sie nur temporär (...). Die meisten Probleme sind auf die unzureichende Infrastruktur zurückzuführen, aber manchmal sind sie auch mit Personen verbunden: Wegen der Umstrukturierungen schaffen es die ukrainischen Zöllner nicht immer, die gleiche Anzahl an Fahrzeugen abzufertigen wie früher."[102]

Den interviewten ukrainischen Grenzbeamten macht der im Zitat ebenfalls benannte Mangel an nötigen Infrastrukturen die größten Sorgen. Man hat Schwierigkeiten, dem hohen Volumen an grenzüberschreitendem Verkehr gerecht zu werden. Selbst an dem recht neu erbauten Übergang bei Korczowa/Krakovec reichen die Einrichtungen nicht mehr aus, man hätte gar nicht erwartet, dass dieser Übergang so wichtig werden würde, erklärt ein dortiger Mitarbeiter. Man wäre für diesen Anstieg an Funktionen und Anforderungen eher unvorbereitet gewesen, Umbauten wären dringend nötig[103]. Ähnliche Probleme bestätigt auch ein leitender Angestellter der Grenzbehörden in Šegyni, und weist auf die bereits erhöhten Mitarbeiterzahlen hin, die schon allein wegen des vielen Frachtverkehrs nötig gewesen wären. Auch am Übergang in Rawa Ruska würden neue Abfertigungsgebäude errichtet werden[104].

---

102 Interview mit dem Zollamt Przemyśl (Polen), 04.06.2008
103 Interview mit dem ukrainischen Zoll und Grenzschutz am Grenzübergang Korczowa/Krakovec, 23.07.2008
104 Interview mit dem ukrainischen Zoll und Grenzschutz am Grenzübergang Medyka/Šegyni, 23.07.2008

5.3.2 Grenzregulierungspraxis zwischen Finnland und Russland

5.3.2.1 Der Grenzübergang bei Niirala/Vjartsilja

Abbildung 15: Lage der Untersuchungsorte, finnisch-russische Grenze

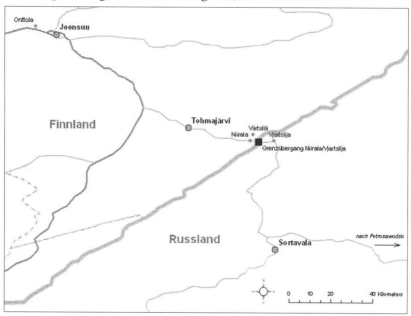

Qu.: Eigene Darstellung

Der im Zusammenhang mit den hier untersuchten Handlungen betrachtete Grenzübergang ist bei Vjartsilja auf der russischen und Niirala auf der finnischen Seite zu finden. Im Zuge der neuen Grenzziehung zum Ende des Zweiten Weltkrieges im Jahr 1944 wurde der ursprünglich finnische Ort Värtsilä durch die Grenze geteilt. Der Hauptteil, einige Kilometer nordöstlich des Übergangs gelegen, verblieb auf der russischen Seite und trägt heute den Namen Vjartsilja. Direkt am Grenzübergang befindet sich lediglich eine geringe Ansammlung von Häusern, welche von den grenzbezogenen Einrichtungen dominiert ist. Der Übergang ist etwa vier Stunden Fahrtzeit von Petrosawodsk (der Hauptstadt der Republik Karelien) entfernt. Näher gelegen ist der für die Gruppendiskussionen ausgewählte Ort Sortavala, eine ehemals finnische Stadt und die größte und älteste Stadt im Distrikt des Ladoga-Sees.

5.3 Die lokale Umsetzung des EU-Grenzregimes

Auf der finnischen Seite wurde ein vormaliger Ortsteil von Värtsilä (Uusikylä) nun mit dem Namen Värtsilä bedacht und befindet sich einige Kilometer nördlich des Grenzüberganges. Niirala, direkt am Grenzübergang gelegen, ist ebenfalls nur eine kleine Siedlung, ein Standort für Speditionsunternehmen, Grenzdienstleistungen und den lokalen Stützpunkt des finnischen Grenzschutzes. Die nächstgelegene Stadt ist Tohmajärvi, während die Orte Kitee und Joensuu als größere Städte in etwa 45-60 Minuten Fahrtzeit von der Grenze zu erreichen sind. Die Einrichtungen auf der finnischen Seite des Grenzüberganges wurden im Jahr 2006 neu ausgebaut. Als internationaler Grenzübergang ist er seit einigen Jahren nun 24 Stunden geöffnet.

Abbildung 16: Grenzübergang Niirala/Vjartsilja

| *Grüne Grenze zwischen Finnland und Russland* | *Kontrollanlagen im Norden der EU-Außengrenze* |

Qu.: Eigene Aufnahmen, Niirala (Finnland), Mai 2008

Der Grenzübergang wird sowohl für den Warentransport als auch Personenverkehr genutzt, er kann mit Kraftfahrzeugen sowie zu Fuß überquert werden. Letzteres passiert eher selten, da es keine offiziellen Anbindungen an öffentliche Verkehrseinrichtungen gibt. Am Übergang besteht auch Zugverkehr, der allerdings momentan ausschließlich auf den Gütertransport ausgerichtet ist. Verbindungen des Personentransportes per Eisenbahn hat es hier seit Jahrzehnten nicht gegeben[105].

Die Häufigkeiten der Grenzüberschreitungen sind an diesem Abschnitt der russisch-finnischen Grenze weitaus geringer als an südlicheren Abschnitten (vgl. Karlsson/Österberg 2009: 127). Die Übergänge in größerer Nähe zu St. Petersburg liegen an den Hauptstrecken des weiträumigeren Transitverkehrs zwischen

---

105 Interview mit dem Beratungszentrum für grenzüberschreitende Kooperation (KETI) Tohmajärvi (Finnland), 21.10.2008

Russland und den nordwestlichen Ländern Europas, während hier in Niirala/Vjartsilja das Verkehrsaufkommen stärker regional basiert ist (Eskelinen/Haapanen/Druzhinin 1999: 337). Da der Transit-Verkehr hier keine derart starke Bedeutung hat, gehören die meisten der grenzüberschreitenden Personen an diesem Übergang der finnischen oder russischen Nationalität an. Nur etwa ein Prozent der Grenzüberquerenden sind Angehörige anderer Nationalitäten (Regional Council of North Karelia 2007: 2).

Den Großteil des Güterverkehrs (mit LKWs) an diesem Grenzübergang nimmt der Export von Russland nach Finnland ein, vielfach handelt es sich dabei um Rohholz. Dieser Transport liegt überwiegend in den Händen finnischer Transportunternehmen. Im Jahr 2007 waren 75 Prozent der die Grenze überquerenden LKWs in Finnland registriert (ebd.: 3). Die wenigen Transporte in die entgegengesetzte Richtung, also von Finnland nach Russland, betreffen vorwiegend Maschinen oder Ausstattungen für die Holzindustrie (ebd.).

Abbildung 17: Entwicklung des PKW-Verkehrs von Russland nach Finnland, Jährliches Verkehrsaufkommen nach Grenzübergängen, 1996-2006

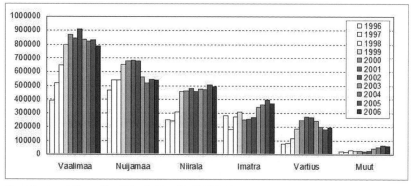

Qu.: Regional Council of North Karelia (2007: 1)

Im Bereich der PKWs hatte das Verkehrsaufkommen von Russland nach Finnland Ende der 1990er Jahre stark zugenommen (siehe Abb. 17) und stagnierte dann zu Beginn der 2000er Jahre. Studien am Grenzübergang Niirala/Vjartsilja belegen, dass der Hauptanteil der russischen Reisenden den Übergang minimal ein Mal pro Woche passiert, in den Sommermonaten ergänzt durch Urlaubsreisende (Regional Council of North Karelia 2007: 1). Laut einer an diesem Grenzübergang durchgeführten Studie gehören für die Anwohner/innen auf beiden Seiten der Grenze neben persönlichen (Geschäfts-)Beziehungen die Einkaufs-

5.3 Die lokale Umsetzung des EU-Grenzregimes

möglichkeiten und Dienstleistungsangebote zu den häufigsten Motiven des Grenzübertritts (Regional Council of North Karelia 2007: 2). Während die russischen Grenzüberschreiter/innen eher das Angebot und die Qualität von Produkten (z.B. Lebensmittel) und Dienstleistungen in Finnland schätzen, werden die finnischen Reisenden vor allem durch die niedrigen Preise einiger Waren (vor allem Benzin, Tabak und Alkohol) und Dienstleistungen (Friseur, Apotheken) auf der russische Seite der Grenze angezogen (Regional Council of North Karelia 2007: 2).

Auch Schmuggel ist an diesem Grenzübergang ein bekanntes Phänomen. Laut Auskunft der finnischen Grenzbehörden sind finnische Staatsbürger/innen stärker an lokalen Schmuggelaktivitäten beteiligt als die russische Grenzbevölkerung[106]. Es sind Bewohner/innen der finnischen Gebiete bis zu 100 km entfernt von der Grenze, häufig Arbeitslose oder Rentner/innen – oftmals auch ältere Frauen, die diese Aktivitäten als Abenteuer betrachten. Der Verkauf ist dabei gut organisiert, an bestimmte Häuser, die die Waren anschließend in Familiennetzwerken oder Bekanntenkreisen weiter verkaufen. Eine besonders strategisch geplante Tätigkeit ist der Schmuggel mit Benzin. Es besteht eine Art Auslieferservice von Russland aus zu Freunden in Finnland[107]. Ein Liter Benzin ist auf der russischen Seite einen Euro günstiger als an finnischen Tankstellen. Die im Mai 2008 am Grenzübergang durchgeführten systematischen Beobachtungen unter anderem zu den grenzüberschreitenden Personen können diese Ausführungen bestätigen. Überwiegend Männer in den höheren Jahrgängen überquerten die Grenze von Finnland nach Russland, meist allein, ab und an auch zu zweit oder zu dritt. Nach 1-2 Stunden kehrten sie wieder über die Einreise-Abfertigungsräume zurück nach Finnland[108].

Auch russische Anwohner/innen passieren den Grenzübergang um einzukaufen, vor allem Waren des täglichen Bedarfs, ganz bestimmte Produkte (z.B. Tee, Kaffee, Fleisch, Saft, Dosentomaten). Die am Gewicht ausgerichteten Zollgebühren für die Einreise nach Russland führen zu mitunter komplizierten Umgehungsstrategien. Einige russische Grenzpassanten wurden schon dabei beobachtet, wie sie z.B. Waschmaschinen für den Transport über die Grenze auseinander nahmen[109].

Als hauptsächliche Probleme an diesem Grenzübergang nennen die finnischen Beamten gestohlene Autos, Alkohol und Zigaretten. Grenzübertritte von illegalen Einwanderern hätte es auch schon gegeben, von Personen aus z.B. der Ukraine, Republik Moldau, Iran oder Pakistan. Allerdings wäre dies in dieser

---

106 Interview mit der finnischen Zollbehörde am Grenzübergang Niirala/Vjartsilja, 13.05.2008
107 ebd.
108 Beobachtung am Grenzübergang Niirala, 14./15.05.2008
109 Interview mit der finnischen Zollbehörde am Grenzübergang Niirala/Vjartsilja, 13.05.2008

Gegend sehr selten, das wäre eher ein Problem im südlicheren Teil der finnisch-russischen Grenze[110].

5.3.2.2 Die Umsetzung der Schengen-Regulierungen nach sieben Jahren

Für die finnischen Grenzbeamten in Niirala hat sich seit der Einführung der Schengen-Regulierungen einiges geändert – nicht zuletzt die Arbeitsbedingungen an sich. Traditionell wurde der Beruf des Grenzschutzbeamten in Finnland seit Generationen weitergegeben und war vor allem wegen seiner sportlichen Aspekte beliebt – ein Aspekt, der sich schon seit der Grenzöffnung in den 1990er Jahren geändert hat. Seit dem Schengen-Beitritt ist die Arbeit nun den Aufgaben der Polizei ähnlicher geworden, besteht verstärkt aus Kontrolltätigkeit und Büroarbeit. Gleichzeitig wäre dabei in Bezug auf die Grenzüberschreitungen ein Kontrollverlust zu beklagen, da man nun aufgrund der allgemeinen Schengen-Visa die genaueren Reisewege der die Grenze überschreitenden Personen nicht mehr verfolgen könne[111]. Während Einreisende nach Finnland früher nur ein Visum für Finnland hatten und dieses Land dann auch wieder über einen der finnischen Grenzübergänge verließen, stellt die Einreise nach Finnland heute oft nur einen Schritt auf der Durchreise in einen anderen Schengen-Mitgliedsstaat dar.

> „Our methods, border checks, equipments, and so on are 'Schengen –suitable'. The Schengen regulations have changed some things. For instance, there is now the Schengen- visa and -regulations. Those regulations give the basics for our methods. When you have arrived to Schengen -area, you can travel there without border checks. It's more difficult to supervise how people are travelling."[112]

Wenn mit den Regulierungen des Grenzregimes festgelegt ist, auf welche Weise die Visa-Politik der EU an den Außengrenzen ausgeführt werden soll, so unterliegt die Umsetzung dieser Vorgaben an den verschiedenen Orten den Unwägbarkeiten der tatsächlichen Praxis. Lokale Umstände können ganz spezifische Lösungen erfordern, die in den allgemeinen Grenzregulierungen so nicht vorgesehen sind, die aber wiederum die Möglichkeiten der Grenzüberschreitenden wesentlich beeinflussen.

Für die hier beobachteten Akteure im russischen Karelien ist das finnische Konsulat in Petrosawodsk zuständig. In einigen Pressemeldungen im Frühjahr 2008 wurde bekannt gegeben, dass es zu Engpässen und Überlastungen der Visa-

---

110 Interview mit dem finnischen Grenzschutz am Grenzübergang Niirala/Vjartsilja, 13.05.2008
111 ebd.
112 ebd.

5.3 Die lokale Umsetzung des EU-Grenzregimes 147

Abteilung gekommen war. Eine leitende Angestellte des finnischen Außenministeriums erklärte dazu, dass sich das Gebäude der Konsularabteilung in Petrosawodsk in einem sehr schlechten Zustand befände und man unter den dortigen Bedingungen dem stetig wachsenden Strom an Bewerbungen im Frühjahr 2008 nicht mehr gewachsen gewesen war. Große Mengen an Anträgen hatten sich angesammelt und konnten für lange Zeit einfach nicht bearbeitet werden[113].
Daher wurde im Juni 2008 eine zusätzliche temporäre Visabearbeitungsstelle in Onttola bei Joensuu eingerichtet, also auf der finnischen Seite der Grenze. Schon aus rechtlicher Sicht eine Ausnahmesituation[114], bedeutet diese Einrichtung auch logistisch eine große Herausforderung, da Visumsanträge und Pässe per Kurierdienst etwa 400 Kilometer durch den karelischen Wald und über die Grenze hin und her transportiert werden mussten. Die Angestellten in Onttola übernahmen unter Aufsicht von Kollegen aus Petrosawodsk einen Teil der Arbeit für die Visavergabe. Diese spezifischen Umstände hatten auch Einfluss auf die konkreten Möglichkeiten für grenzüberschreitendes Handeln diesem Zeitraum:

> Interviewerin: „And how would you describe the visa issuing situation then, in May, for people, maybe, applying for visas in May, or just before?"
> Angesestellte: „Well, then they had to wait a couple of months."
> Interviewerin: „A couple of months?"
> Angestellte: „Yes."
> Interviewerin: „So if they wanted to travel to Finland in the summertime..."
> Angestellte: „Yes, but they had to change the plans..."[115]

Während man zwar offiziell ein Schengen-Visum beantragen konnte, verhinderten die lokalen Umstände eine Einreisemöglichkeit für mehrere Monate. In solch einer Situation ist der Kleinhändler oder die Unternehmerin auf der russischen Seite der Grenze gegebenenfalls gezwungen, sich zur Absicherung der Existenz umzuorientieren.
Dass die Idealabläufe nicht immer einzuhalten sind, bestätigt auch die Praxis der Zollkontrollen auf der finnischen Seite dieser Grenze. Ein leitender Angestellter der lokalen Zollabteilung erklärt, dass es für die Anwärter/innen auf einen Zollposten zwar eine standardisierte Ausbildung von 2 ½ Jahren gäbe, die

---

113 Interview Visastelle Onttola, 05.11.08
114 Für konsularische Tätigkeiten wie die Visavergabe sind die Auslandsvertretungen im Staat der Antragstellung zuständig. Für eine derartige Vergrößerung der Visabearbeitungsstelle mit Rückgriff auf Einrichtungen auf finnischem Boden konnte laut Auskunft der Leiterin der Stelle nur aufgrund mangelnder Ausweichmöglichkeiten auf russischer Seite eine Sondergenehmigung eingeholt werden (Interview mit einer leitenden Angestellten des Finnischen Konsulates Petrosawodsk (Russland) in der Visastelle Onttola (Finnland), 05.11.2008).
115 Interview mit einer leitenden Angestellten des Finnischen Konsulates Petrosawodsk (Russland) in der Visastelle Onttola (Finnland), 05.11.2008

Arbeit an sich, so räumt er ein, könne in der Praxis aber recht individuelle Formen annehmen. Manche hielten sich an die Standards, andere nicht. Bei der Kontrolle, bei der Auswahl Verdächtiger, gäbe es Zöllner, die das gut beurteilen könnten. Dazu dienten Augenkontakt, Beobachtung des Verhaltens und das Erkennen von Nervosität[116]. Die tatsächliche Art der Ausführung der Kontrollen ist somit in gewisser Hinsicht auch subjektiv beeinflusst. Die Angestellten kommen in den meisten Fällen aus der Gegend, aus den Orten Tohmajärvi und Kitee. Kommen Angehörige der Mitarbeiter an die Grenze, so übernimmt ein anderer Beamter die Kontrolle. Wenn ein Zöllner selbst über die Grenze reist, wird er von Grenzschutzbeamten kontrolliert. Stichprobenhafte Zollkontrollen werden allgemein bei 5-10% aller über die Grenze reisenden Personen durchgeführt[117]. Die meisten finnischen Grenzüberschreitenden sind den Grenzbeamten wohl bekannt, da sie täglich über die Grenze fahren[118]. Das gelte auch für die russischen Grenzüberquerenden. Dass man sich untereinander gut kennt, ist eine wichtige Eigenheit dieses Grenzübergangs: Die Gegend ist sehr dünn besiedelt und der Übergang an sich ist eher klein, auch in Bezug auf die Arbeitskräfte. Auf der finnischen Seite arbeiten tagsüber etwa 10-15 Grenzbeamte, nachts sind es nur 3-5 Beamte. Insgesamt sind etwa 36 Zollbeamte in Niirala tätig, in verschiedenen Schichten[119]. Man kennt sich gegenseitig und arbeitet meist paarweise zusammen. Auch mit der russischen Seite besteht eine gute Zusammenarbeit, man tauscht sich über gemeinsame „Kunden" aus und hilft sich aus mit Sprachkenntnissen. Zuweilen finden abends gemeinschaftliche Treffen und Feierlichkeiten statt[120].

Nach Einschätzung der finnischen Grenzbeamten habe sich die Arbeitsweise des Russischen Grenzschutzes in den vergangenen Jahren verändert, habe an Professionalität zugenommen, was mit der Beobachtung einer Zunahme des Einsatzes von Wehrdienstpflichtigen in den Gruppen des russischen Grenzschutzes unterstrichen wird[121]. Auch bei der Zollabteilung in Vjartsilja hat es Veränderungen gegeben, welche sich unmittelbar zum Zeitpunkt der empirischen Untersuchungen bemerkbar machten. Gerade im Jahr 2008 wurden die ehemaligen Zoll-Abteilungen von Petrosawodsk, Sortavala und Kostomukscha zu einer gemeinsamen Behörde, dem Karelischen Zoll, zusammengelegt. Lokale Kontaktstellen wurden zum Teil aufgelöst, die Unternehmer/innen mussten sich also in Bezug auf ihre Ansprechpartner/innen und Abläufe umorientieren. Im Zuge der

---

116 Interview mit der finnischen Zollbehörde am Grenzübergang Niirala/Vjartsilja, 13.05.2008
117 ebd.
118 Interview mit dem finnischen Grenzschutz am Grenzübergang Niirala/Vjartsilja, 13.05.2008
119 Interview mit der finnischen Zollbehörde am Grenzübergang Niirala/Vjartsilja, 13.05.2008
120 Interview mit dem finnischen Grenzschutz am Grenzübergang Niirala/Vjartsilja, 13.05.2008
121 ebd.

5.3 Die lokale Umsetzung des EU-Grenzregimes

Veränderungen wurde am Übergang Vjartsilja die Anzahl der Zollbeamten erhöht, vor allem um dem alltäglichen Problem der langen Warteschlangen zu entgegnen. Zusätzlich werden nun strengere Anforderungen an die Ausbildungshintergründe der Beamten gestellt. Infolgedessen hat ein recht starker Wechsel von Angestellten im Karelischen Zoll stattgefunden. Da diese Auswahlprozesse ein ziemlich langwieriges Verfahren sind, räumte der Mitarbeiter des Russischen Zolls ein, wäre der Zoll am Grenzübergang in Vjartsilja in den Sommermonaten des Jahres 2008 für einige Zeit recht unterbesetzt gewesen[122].

Aus Sicht eines finnischen Grenzbeamten ist das russische Grenzregime ein äußerst komplexes System, fünf bis sieben verschiedene Regulierungsbereiche würden auf die Arbeit der Beamten auf der Vjartsilja-Seite Einfluss haben: Zoll, Grenzschutz, Umweltregularien, Verwaltungen, Steuern, das Bahnwesen[123]. Dadurch würden die Abläufe auf der russischen Seite weitaus weniger fließend sein als auf der finnischen Seite des Übergangs. Viel kritischer wird die Arbeit der russischen Grenzbehörden von den Grenzüberschreiter/inne/n selbst wahrgenommen. Eine Eigenart wird in fast allen Interviews und Gruppendiskussionen an diesem Grenzabschnitt angesprochen: die Unberechenbarkeit der Umsetzung von Regeln des Grenzregimes auf der russischen Seite des Grenzüberganges, insbesondere der russischen Zollbeamten. Das Problem der wahrgenommenen Willkür des Russischen Zolls beschreibt ein Mitarbeiter der regionalen Verwaltung des finnischen Nord-Kareliens, welcher Unternehmer in der grenzüberschreitenden Zusammenarbeit mit Russland berät, mit den einfachen Worten: „Nobody don't know"[124]. Auf der finnischen Seite sei es fast unmöglich, Informationen über Veränderungen in den Regulierungen der russischen Grenzbehörden zu bekommen.

Befragter: „No. It's only the person. Because one custom person, one person has so much power. He can do what he wants. If he doesn't like something, just...– and you have a problem. I don't mean those who are a tourist or who travel by an own car, but I mean about business, for example, for wood transport...yes, they have the biggest problem, because Russians, they have spoken all these years, that Finnish come here, and stole our wood, stole our forest." ((lacht))
Interviewerin: „So that changed the attitude..."
Befragter: „Yeah..."

---

122 Interview mit dem Föderalen Zolldienst Russlands, Republik Karelien, Petrosawodsk (Russland), 23.10.2008
123 Interview mit dem finnischen Grenzschutz am Grenzübergang Niirala/Vjartsilja, 13.05.2008
124 Interview mit dem Beratungszentrum für grenzüberschreitende Kooperation (KETI) Tohmajärvi (Finnland), 21.10.2008

> Interviewerin: „And is it only the Finnish - so is it mainly the Finnish business people that have these problems when crossing the border, or is it also for Russian people, for Russian business people, is it a problem?"
> Befragter: „Yes, they, of course, they make, their own customs makes problems to their own people, too, yes."[125]

Aus diesen Unsicherheiten ergeben sich viele Fragen für Personen, die einen Grenzübertritt planen; Fragen, auf die man ohne Hilfe in den meisten Fällen keine Antwort finden kann.

Abbildung 18: Einreisedokument für Russland, mit finnischer Übersetzung[126]

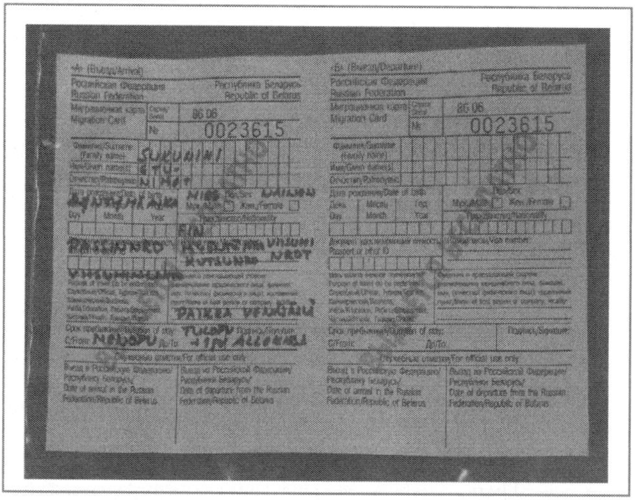

Qu.: Eigene Aufnahme, Niirala (Finnland), Oktober 2008

Zwei Bewohnerinnen dieser Region haben auf diesem Notstand ihre Geschäftsidee basiert und ein Service-Center direkt am Grenzübergang in Niirala eröffnet. Sie wollen den Menschen bei den Abläufen der Grenzüberschreitung helfen, ihnen Hinweise und Ratschläge geben, auf welche Weise sie die Dokumente ausfüllen (siehe Abb. 18) und die Grenze passieren können, denn...

---

125 ebd.
126 Für die Hilfe beim Ausfüllen der Dokumente für die Grenzüberschreitung nehmen die Mitarbeiter/innen des Service-Centers pro Dokument 2€ an Gebühren ein (Interview im Grenz-Servicecenter in Niirala (Finnland), 22.10.2008).

"...because it is different everytime, everytime it is not the same, and when you don't speak Russian, it is very scary sometimes."[127]

Sie selbst nutzen dabei ihre ganz eigenen Informationsquellen, um die neuesten Veränderungen in den russischen Grenzregulierungen zu erfahren. Ab und zu werden Neuerungen auch vom russischen an den finnischen Zoll durchgegeben und auch an das Center vermittelt, aber vor allem haben die beiden Frauen viele Freunde und Bekannte auf der russischen Seite, die sie direkt persönlich anrufen können[128].

Dabei zeigt sich, dass das gesprochene Wort als hauptsächliche Informationsquelle über die jeweils gültigen Bedingungen und Abläufe am Grenzübergang dient. Von den regionalen Verwaltungen auf beiden Seiten der Grenze werden ab und an Kooperationstreffen organisiert. Diese Seminare dienen dazu, sich über den Umgang mit den gültigen Grenzregulierungen auszutauschen. Allerdings ist die Teilnahme nur auf Einladung möglich und richtet sich vor allem an leitende Angestellte der lokalen Behörden und Unternehmen[129].

5.4 Schlussfolgerung

Die nähere Betrachtung der Bedingungen an den untersuchten Abschnitten der östlichen EU-Außengrenze zeigt, dass die Handlungskontexte der lokalen Bevölkerung in starkem Maße von der peripheren Lage der Orte geprägt sind. Die damit verbundenen Herausforderungen machen sich besonders im Bereich des Arbeitsmarktes, aber auch der infrastrukturellen und versorgungstechnischen Eigenheiten bemerkbar. Sowohl die russische als auch die ukrainische grenznahe Bevölkerung nutzt die Nähe der Grenze, um die wirtschaftliche Situation zu verbessern, die Mängel auszugleichen und vor allem individuelle Einkommen zu generieren.

Zu den wesentlichen Merkmalen der Kontexte zählen auch die Einflüsse der Transformationsentwicklungen der 1990er Jahre in den Ländern Osteuropas. Die Transformationen haben in den verschiedenen Ländern einen sehr vielfältigen Verlauf genommen (Ott 2000: 25), waren aber immer mit der Herausbildung neuer Institutionen verbunden. Die Akteure mussten sich in den vergangenen zwei Jahrzehnten wiederholt mit neuen Gesetzgebungen arrangieren und neue Abläufe erlernen. Mit diesen Entwicklungen der betrachteten Länder verknüpft ist auch die besondere Bedeutung der Informalität (Ledeneva 2006: 302). Wäh-

---
127 Interview im Grenz-Servicecenter in Niirala (Finnland), 22.10.2008
128 Interview im Grenz-Servicecenter in Niirala (Finnland), 22.10.2008
129 Interview mit der Wirtschaftsabteilung der Stadtverwaltung Sortavala (Russland), 24.10.2008

rend auf formaler Ebene die Kriterien der Legalität und somit Duldung von Handlungen im rechtlichen Sinne ständig neu festlegt werden und sich zum Teil nur geringer Durchsetzungskraft erfreuen, erfahren davon divergierende Handlungsweisen in diesen gesellschaftlichen Kontexten eine hohe Akzeptanz, eine kollektive Legitimität. Informelle Regeln können eine kompensierende Funktion einnehmen, die Lücken füllen, welche es in den formalen Regelwerken gibt. Dies ist gerade dann der Fall, wenn die offiziellen, staatlichen Institutionen nicht stark genug ausgeprägt sind (Round/Williams/Rodgers 2008: 173). In unsicheren rechtlichen Kontexten wird mit der Hilfe informeller Handlungsregeln das nötige Vertrauen in geplante Aktivitäten und Interaktionen bereitgestellt (vgl. Ledeneva 2006: 314 ff.). Verschiedene Normierungen können daher festlegen, welches Verhalten als legitim akzeptiert wird und welche Handlungsweisen als illegitim kollektiv ausgeschlossen werden. Diese Unterscheidung ist innerhalb der hier betrachteten Handlungskontexte oft wirksamer als die Ausrichtung nach formellen oder informellen Handlungsregeln.

Die Grenzübergänge an den betrachteten Abschnitten der EU-Außengrenze werden überwiegend durch regelmäßige Grenzpassanten der anliegenden Regionen genutzt. Die Arbeit der Grenzbehörden kann nicht losgelöst vom lokalen Kontext betrachtet werden, ihre Handlungsweisen sind mit den wirtschaftlichen, sozialen und institutionellen Bedingungen genauso verwoben wie die Praktiken der grenzüberschreitenden Akteure. Die Arbeit an der Grenze ist daher nicht immer einfach und klar, sondern mit einer Reihe von Konflikten und Widersprüchen behaftet.

Die EU-isierung des Grenzregimes, die zunehmende Homogenisierung der Tätigkeiten der Zoll- und Grenzschutzbehörden waren an den hier untersuchten Grenzen zum Zeitpunkt der Feldforschungen in unterschiedlichen Maßen fortgeschritten. In den Gesprächen mit Personen des Grenzschutzes und Zolls an den Außengrenzen spiegelten sich die jeweiligen Akzentsetzungen der lokalen Umsetzung der Regulierungen des Schengener Abkommens wider. Die daraus gewonnenen Erkenntnisse zeigen, dass Akteure an unterschiedlichen Orten, aber auch zu wechselnden Zeiten und im Umgang mit verschiedenen Personen in der Praxis mit sehr vielfältigen Bedingungen der Überschreitung der EU-Außengrenze umgehen müssen. Angesichts der erst kurzen Dauer der Gültigkeit der Regelungen und der komplexen wirtschaftlichen und institutionellen Schwierigkeiten auf beiden Seiten der polnisch-ukrainischen Grenze fallen die dortigen Umsetzungsformen der Regulierungen im Jahr 2008 noch recht wechselhaft und teilweise widersprüchlich aus. Die längere Zeit der Anwendung der Schengen-Regulierungen sowie die örtlichen Bedingungen des institutionellen Kontextes an der finnisch-russischen Grenze sind mit einem höheren Grad an Routinisierung der Umsetzungsformen des Grenzregimes verbunden.

6 Handlungsorientierungen an der östlichen EU-Außengrenze

Anliegen dieses Kapitels ist es, die in der Arbeit vorgenommene Rekonstruktion von kollektiven Handlungsorientierungen von Akteuren an der EU-Außengrenze vorzustellen und die dabei gewonnenen Erkenntnisse zu diskutieren. Zur Erforschung der Handlungsorientierungen wurden im Rahmen der empirischen Forschungsarbeit vier Gruppendiskussionen mit Kleinhändler/innen und Kleinunternehmer/innen in Russland und der Ukraine durchgeführt. In diesen Gesprächen zeigen sich die spezifischen Weisen der Kommunikation und der Vertrauensbildung dieser Interpretationsgemeinschaften, werden lokal gültige Handlungsregeln diskutiert und Wissensbestände innerhalb von Erfahrungsrahmen ausgetauscht. Auf diese Weise werden die Motivationen, Einstellungen und Bewertungen sichtbar, nach welchen sich die Akteure in ihren alltäglichen, ökonomischen Praktiken orientieren.

In einem ersten Teil dieses Kapitels soll daher der Diskursverlauf der vier Gruppendiskussionen in konzentrierten Fallbeschreibungen diskutiert werden, bevor im zweiten Teil des Kapitels eine Typologie von Handlungsorientierungen entwickelt und daran anknüpfend die differenzierte Verortungswirkung der Grenzregulierungen erläutert wird.

6.1 Handlungsmöglichkeiten im Diskurs: vier Gruppendiskussionen

Die hier besprochenen Fallbeschreibungen haben das Ziel, die vorgenommene Analyse der Dramaturgie des Diskurses und dabei dargestellter Sinnzusammenhänge nachvollziehbar zu machen. Sie wurden mit dem Verfahren der dokumentarischen Methode in einem mehrstufigen Interpretationsverfahren entwickelt.

In der Darstellung sind insbesondere solche Passagen der jeweiligen Diskussion enthalten, die eine höhere Dichte aufweisen und die Herausarbeitung kollektiver Sinngehalte am besten dokumentieren. Die Ausführlichkeit dieser Darstellung mag zunächst ungewöhnlich erscheinen. In Anlehnung an das Werk „Das Elend der Welt" von Bourdieu und anderen (1997) ist allerdings damit die Absicht verbunden, die Akteure selbst in hohem Ausmaß zu Wort kommen zu lassen und ihre Beweggründe und Bewertungen von Handlungen bestmöglich aufzuzeigen.

6.1.1 Fallbeschreibung 1 – Ukrainische Kleinhändler

6.1.1.1 Teilnehmer und Diskussion

Zu der Gruppendiskussion in einem abgelegenen Raum eines kleinen Hotels in Žovkva in der Ukraine erscheinen drei Teilnehmer. Sie sind zwischen 35 und 45 Jahren alt und sesshaft im Kreis Žovkva. Die Teilnehmer Arkadi und Kyrilo sind hauptberuflich Unternehmer in der Landwirtschaft. Der Diskutant Kyrilo hat seinen Betrieb zusätzlich durch Hotel & Bar erweitert und führt nebenbei auch Warentransporte durch. Teilnehmer Bohdan betreibt eine kleine Baufirma. Neben diesen Tätigkeiten haben alle Gesprächsteilnehmer Erfahrungen im Kleinhandel gesammelt.

Auf die eine oder andere Weise sind alle drei Teilnehmer zwar nach wie vor auf die Ressource der Grenze angewiesen, aber nicht mehr alle in der Lage, sie weiterhin zu nutzen. Die heutige Grenze stellt für sie ein Problem dar, dies wird vor allem in Bezug auf die früheren Erfahrungen der Grenzüberschreitung so reflektiert. Die gegenwärtigen Probleme von unterschiedlicher Art und Ursprung werden mit sichtlichem Redebedarf aufgezählt, und in einem gemeinsamen Erfahrungsrahmen der allgemeinen Benachteiligung und Ohnmacht eingebettet. Dabei wird auch diskutiert, inwieweit die Grenzüberschreitung weiterhin Teil des eigenen Alltags bleiben kann und welche Anpassungen im eigenen Handeln dafür nötig sind. Die Diskussion verläuft größtenteils aus eigenem Antrieb und mit starker wechselseitiger Interaktion, in welcher viele kleine Nachfragen der Moderation sich zumeist gut einfügen und nur kleine Anreize geben.

6.1.1.2 Diskursverlauf

Einstiegsfrage

> Moderatorin: „Wir haben uns hier versammelt, weil wir mehr über die Grenze erfahren möchten. Wie beeinflusst sie Ihr Leben und Ihre Arbeit und ob es irgendwelche Veränderungen seit dem Polens Eintritt in die Schengen-Zone gibt. Da Sie hier arbeiten, sind Sie mit der Materie bestens vertraut. Daher sind Sie für uns Experten. Sie können uns viele interessante Sachen, über die wir gar nichts wissen erzählen. Sachen, die, zum Beispiel, die deutschen Wissenschaftler sich kaum

6.1 Handlungsmöglichkeiten im Diskurs: vier Gruppendiskussionen 155

vorstellen können. Deswegen möchten wir Sie darum bitten zu erzählen, was für eine Auswirkung auf Ihr Leben und Ihre Arbeit der Eintritt von Polen in die Schengen-Zone hatte."[130]

Passage „Es ist komplizierter geworden"
Im Vergleich mit ihren früheren Erfahrungen beschreiben die Diskutanten die Grenzüberschreitung heute als problematisch und kompliziert. Man ist über die heutigen Abläufe verunsichert. Dies rührt vor allem daher, dass man sich nicht mehr auf vorher gut funktionierende Aspekte der Interaktionen mit den Kontrolleuren auf der polnischen Seite verlassen kann. Die gesellschaftliche Stellung oder Reichtum verhelfen nun offensichtlich nicht mehr zu einer bevorzugten Behandlung. Die Gleichmachung aller ukrainischen Grenzüberschreiter/innen als potentielle Schmuggler oder Gefahrenquelle empfinden die Teilnehmer als Erniedrigung und Belastung, und man meidet die Fahrten über die Grenze.

Kyrilo: „Man wird irgendwie wie eine Person der zweiten Klasse behandelt. Man wird so behandelt, obwohl man auch Geld hat, gut gekleidet ist und ein anständiges Auto fährt. Es ist für mich persönlich belastend. Früher bin ich öfter nach Polen verreist. Heute habe ich keine Lust, dahin und auch in die anderen Länder zu fahren."[131]

Passage „Sonntagsausflug"
Die Teilnehmer ordnen den grenzüberschreitenden Schmuggel als eine normale Tätigkeit in einer wirtschaftlich abgehängten, peripheren Region wie ihrer ein. Auch die frühere eigene Beteiligung an diesem Geschäft wird besprochen. Heute, mit den Schwierigkeiten an der Grenze, sehen sich die Teilnehmer gezwungen, ihre wirtschaftlichen Aktivitäten anders zu organisieren
Teilnehmer Arkadi erläutert, wie er zum Prinzip des ‚Sonntagsausflugs' übergegangen ist, und möglichst alle Erledigungen in einen Tag presst. Er nutzt Kontakte auf polnischer Seite dazu, die Waren bereits im Vorhinein für ihn zu besorgen und ihm bei den Treffen auch neues Wissen zu Technologien usw. zu vermitteln. In dem Zusammenhang wird noch einmal beschrieben, wie einfach die Grenzüberschreitung auf der ukrainischen Seite des Grenzüberganges „funktioniert", wie man Mittel und Wege der Bevorzugung (Geld; Beziehungen) einsetzt. „So war es schon immer", und man ist sich einig, dass es wohl auch so bleiben wird. Verärgert beschreibt man die polnische Seite des Übergangs nun als große Schwierigkeit und Hürde, und die Behandlung als absichtliche „Schi-

---

130 Gruppendiskussion mit Kleinhändlern, Žovkva (Ukraine), 22.07.2008
131 ebd.

kane", „Man ist außerordentlich froh, wenn man es über die polnische Grenze geschafft hat."

Bohdan: „Das ist ein reiner Wahnsinn. Unsere Zöllner sind noch in Ordnung. Die polnischen dagegen können da einfach sitzen, obwohl draußen 40 LKWs auf die Abfertigung warten. Kommt vielleicht einer raus und läuft herum. Er ist allein, obwohl draußen 40 LKWs warten. Das ist eine reine Schikane. Ob man geschäftlich oder privat unterwegs ist, interessiert niemanden."[132]

Passage „Wir fahren nicht mehr nach Polen"

Die Umorganisation der Unternehmen scheint als allgemein notwendige Maßnahme innerhalb dieser Gruppe zu gelten. Das Ausmaß der Veränderungen und der weiteren Abhängigkeit von der Grenzüberschreitung sind allerdings unterschiedlich. Teilnehmer Bohdan beschreibt, wie er aufgrund der Schwierigkeiten sein Unternehmen angepasst hat und auf Einkäufe von Großhändlern im eigenen Land übergegangen ist. Er drückt dabei deutlich mehr Resignation als die anderen Teilnehmer aus. Teilnehmer Arkadi dagegen hat zwar seine Fahrten stark eingeschränkt, ist aber aufgrund seiner Unternehmensbranche, der Landwirtschaft, weiterhin auf westliche Produkte, Samen und neue Technologien angewiesen, und fährt noch ab und zu.

Passage „Grenze als Feind der einfachen Leute"

Trotz dieser Unterschiede wird die Problematik der Grenze als gemeinsames Übel empfunden und als absichtliche Erschwernis für Angehörige der eigenen Großgruppe/Lebenswelt, als Feind der einfachen Leute dargestellt.

Kyrilo: „Die Grenze wurde geschaffen, um solchen einfachen Menschen wie uns das Leben zu erschweren."[133]

Eine gemeinsame Gegenseite wird in den Machthabenden in Kiew gesehen, die in den Augen der Teilnehmer zu großen Teilen (zumindest im Bereich der Zollgebühren) hinter der „reinen Abzockerei" an der Grenze stehen würden. Die Visaproblematik ist dagegen etwas schwerer zu fassen und zu verstehen. Die neuen Vergabemechanismen scheinen ihnen unübersichtlich und sie erklären sie sich mit der Willkür oder wechselnden Laune der Konsulatsmitarbeiter/innen. Ein Gefühl der Benachteiligung gegenüber den Polen kommt zum Ausdruck, da diese nun allein in vollem Ausmaß die Grenze als Ressource nutzen können.

---

132 ebd.
133 ebd.

6.1 Handlungsmöglichkeiten im Diskurs: vier Gruppendiskussionen 157

Passage „Grenze im Kontext von Korruption und Ohnmacht"
Die durch die Moderation aufgeworfene Frage des Mangels an Ordnung auf der ukrainischen Seite des Grenzübergangs wird bestätigt und generalisierend auf den gesamten Staat ausgeweitet.

> Bohdan: „In unserem Staat ist es schwierig mit den Regeln."[134]

Es wird deutlich, wie sich die Teilnehmer von den gegenwärtigen institutionellen Bedingungen in ihrem Staat (Korruption) in ihren wirtschaftlichen Möglichkeiten stark eingeschränkt und verunsichert fühlen. „Man hat noch gar nichts gemacht, muss aber schon zahlen.". Diese Erfahrungen werden mit denen an der Grenze gleichgesetzt. Zahlungen an der Grenze sind gang und gäbe. Daran hätte sich auch durch den Schengen-Beitritt Polens nicht geändert, wehrt man auf die Frage der Moderatorin hin ab. Auf der polnischen Seite würde es nur sporadisch vorkommen, auf der ukrainischen Seite dagegen wäre es ein ungeschriebenes Gesetz, jeder wüsste, dass so die „normale" Grenzüberschreitung funktioniert, also ohne Ausfüllen von Formularen, ohne Kontrolle und Wartezeiten.

> Arkadi: „Also ohne Geld kann man nicht fahren. Nein, hören Sie. Wenn ein einfacher Mensch nach Polen fährt, kommt ein Zollbeamter – äh, unser Zollbeamter: ‚Guten Tag!' Wenn Sie ihm nichts geben, bekommen Sie ein Formular für die Zolldeklaration von ihm. Sie müssen sie ausfüllen, er bittet Sie zur Seite zu treten. Man ist 5 oder 10 Minuten oder eine halbe Stunde damit beschäftigt. Danach wartet man, bis er wieder kommt. Das dauert schon eine gute halbe Stunde. Danach muss man noch durch die Passkontrolle. Und die Zollbeamten überprüfen noch das Auto. Auf diese Weise verliert man zwei Stunden bei uns an der Grenze. Wenn du ihm 10 oder 20 Griwna gibst, dann fährst du normal ohne Zolldeklaration weiter."[135]

Dennoch wird auch Ablehnung dieser Zustände bei den Teilnehmern deutlich. Sie bedauern, dass auch die häufigen Regierungswechsel nichts an diesen Zuständen im Land geändert hätten und stellen teils verärgert, teils resignierend ihre gegenwärtige Hoffnungslosigkeit gegenüber der wachsenden Korruption dar.

Passage „Suche nach Kompromissen"
Auf die Frage nach weiter bestehenden dienstlichen Kontakten in Polen berichtet man von der eigenen Methode der Aufrechterhaltung der Geschäftsbeziehungen nach Polen. Teilnehmer Arkadi nutzt unter anderem jegliche grenzüberschreitenden Fahrten seiner polnischen Partner als Gelegenheit zum fachlichen Aus-

---
134 ebd.
135 ebd.

tausch. Man arrangiert sich, empfindet aber die quasi durch dieses Grenzregime vorgenommene Gleichstellung mit den „Schiffchen"[136] als Beleidigung der Position eines Kleinunternehmers.

> Arkadi: „Ich verstehe es, wenn es um die „Schiffchen" geht, die jeden Tag hin und her fahren. Das kann ich noch verstehen. Aber wenn man Unternehmer ist, dann muss man ihm irgendwie entgegen kommen, *weil Unternehmer* so viel Geld in Polen ausgeben. Es ist positiv, äh- und die Polen sind daran auch interessiert. Sie sind an uns Unternehmern interessiert, weil wir zu ihnen fahren. Sie präsentieren uns die Ware und wir kaufen. Wir bringen Euro oder Dollar nach Polen und fahren mit Ware wieder zurück."[137]

Passage „Grenze als Hindernis" [dichte Passage]
In sich gegenseitig steigernder Aufregung beschweren sich die Teilnehmer Arkadi und Bohdan über die ineffiziente Auslastung der Grenzübergangsinfrastruktur. Der fortwährende Ausbau dieser Anlagen erscheint ihnen unlogisch und sie vermuten auch hier wieder Machenschaften und Bereicherungen in Regierungskreisen Der Ärger darüber wird deutlich zum Ausdruck gebracht. Besonders erbost ist man über den Umstand, dass man nun ja durch die Gleichbehandlung ebenfalls gezwungen ist, „wie alle anderen" die langen Wartezeiten zu erdulden.

Passage „Polen reich, Ukraine arm"
Bohdan ist aufgrund der gegenwärtigen, sich tagtäglich ändernden Anforderungen sehr resigniert: „Am besten ist es, gar nichts zu machen." Firmengründungen sind teuer bis unmöglich, und Kooperationen mit dem Ausland sind ebenfalls kompliziert. Auch Teilnehmer Kyrilo äußert nun eine recht pessimistische Sichtweise, als er beschreibt, welch andere Erwartungen er bei dem Beitritt Polens zur EU und Schengen hatte.

> Kyrilo: „Wenn der Nachbar reich ist, dann bin ich auch reich, so ist die ganze Straße reich und alle leben gut und wohlhabend. Habe ich mir so gedacht, als Polen in die Schengen-Zone eingetreten ist. Ein Pole sollte in Bezug auf die Ukraine so denken, dass er die Ukraine als einen reichen Nachbar haben möchte. Ich habe immer so gedacht, wenn es viele reiche Nachbarn gibt, dann bin ich auch reich. In der Realität ist es aber umgekehrt. Seitdem Polen in der Schengen-Zone ist und ein bisschen reicher geworden ist, sind sie der Meinung, dass sie mit der Ukraine gar nichts am Hut haben."[138]

---

136 Mit dem Begriff 'Schiffchen' (orig. 'човники') werden in der Ukraine die 'fliegenden Händler' benannt, Personen, die regelmäßigen Kleinhandel über die Landesgrenzen betreiben.
137 Gruppendiskussion mit Kleinhändlern, Žovkva (Ukraine), 22.07.2008, Herv.i.Orig.
138 ebd.

Ein weiter greifendes Gefühl der Ausgeschlossenheit macht sich breit, als man bedauernd feststellt, dass man unter den gegenwärtigen Bedingungen für polnische Geschäftspartner nicht mehr so interessant ist. Diese würden sich jetzt z.B. nach Deutschland orientieren, da die Kooperationsbedingungen dann viel einfacher sind. Man konkludiert aus den schwierigen Erfahrungen mit der Grenze, dass die frühere durch die Teilnehmer betriebene Nutzung der Grenzüberschreitung als Nebenerwerb sich heute nicht mehr lohnt. Die Komplexität der Grenze ist nur zu bewältigen, wenn man sich ihr völlig widmet, darin sind sich die Diskutanten einig.

Passage „Ein Gesetz für alle"
Man spricht wieder genereller über das Phänomen Schmuggel, und erläutert, dass es insgesamt an Bedeutung verloren hat. Noch einmal wird die früher geltende Methode der Schmiergeld-Zahlungen als verlässliche Normalität hervorgehoben. Über diese Legitimierung zeigen sich aber auch zum Teil abweichende Vorstellungen unter den Teilnehmern. Besonders Bohdan wünscht sich bezüglich der Gesetzgebung Klarheit und Gerechtigkeit. Er sieht diese als wichtige Voraussetzungen für eine möglicherweise problemlose Durchführung der eigenen wirtschaftlichen Aktivitäten an.

Bohdan: „Es muss ein Gesetz geben, eines für alle. Es kann doch nicht sein, das jemand aus Kiew anruft und sagt, dass bestimmte Ware heute über die Grenze transportiert werden dürfen. Ein paar LKWs wurden abgefertigt und man bekommt wieder einen Anruf aus Kiew. Jetzt ist es verboten, solche Ware einzuführen. Es ist verwirrend. Man weiß nicht, was man machen soll. Vielleicht muss man irgendeine Organisation gründen, die mit solchen Menschen kämpfen würde. Das Gesetz muss für alle gleich sein. Dann können wir problemlos arbeiten. Dann wissen wir, dass man diese Ware transportieren darf und diese Ware nicht. Aber wenn einer darf und der andere nicht, dann ist es sehr undiplomatisch. Dann versucht man sich nicht dem Gesetz, sondern den einzelnen Personen anzupassen."
Moderatorin: „Hm, verstehe."
Arkadi: „Die Gesetze werden bei uns in zwei Ausführungen entworfen. Es gibt Gesetze für einfache Menschen und es gibt welche für Abgeordnete. Verstehen Sie? Die Abgeordneten haben ihre eigenen Gesetze. Das Volk hat andere Gesetze"[139]

---

[139] ebd.

Passage „Schmuggel als Normalität"

Die Frage der Legitimität von Schmuggel beschäftigt die Teilnehmer weiter. Arkadi bekräftigt erneut die Normalität dieser Tätigkeit, indem er generalisierend anführt, dass sich doch in den 1990er Jahren die meisten „ein bisschen Geld damit verdient" hätten und begründet dies mit der Abstammung aus „einfachen Verhältnissen". Die Erkenntnis des aktuellen Bedeutungs- und Erfolgsverlustes dieser Tätigkeit für Ukrainer ist mit einer Ausgrenzungserfahrung verbunden.

> Arkadi: „Ihre Autos werden auseinander genommen. Verstehen Sie? Die Polen dagegen machen es. Sie machen es, weil sie Einheimische sind. Zöllner sind auch Einheimische. „Schiffchen" sind auch Einheimische. Sie haben alle da ein wunderschönes Leben." [140]

Die Situation mit dem Schmuggel wird interaktiv etwas breiter in die gegenwärtige wirtschaftliche Lage eingebettet und auch nach Motivationen differenziert. Man lenkt den Fokus auf solche Menschen, die in dem Schmuggel die einzige Existenzgrundlage sehen, und weiterhin in langen Schlangen am polnischen Konsulat anstehen, da es keine Alternativen gibt.

> Kyrilo: „Dieses Grenzgebiet hat nur davon gelebt, dass sie praktisch wie Verwandte mit den Polen waren, dass sie hin und her gefahren sind. Und jetzt es gibt hier keine großen Fabriken oder Unternehmen, damit Menschen hier arbeiten können. Das war ihre Arbeit, nach Polen zu fahren."[141]

Die Überquerung der Grenze war schon immer eng mit der Suche nach Verdienstmöglichkeiten verbunden. Diese Normalität wird durch das heutige Grenzregime verhindert.

Passage „Eine neue Berliner Mauer"

Selbst eine normale Nachbarschaft, die gegenseitige Besuche von Vereinen usw. sind unterbunden, während die Polen weiterhin einfach zum Feiern in die Ukraine kommen. Diese gemeinsame Erkenntnis, dass die Verhinderung der Grenzüberschreitung so einseitig erfolgt, führt zu der resignierenden, metaphorischen Veranschaulichung der Grenze als eine „neue Berliner Mauer".

> Bohdan: „Jetzt zahlt man Geld, kann aber trotzdem nicht fahren. Die Grenze ist gar nicht so weit, nur 30 km entfernt. Man kann sie aber nicht überqueren."

---

140 ebd.
141 ebd.

Arkadi: „Stimmt. Man kann sagen, dass eine große Mauer vor uns gebaut wurde, nachdem Polen in die EU aufgenommen wurde. Das ist eine richtig große Mauer."
Kyrilo: „Wie in Berlin."
Arkadi: „Genau. Eine neue, neue Berliner Mauer."[142]

Passage „Die Zeiten sind vorbei"
Noch einmal wird der Verlust der Einnahmen durch den Schmuggel unterstrichen. Resignierend stellt man fest, „es ist zu spät, die Zeiten sind vorbei". Man sieht keine Alternativen, als sich damit abzufinden, und es trotz der schwierigen Geschäftsbedingungen in der Ukraine irgendwie so zu versuchen. Die Ratlosigkeit und Hoffnung auf Hilfe von außen drückt sich zum Abschluss des Gespräches noch einmal aus, als man meint, vielleicht müsste man Frau Merkel um Hilfe bitten.

6.1.1.3 Zusammenfassung

Die Diskussionsteilnehmer beschreiben sich generell einem Kontext von Korruption und Willkür ausgeliefert, was genauso auch für die Grenze gilt. Diese Beeinträchtigungen vermischen sich zu einem allgemeinen Gefühl der Ohnmacht, welches in verärgerten Gesprächspassagen zu sowohl staatlicher Korruption als auch Behandlung an der Grenze zum Ausdruck kommt. Die Veränderungen durch das EU-Grenzregime haben diese Verunsicherungen zusätzlich erhöht und stellen in einer ihnen fremden Weise Hürden auf. Die Kombination aus den grundsätzlich durch das institutionelle Umfeld verursachten Schwierigkeiten und der zusätzlichen Barrierewirkung der EU-Außengrenze lassen eine gemeinsame Erkenntnis der Unmöglichkeit und Verhinderung von Handlungsoptionen im Gesprächsverlauf gut nachvollziehen.

Die daraus folgende Orientierung besteht größtenteils in der Umorganisation der eigenen Handlungen. Bei der Beschreibung gegenwärtiger Handlungsmöglichkeiten spielt das Vertrauen auf frühere (noch sehr kurz zurückliegende) Erfahrungen und daraus erwachsene Normalitäten und Routinen weiterhin eine sehr starke Rolle, wenn auch die nun eingeschränkte Gültigkeit einiger früherer Regeln ebenfalls ausgetauscht und reflektiert wird. Schmuggel wird – gerade in Bezugnahme auf diese eigenen Erfahrungen – als Normalität dargestellt, gleichzeitig distanzieren sich die Teilnehmer aber von den „Schiffchen", den Personen, welche vollständig vom grenzüberschreitenden Schmuggel bzw. Kleinhandel leben. Generell stimmen sie darüber ein, dass ohne Geld nichts geht, mit Geld

---
142 ebd.

aber auch nicht. Früher haben sie auch grenzüberschreitenden Handel als Nebenerwerb betrieben. Man ist sich darin einig, dass dies heute nicht mehr lohnenswert ist. Man nimmt sich angesichts dieser Entwicklungen als Mitglieder einer benachteiligten Gruppe der Bevölkerung wahr. Ihren einzigen Ausweg bezüglich der Handlungsmöglichkeiten sehen die Teilnehmer in der Anpassung. Wenn auch weiterhin für die eigenen wirtschaftlichen Aktivitäten wichtig, so werden die Grenzüberschreitungen doch eingeschränkt und umorganisiert. In der Folge nimmt der *persönliche* Grenzbezug bei den Teilnehmern einen geringeren Stellenwert ein. Während Teilnehmer Arkadi weiterhin versucht, seine Kontakte zu halten und sich mit polnischen Partnern auszutauschen, wenn diese in die Ukraine kommen, verzichtet der besonders resignierte Teilnehmer Bohdan inzwischen völlig auf grenzüberschreitende Tätigkeiten.

6.1.2 Fallbeschreibung 2 – Ukrainische Unternehmer/innen

6.1.2.1 Teilnehmer/innen und Diskussion

An dieser Gruppendiskussion nehmen fünf Unternehmer/innen des Kreises Žovkva teil. Andrij ist Betreiber eines Busbahnhofes mit Tankstelle in Žovkva, um die 45 Jahre alt und mit optimistischer Ausstrahlung. Außer einiger differenzierter Kommentare hält er sich in der Diskussion weitestgehend zurück und verlässt die Gesprächsrunde nach einem Anruf frühzeitig. Teilnehmer Bratislaw ist Direktor einer Metallfabrik, Zweigstelle eines größeren Unternehmens in China. Er ist mit etwa 30 Jahren der bei weitem jüngste Teilnehmer und wirkt recht verhalten, spricht eher über die Handlungen anderer als aus eigener Erfahrung. Teilnehmer Konstantin ist Manager in einer Lebensmittelproduktionsfirma, welche mit polnischen Partnern kooperiert. Auch Teilnehmer Denis verweist auf weiter bestehende EU-Kontakte innerhalb seiner Tätigkeiten als Vertreter eines deutschen Energiekonzerns. Diese beiden Herren im Alter von ca. 50 Jahren dominieren den Gesprächsverlauf zu weiten Teilen mit ihren umfangreichen Erfahrungen. Teilnehmerin Elisaweta vertritt ihren Chef als zweite Geschäftsführerin des Hotelkomplexes – dem Ort des Gesprächs – und beteiligt sich nur zeitweise mit eigenen Beiträgen.

Bereits während der Vorstellungsrunde stellt Teilnehmer Andrij in einer kurzen Anmerkung die Selbstverständlichkeit der großen Bedeutung der Grenze im Leben der Teilnehmer/innen heraus. Auch im darauf folgenden ersten Erfahrungsaustausch berichten die Diskutanten bereitwillig und vorbehaltlos von ihren eigenen Handlungsweisen bei der Grenzüberschreitung. Neben den Veränderungen an der Grenze drehen sich die Gesprächsthemen um die staatlichen Gesetzgebungen und institutionellen Rahmenbedingungen sowie um individuelle Anpassungen an diesen gegenwärtigen Handlungskontext.

6.1.2.2 Diskursverlauf

Einstiegsfrage

>Moderatorin: „Ich möchte Sie, - da Sie mit den internationalen Unternehmen zusammenarbeiten und Experten in Sachen Grenze sind, wissen Sie am meisten davon. Deswegen möchten wir Sie bitten über Ihre Erfahrungen mit der Grenze, nachdem Polen in die Europäische Union aufgenommen wurde, zu berichten. Ich möchte Ihre, Ihre Meinung dazu wissen."[143]

Passage „Grenze machen"
Nach der Vorstellungsrunde und der Eingangsfrage kommen die Diskutanten auf die Probleme in den Abläufen an der Grenze zu sprechen, insbesondere die langen Wartezeiten, welche die Grenzüberschreitung zu einer nicht planbaren Tätigkeit machen. Ein normaler und von den Diskutanten viel genutzter Ausweg ist das „Grenze machen", die Nutzung von Sonderbehandlungen aufgrund von Beziehungen oder Bestechungen.

>Moderatorin: „Wie macht man eine ‚Grenze'. Können Sie uns das sagen?"
>Denis: „Klar, kann ich. Wieso nicht. Ich habe eine Bekannte. Ich sage ihr, dass ich heute durch den Zoll fahre. Sie fragt mich nach dem Kfz-Kennzeichen und das war's. Nachher werde ich schnell abgefertigt. ‚Fahren Sie, bitte, direkt zum nationalen Zoll-Korridor.' Und alles ist in Ordnung."
>Moderatorin: „Also, wenn man keine Bekannte hat, dann ist es im Prinzip..."
>Konstantin: „Es geht auch ohne Bekannten. Man legt 50-100 Griwna in den Pass rein."[144]

Die Beschreibung der Möglichkeiten der einfacheren Grenzüberschreitung wird fortgesetzt. Diese Möglichkeiten nutzen nicht nur Ukrainer, sondern auch polnische Unternehmer. Auch die polnischen Geschäftspartner hätten „das Handschuhfach halb voll mit Briefen", mit Unterschriften vom Zolldirektor oder dem Polnischen Konsulat. Die Teilnehmer stellen beim Erzählen fest, dass dies eigentlich so nicht in Ordnung ist, fühlen sich aber in der Situation machtlos und betonen die Normalität dieser Handlungsweisen. Ein weiteres Mittel, der Abgeordnetenausweis, wird diskutiert und neue Erfahrungen mit seiner Wirksamkeit –

---

143 Gruppendiskussion mit Unternehmer/inne/n, Žovkva (Ukraine), 22.07.2008
144 ebd.

welche nämlich nur auf der ukrainischen Seite verlässlich besteht – dargestellt. Neues Wissen zur Grenzüberschreitung und den Umgang mit materiellen Mitteln der Aushandlung wird also auch im Verlauf der Diskussion hergestellt und verbreitet.

Die in den Augen der Teilnehmer/innen absichtlich ineffiziente Nutzung der Grenzinfrastruktur wird als eine Eigenschaft von beiden Seiten der Grenzkontrollen beklagt. Allerdings stellt man auch Unterschiede fest. So würde man „auf eine ehrliche Weise" auf der polnischen Seite besser durchkommen, während man sich auf der ukrainischen Seite am besten „so wie immer" verhält, also „Grenze macht". Dies unterstreicht die generelle Orientierung, dass der illegale, unehrliche Weg für die Teilnehmer/innen eine größere Normalität darstellt.

Man ist sich einig und erleichtert darüber, dass das Mittel ‚Briefe' an der Grenze so gut funktioniert. Darauf ist Verlass. Als mögliche Unterzeichner der Briefe werden Regierungsvertreter und die Zolldirektoren beider Seiten erwähnt. Man unterscheidet die Mittel der einfacheren Grenzüberschreitung nach Aufwand und Nutzen – je nach Häufigkeit der Grenzüberschreitung. Briefe würde vor allem für sehr häufige, fast tägliche Grenzüberschreitung Sinn machen. Bei eher seltener Grenzüberschreitung kommt das spontane Mittel des Grenze-Machens (also der eingelegten Geldscheine im Pass) zum Einsatz.

Passage „Visa"

Seit Polens Schengen-Beitritt stellt die Visabeschaffung ein großes Problem für die Teilnehmer/innen dar. Die langen Wartezeiten im polnischen Konsulat werden als unmöglich wahrgenommen und die Abläufe im Konsulat insgesamt als „wie im Irrenhaus" bezeichnet. Die nun inzwischen dort stattfindende Gleichbehandlung aller hinsichtlich der Wartezeiten wird als Beleidigung für den Unternehmerstatus empfunden. Dies insbesondere, da man diese Zeiten nun bei der Termingestaltung mit Kunden im Ausland beachten und rechtzeitig die nötigen bürokratischen Schritte einleiten müsse. Auch die Beantragung der Visa über Vermittlerfirmen, was früher üblich und viel einfacher war, ist nun nicht mehr möglich. Der direkte, persönliche Kontakt zum Konsulat ist nun erforderlich. Es ist also vor allem eine organisatorische Schwierigkeit, die es so vorher nicht gab, da immer auch (informelle) Ausweichmöglichkeiten bestanden. Man sucht nach Hintergründen für die strenge Visumspolitik der EU.

Konstantin: „Sie sind irgendwie übervorsichtig in diesem Westeuropa. Am besten beschränken sie die Einreise für alle. Es ist besser niemanden rein zu lassen, bevor ein Paar Leute illegal einreisen– „
Denis: „Das denken wir, aber wir kennen die wirklichen Hintergründe nicht."[145]

---

145 ebd.

Teilnehmer Bratislaw bestätigt noch einmal den hier als normal empfundenen Umgang mit der Visaproblematik, indem er erwägt, in einem gegenwärtigen Warte-Vorgang seinen Dänischen Geschäftspartner um Hilfe zu bitten. Dieser könnte das Konsulat anrufen und den Erhalt des Visums beeinflussen. Im weiteren Verlauf werden Schmuggelgeschichten und die schwierige Situation der „Schiffchen" diskutiert und die eigenen Probleme mit der Grenzüberschreitung etwas relativiert.

Passage „Dieses System funktioniert"
Als weiterer Punkt des Erfahrungsrahmens mit Grenzabläufen wird die Zollabfertigungsstelle für LKW-Ladungen in der Nähe von Lviv angeführt. Neben langen Wartezeiten werden hier als wichtige Probleme die Bürokratie und Undurchsichtigkeit der rechtlichen Grundlagen hervorgehoben, wodurch man sich offensichtlich überfordert fühlt. Die unverständliche Dopplung von Formularen und die hohen Kosten für Zertifikate ordnet man als Mittel der Bereicherung der Beamten ein und beschreibt so die im Gegensatz zu in der EU geltenden Normen und Gesetzen sehr korrupte Arbeitsweise dieser Behörde. Dieses Beispiel wird generalisierend in die allgemeine Erfahrungsbasis eingeordnet, dass der für Bereicherungszwecke betriebene Bürokratismus in der Ukraine nicht ungewöhnlich ist. „Das ist die Logik des ukrainischen Marktes", „Land der permanenten Kontrollen". Eine Änderung wird nur in Zusammenhang mit einem Regierungswechsel überhaupt für möglich gehalten. Aus Erfahrungen von geschäftlichen Unterhandlungen mit staatlichen Zwischenhändlern ist klar, dass man schlechthin über den Tisch gezogen wird. Als Orientierung wird deutlich, dass man der Zusammenarbeit mit staatlichen Unternehmen und Organisationen möglichst aus dem Weg geht. Man nimmt die Korruption als spezielle ukrainische Eigenart wahr und betont, dass auch ausländische Partner besser mit Ukrainern zusammenarbeiten können, wenn sie deren Mentalität und die dortigen Normen und Abläufe kennen und sich auch darauf einlassen, sich anpassen.

Die Missstände in den Verwaltungsvorgängen, die beschriebenen ungeschriebenen Gesetze werden zusammenfassend als ein System dargestellt, welches eingespielt ist: „Dieses System funktioniert. Und man kann ihm nicht entgehen.". Es scheint fast, als sei es dadurch legitimiert. Als ein wichtiges Element der Orientierung der Diskutanten wird hier deutlich zum Ausdruck gebracht, dass man sich diesem System ausgeliefert fühlt und deshalb anpassen muss. Dies würde eben auch für den Umgang mit den Grenzbehörden gelten.

> Konstantin: „Ja, das Schmiergeld ist mit einkalkuliert. Und das ist auch ein Problem, denke ich, in Bezug auf die Grenze." [146]

---

146 ebd.

Passage „Institutioneller Wandel in Sicht?"
Man ist sich einig in der Annahme, dass Veränderungen nur von einer neuen Generation wirklich vollzogen werden können. Dabei setzt man auf Kommunikation und Wissensaustausch mit westlichen Ländern, welche als fortschrittlich und in vieler Hinsicht gut funktionierend eingestuft werden.

Man hat sich mit den Umständen abgefunden, und beteuert, dass es sich auch auf diese Weise ganz gut leben ließe, solange man weiß, wie: „Wir haben uns daran gewöhnt.". Eine gewisse Trägheit bezüglich der Veränderung eigener Handlungsweisen kommt zum Ausdruck. Wenn es jetzt strengere Gesetze gäbe, müsste man sich „bestimmt ein halbes Jahr quälen".

Passage „Häuser vom Zoll"
Noch einmal auf die Arbeitsweise des ukrainischen Zolls angesprochen, zögert man einen Moment, aus Scham über die korrupte Arbeitsweise im eigenen Land. Allerdings siegt der Ärger, den man auch zeigen will, und man verweist auf die teuren Immobilien, welche am Rand dieses grenznahen Städtchens zu finden sind. Man braucht nicht auszusprechen, dass diese den Zollbeamten gehören. Das ist Allgemeinwissen.

Passage „Eigene Möglichkeiten"
Angesichts der beschriebenen Bedingungen für grenzüberschreitendes Handeln sehen sich die Unternehmer/innen gezwungen, nach Lösungen für die eigenen grenzüberschreitenden Transporte zu suchen. Verschiedene Möglichkeiten der Fälschung oder Täuschung bei der Einfuhr von Waren auf der ukrainische Seite der Kontrollen werden beschrieben.

> Konstantin: „Wenn ich in Polen irgendwelche Ware kaufe, dann mache ich zwei Varianten der Begleitdokumente, eine für die Polen, die andere für unsere Zollbeamten."[147]

Man kennt viele Möglichkeiten, und wird sich darüber bewusst, dass man gerade ein sehr spezifisches Wissen um solche Strategien preisgibt, relativiert diese Erkenntnis aber wieder damit, dass solche Strategien auch im Internet oder der Presse besprochen würden. Scheinbar gibt es auch einige Leute, die sich in der Erarbeitung von Handlungsmöglichkeiten und Strategien und ihre Umsetzung spezialisiert haben und teilweise selbst eigene Gesetze durchbringen. Dies wird mit einer Geschichte zum Kakao-Import exemplarisch untermauert, in welcher ein Aufsichtsratsvorsitzender kurzzeitig ein Gesetz zur Begünstigung eigener grenzüberschreitender Transporte erließ:

---

147 ebd.

6.1 Handlungsmöglichkeiten im Diskurs: vier Gruppendiskussionen 167

> Denis: „Genau, es wurde ein Gesetz für eine Woche verabschiedet. Das Gesetz war nur eine Woche lang in Kraft. Es ging um die Abschaffung von Zollgebühren für den Kakao-Import in der Ukraine."
> Konstantin: „Damals-"
> Denis: „Ich glaube, er zog 40 LKWs an der Grenze zusammen, verabschiedete dieses Gesetz und kurz danach zog er es zurück."
> Moderatorin: „Zog es zurück ..."
> Denis: „Und seine Konkurrenz wurde schön durch den Kakao gezogen, weil er das Gesetz zurückgezogen hat und wieder Zollgebühren in Höhe von 30% fällig wurden. Er hat die Ware eingeführt und war danach glücklich und sein Konfekt war 1 oder 2% billiger. So einfach hat er einen Gewinn gemacht. So macht man das. Das ist nur ein Beispiel von mehreren."[148]

Was die Abläufe bei den eigentlichen Zollkontrollen an der Grenze betrifft, ist man der Meinung, dass auf der formalen Ebene sicherlich große Ähnlichkeiten mit Abläufen an anderen Orten in Europa bestehen. Der Unterschied läge darin, stellt man konkludierend fest, dass für jegliche problematische Aspekte der Abfertigung individuelle, inoffizielle Lösungen gesucht werden, und dass dies die Normalität wäre.

> Denis: „Wenn es offiziell nicht schnell klappt, dann macht man es inoffiziell schnell. Ein übliches System eines bürokratischen Staats. Das braucht man nicht zu vertuschen."[149]

Passage „Wir passen uns an"
Der Unternehmer Konstantin umgeht die Problematik der Grenzüberschreitung, indem er seine Waren aus dem Ausland über einen Lieferanten bezieht. Durch diese Externalisierung fühlt er sich sehr erleichtert, und distanziert sich auch von jeglichen, mit der Grenzüberschreitung seiner Waren verbundenen, illegalen Geschäfte. Dieses Nichtwissen um das, was genau im Rahmen der Transporte seiner Waren passiert, stellt er als allgemeinen Vorteil heraus. Dieser Standpunkt wird von Denis mit einer anschaulichen Geschichte bekräftigt.

> Denis: „Wissen Sie, es gibt noch einen Witz. Wie ein Mann ein Schwein auf dem Markt verkaufte. Er hat es geschlachtet, ist zum Markt gegangen, hat diejenigen, die jeden Tag da etwas verkaufen, zur Seite geschubst und hat den Platz für sich und sein Schwein eingenommen. Das ist über unseren Staat und die Kontrollorganisationen. Kommt ein Mann zu ihm und sagt: ‚Gut sieht das Fleisch aus, womit haben Sie das Schwein gefüttert? ‚Ich werde ehrlich zu Ihnen sein- ich habe etwas rote Rüben auf dem Feld gepflanzt,

---

148 ebd.
149 ebd.

> ein bisschen Getreide im Kolchos gestohlen und so habe ich mein Schwein großgezogen.' Ups – er zeigt seinen Ausweis ‚Bekämpfung von Wirtschaftsverbrechen'. ‚Gestohlen?' Er hat ein Stück Fleisch weggenommen. Der Opa wird sehr sauer. Kommt ein anderer zu ihm: ‚Gut sieht das Fleisch aus', ((lachend)) ‚womit haben Sie das Schwein gefüttert?' Ich bitte mich zu entschuldigen ‚Mit dem Kot' Ups – Gesundheitsamt." ((alle lachen))
> „Dieser hat auch ein Stück Fleisch weggenommen. Der Opa kocht vor Wut. Da kommt noch ein Mann zu ihm: ‚Gut-sieht-das-Fleisch-aus-womit-haben-Sie-das-Schwein-gefuttert?' Der Opa sagt ‚Ich werde ehrlich zu Ihnen sein. Ich habe ihm immer einen Rubel fürs Mittagsessen gegeben. Aber wo und was das Schwein futterte, weiß ich nicht.'" ((Lachen))
> „So sieht es auch mit den Lieferanten aus. Wer weiß, was sie da transportieren. Wir bezahlen und basta."[150]

Denis hebt daraufhin diese Problematik auf eine abstraktere Betrachtungsebene und weist auf die aus seiner Sicht bestehende Notwendigkeit der Einführung europäischer Standards und die Schaffung eines „klar definierten, gesetzlichen Systems" hin.

Man weiß von offiziellen Treffen zu Fragen des Grenzregimes und der Grenzüberschreitung; bekundet aber etwas gekränkt, dass man von diesen Zusammenkünften und den damit verbundenen Einflussmöglichkeiten und Wissensaustausch ausgeschlossen ist. Große Unternehmen dagegen könnten ihre Interessen in Hinsicht auf die Grenze gut durchsetzen und hätten sowieso schon Sonderregulierungen für ihre Mitarbeiter erwirkt.

> Denis: „Es gibt große Unternehmen, die an diesem Spiel teilnehmen und an solchen Treffen interessiert sind."
> Konstantin: „Die genug Geld dafür haben."
> Denis: „Ja. Sie sind an solchen Treffen interessiert. Sie haben große Jahresumsätze und viel Kapital. Also sind sie direkt daran interessiert. Wir nehmen alles so wie es ist. Wir passen uns an."[151]

Passage „Bereinigte Grenze?"
Man diskutiert, ob eine „bereinigte Grenze", also eine, an welcher sich alle an die Gesetze halten und kein Schmuggel mehr stattfindet, eventuell auch die wirtschaftliche Entwicklung der Region begünstigen könnte. Momentan hat man aber wenig Hoffnung, da sich in der letzten Zeit wirtschaftlich alles nur verschlechtert hat. Die Diskutanten beschreiben die Probleme der gegenwärtig stagnierenden regionalen Wirtschaft und den unüberwindbaren Mangel an neuen

---

150 ebd.
151 ebd.

Technologien und Ausrüstungen. Man sucht nach Wegen für eigenen wirtschaftlichen Erfolg.

Passage „Wer sich an Gesetze hält, hat verloren"
Dabei polarisiert sich der schwierige Umgang mit Gesetzen generell als wesentliche Hintergrundproblematik für die Handlungsorientierungen der Beteiligten heraus. Die Unvollkommenheit der ukrainischen Gesetzgebung wird als *ein* Problem festgehalten, aber ein *anderes* Problem wäre die Nichteinhaltung der bestehenden Gesetze. Daraus ergibt sich ein Teufelskreis, da man sich durch die gegenseitige Abhängigkeit gezwungen fühlt, ebenfalls die Gesetze zu umgehen.

> Bratislaw: „Die aktuelle Gesetzgebung ist nicht vollkommen, aber wenn man sich einfach daran halten würde. Das ist das größte Problem in der Ukraine, dass einige unserer Gesetze geschrieben werden, um einfach geschrieben zu sein. Niemand hält sich an diese Gesetze. Und da sie nicht eingehalten werden, können sogar die Unternehmer, die sich lieber an die Gesetze halten würden, es nicht machen, weil sie dadurch keine Gewinne mehr erzielen. Sie sind einfach abhängig von denen, die es nicht machen."

Wer sich also an die Gesetze halten will, hat verloren. Man bezeichnet die üblichen Abläufe als einen schlechten Virus, von dem man (man selbst wie auch die Grenzregulierer/innen) geheilt werden müsste und hofft dafür auf Hilfe von außen, wie z.B. durch Treffen mit Delegationen aus anderen Ländern.

6.1.2.3 Zusammenfassung

Auffallend für dieses Gespräch sind die vielen Geschichten (siehe die Geschichte über die Zaubererei des Zolls, in Kapitel 3 abgedruckt, und hier die Passage ‚Wir passen uns an'). Diese Erzählungen sind illustrierende Beispiele, mit welchen gewisse Erfahrungen veranschaulicht und somit auch Rahmen für Orientierungen abgesteckt werden. Dabei stehen nur zum Teil Erfahrungen an der Grenze im Vordergrund, vielmehr geht es um die Verdeutlichung der allgemeinen institutionellen Rahmenbedingungen für das Handeln dieser Gruppe. Der korrupte Staat und die Nichteinhaltung der Gesetze rücken hier sehr stark in den Fokus der Diskussion, man drückt ein großes Misstrauen gegenüber dem Staat und jeglichen offiziellen Abläufen aus. Bei wirtschaftlichen Interaktionen und Kooperationen zählt man vorzugsweise auf private Unternehmen, selbst der Vorschlag, die Zollbehörde zu privatisieren, wird geäußert. Gerade staatliche Organisationen und Unternehmen würden die Gesetzeslücken für ihre eigene Bereicherung nutzen und auf diese Weise einen Fortschritt in der wirtschaftlichen

Entwicklung verhindern. Die sich daraus ergebende Abhängigkeitsposition sowie auch die dennoch bestehenden Handlungsspielräume für die Gesprächsteilnehmer/innen werden differenziert reflektiert und mit Erfahrungen und Beispielen untermauert. Die Möglichkeit der Veränderung der institutionellen Rahmenbedingungen wird diskutiert und Hoffnung diesbezüglich ausgedrückt. Allerdings rechnet man mit tatsächlichen Auswirkungen erst für die kommende Generation, und distanziert sich auf diese Weise von der möglichen Notwendigkeit der Veränderung eigener Handlungsregeln.

Die Normalität und Legitimität informeller Regelungen stellt einen Grundpfeiler kollektiver Handlungsorientierung dar – bei Einhaltung von Gesetzen wäre Verlieren schon vorprogrammiert. Der Begriff „Grenze machen" wird eingeführt und immer wieder an Beispielen erläutert. Diese Art der Diskussion zeigt einen dieser Gruppe aufgrund ihrer Positionen wohl möglichen, recht selbstbewussten Umgang mit den gegenwärtigen Problemen. Als Unternehmer/in ist man es gewohnt, einen Sonderstatus zu genießen, auch in Hinsicht auf die Grenzregulierungen. Gleichzeitig werden extremere Sonderbehandlungen anderer Akteure als ungerecht empfunden. Größere Unternehmen könnten ihre eigenen Gesetze machen [Beispiel Kakao], kleinere müssten sich eher anpassen.

Man stellt fest, dass seit den Veränderungen durch die Entwicklung zur EU-Außengrenze einige Sonderbehandlungen nicht mehr möglich sind. Noch wäre man aber weit entfernt von einem Idealzustand und funktionierenden Gesetzen, daher ist man momentan eher verunsichert zwischen den zwei Systemen. In dieser Diskussion wird die ukrainische Art der Umsetzung von Grenzregulierungen als das ‚funktionierende System' anerkannt, noch hat man mehr Vertrauen in die alten Gewohnheiten als in neue Regelungen, noch ist die individuelle Anpassung notwendig, noch ist der Hauptweg „Grenze machen" – also Beziehungen nutzen für den Grenzübertritt, und Zollgebühren umgehen. Dabei nutzen die Diskutanten vor allem Beziehungen, der spontane Einsatz von Bestechungsgeld ist weniger relevant. Gleichbehandlungen durch die neuen Formen der Grenzregulierung und Umsetzung werden als unangemessen empfunden.

In Reaktion auf die erschwerten Bedingungen versuchen die meisten, die Grenzüberschreitung selbst lieber zu umgehen, die Transporte zu externalisieren. In der Zusammenarbeit mit Partnern in Polen oder anderen Schengen-Mitgliedsstaaten müsse man nun wegen der Unsicherheiten bei der Visumsbeschaffung längere Planungszeiten einkalkulieren. Von den Entwicklungen und Entscheidungsprozessen zu den aktuellen Entwicklungen des Grenzregimes wäre man leider ausgeschlossen, da nur die großen Unternehmen zu entsprechenden Treffen eingeladen werden.

6.1.3 Fallbeschreibung 3 – Russische Kleinhändler

6.1.3.1 Teilnehmer und Diskussion

Die Diskussion mit Akteuren des Kleinhandels wird mit drei Teilnehmern im Sitzungsraum der Stadtverwaltung von Sortavala geführt. Alle drei sind etwa um die 40 Jahre alt. Teilnehmer Alexej und Borislaw scheinen eng befreundet, antworten oft gemeinsam und dominieren zu weiten Teilen das Gespräch. Teilnehmer Kolja macht einen unsicheren und zurückhaltenden Eindruck. Alle drei Teilnehmer hatten oder haben mit informellen, grenzüberschreitenden Kleinhandel zu tun. Während Alexej sich als Leiter eines Handelsunternehmens vorstellt, bleiben die Tätigkeitsfelder von Borislaw und Kolja etwas unklar und werden im Verlauf des Gespräches auch nur zum Teil deutlicher.

Grenzüberschreitende Kleinhandelsaktivitäten sind hier schon seit längerer Zeit schwierig, auch der Eigenbedarf ist schwer zu versorgen. Der Redebedarf zu diesen Problemen scheint dennoch recht stark, mischt sich allerdings mit der Wut über sämtliche andere Schwierigkeiten. Zu den dominierenden Themen des Gesprächs zählen neben informellem grenzüberschreitendem Handel die lokalen Steuerungskontexte und Steuerungspolitik sowie die Unzufriedenheit mit der eigenen Lebenssituation, Benachteiligung und Ausgrenzung. Die Grundstimmung des Gespräches ist aufgebracht und verärgert.

6.1.3.2 Diskursverlauf

Einstiegsfrage

Moderator: „Die zentrale Frage ist, welche Rolle spielt die Grenze in der Entwicklung ihres Geschäfts, was hat sich in den letzten Jahren verändert, welche Dynamik entstand. Also, es ist so, wir interessieren uns in erster Linie für das Informelle, Sie wissen, es gibt offizielle Strukturen, die Stellung haben, und es gibt die informellen; einfach Menschen, die für sich etwas verdienen, weil sie das bisschen Geld brauchen, sie verkaufen beispielsweise etwas dort, oder zum Beispiel sie kommen hierher, kaufen etwas und unsere Leute verkaufen es ihnen, also auf ganz einfacher Ebene, nicht offiziell. Was passiert jetzt auf diesem Gebiet? Welche Waren werden gehandelt, wie ist die Dynamik in diesem Handel, was gibt es für Probleme, so."[152]

---

[152] Gruppendiskussion mit Kleinhändlern, Sortavala (Russland), 20.05.2008

Passage „Die klugen Gesetze"
Auf den thematischen Einstieg hin entwickelt sich eine recht wütende, fast trotzige Grundstimmung. Während der Teilnehmer Alexej in Bezug auf grenzüberschreitenden Handel jegliche Möglichkeit von Dynamik sofort aufgebracht und beinahe vorwurfsvoll verneint („Was für Dynamik!"), erläutert Borislaw in einem längeren Monolog die Grundzüge der gegenwärtigen Erfahrungen. Demnach schätzt er die Handlungsmöglichkeiten in Bezug auf wirtschaftliche Tätigkeiten in der Grenzregion von Jahr zu Jahr schwieriger ein. Zu den Gründen der Verschlechterung zählt auch die noch relativ neue Regelung des russischen Zolls bezüglich einer Gewichtsbeschränkung für die Einfuhr von Waren, die auf großes Unverständnis stößt. An Beispielen werden frühere, rege Handelstätigkeiten beschrieben, und die neueren, strengen Zollgesetze als unsinnig dargestellt.

> Borislaw: „Vor langer Zeit gab es hier, sagen wir, selbst geschaffene kleine Märkte mit Waren, mal dort, mal hier, Busse, da wurde auch Kleidung verkauft, gebrauchte Technik, Möbel, jetzt hat man alles beendet. Warum? Nun, ich weiß es nicht, jetzt ist alles nicht mehr so, wie es war, um etwas zum Verkauf mitzubringen, darf man nicht mehr etwas kaufen und mitbringen. (...) Können Sie sich das vorstellen? Es kam so weit, dass Menschen das einfach wegwerfen, sie brauchen das nicht mehr. Das betrifft, betrifft also unsere sozusagen klugen Gesetze über den Zoll. Was wollen sie damit erreichen..."[153]

In den Worten von Alexej schwingt das Gefühl von Resignation und der Bedrohung der Existenz mit, als er erklärt, dass mit diesen neuen Regelungen nun endgültig kein grenzüberschreitender Handel mehr möglich sei.

> Borislaw: „Hier gibt es keine Milderungen mehr, und egal, was ich mir auszudenken versuche, faktisch bemüht sich keiner mehr im Geschäft. Nun, wir haben kein Geld mehr, was soll man da sagen."[154]

Als Borislaw die örtliche Verwaltung und Prokuratur als Verantwortliche für die Situation anführt und ihnen Tatenlosigkeit vorwirft, wird das Gespräch lebendiger und der Erfahrungsrahmen interaktiv aufgebaut. Unter bestätigenden und ergänzenden Kommentaren der anderen beschreibt Borislaw die fehlende Unterstützung der Stadt exemplarisch an dem eigenen Versuch der Errichtung einer sozialen Einrichtung.

---

153 ebd.
154 ebd.

6.1 Handlungsmöglichkeiten im Diskurs: vier Gruppendiskussionen 173

> Borislaw: „Nichts, nichts wird getan. Ich, Sie verstehen doch, äh, es ist doch einfacher, zu erlauben, etwas zu tun, zu verwirklichen, als später einen solchen Drogensüchtigen zu rehabilitieren, der hier um die Ecke [ ], außerdem gibt es keine [ ] allgemeinen Gesetze [ ], wie Waren an bestimmte Posteninhaber verteilt werden, es gibt keine Beweise, Sie verstehen doch. So ist es also."[155]

Passage „Grenzhandel"
In der sich anschließenden Passage dreht sich das Gespräch wieder um die (Un-)Möglichkeiten des grenzüberschreitenden Handels. Die eventuelle Hilfe durch grenzüberschreitende Kontakte und Beziehungen wird angesprochen, scheint für diese Diskutanten aber noch schwierig zu sein. In arbeitsteiliger Weise und zum Teil gleichzeitigen Redebeiträgen gehen die Teilnehmer auf ihre Erfahrungen in Hinsicht auf die mögliche Involvierung von Kontakten auf der finnischen Seite ein. Beziehungen zu nach Finnland ausgewanderten Bekannten oder Verwandten sind weit verbreitet. Allerdings ist mit deren Hilfe beim Grenzhandel eher selten zu rechnen. Man erklärt sich dies mit dem anderen institutionellen Kontext und zeigt größtenteils Verständnis dafür, dass die Emigranten gezwungen sind, sich in Finnland anzupassen und vorsichtig zu sein, vorsichtiger selbst als die Finnen. Exemplarisch führt Kolja aus, wie selbst seine Tochter ihm beim Zigarettenhandel nicht helfen wollte, und eher der finnische Schwiegersohn dazu bereit war.

Auf die Frage nach Erlebnissen mit dem Zoll an verschiedenen Übergängen bestätigt man in sich gegenseitig ergänzenden Erzählungen und Kommentaren die Erfahrung, dass nicht allein die Gesetze des russischen Zolls an sich, sondern vor allem die Art ihrer Umsetzung sehr problematisch ist. So hätte man an einem anderen Übergang als dem hiesigen mehr eigenen Einfluss auf die Art der Verzollung, hier in Niirala würde man jedoch (scheinbar absichtlich) nachteilig behandelt werden. Die Arbeitsweise der Beamten wird als unzuverlässig und willkürlich empfunden und wird dabei nach Kriterien der individuellen Verhandlungsmöglichkeiten mit den Beamten bewertet.

> Borislaw: „Außerdem, Sie wissen doch, dass man die Zollgebühren zusammenfassen kann, bei uns wählt man die teuerste Art aus, und dort auf der anderen Station schlägst du selbst vor, auf welcher Art du den Zoll passieren willst, und sie schauen, ob es ein solche [ ] gibt, denn, warum nicht, sie lassen das zu, bitte. Deshalb, auf diese Weise ist unser Zoll nicht besonders gut."[156]

---

155 ebd.
156 ebd.

Man berichtet über häufige Fahrten nach Finnland, um die dort inzwischen günstigeren Lebensmittel zu kaufen, und beklagt die steigenden Preise auf der russischen Seite. Die Schuld dafür wird einvernehmlich bei den Regierenden in Moskau gesehen, die wohl die schwierige Lage der Bewohner in peripheren Gebieten wie Karelien nicht im Blick hätten.

Passage „Benachteiligung"
Gegenüber den überhöhten Preisen fühlt man sich ohnmächtig. Andere, die Moskauer z.b. könnten dagegen hier alles aufkaufen, in diesem Zusammenhang gäbe es viel Streit in der Region. Von eigenen Investitionen auf diesem Gebiet ist man weit entfernt. Eventuell aufgrund dieser Distanz heraus werden von Alexej neben den negativen Einschätzungen auch positive Effekte dieser Entwicklung (nämlich die Restaurierung alter, baufälliger Gebäude) reflektiert und angesprochen.

Die bei den Kaufstreitigkeiten stattfindende, informelle Involvierung von Stadtverwaltung und Prokuratur sowie deren Machtpotential bei der Lösung der Konflikte werden geschildert. Bedauert wird nur, dass solche Unterstützung aus der Verwaltungsebene bei den eigenen Aktivitäten fehlt, wodurch man sich stark benachteiligt fühlt.

Passage „Wandel des Handels"
Die Teilnehmer sprechen die Veränderungen an, die sich in Hinsicht auf den grenzüberschreitenden Handel vollzogen haben, und ergänzen sich gegenseitig in ihren diesbezüglichen Erfahrungen. Die Besuche der finnischen Nachbarn stellen leider keine ausgiebige Einkommensquelle mehr dar. Aus Erzählungen von Bekannten wissen sie, dass die veränderten Preisunterschiede, aber auch die beidseitig bestehende Visumsregelung dazu führen, dass die meisten Finnen für Einkäufe nun eher ins Baltikum fahren. Nach Russland kämen sie eher noch aus touristischen Gründen, dies würde den Diskutanten jedoch kaum eine Einkommensquelle bieten. Die Umkehrung der Warenströme wird noch einmal betont.

> Borislaw: „Der Unterschied besteht darin, dass früher sie von uns die Lebensmittel mitnahmen und jetzt wir von dort."[157]

Auch die Zollregulierungen werden erneut als Hindernis für den grenzüberschreitenden Handel diskutiert. Die Unklarheiten bei der Umsetzung von Gesetzen werden generalisierend als Eigenart Russlands ausgelegt.

---

157 ebd.

6.1 Handlungsmöglichkeiten im Diskurs: vier Gruppendiskussionen 175

> Borislaw: „Wir haben dort irgendwelche eigenen Gesetze, und dort [ ] gibt es irgendwelche unklaren Gesetze, aber ich sage, das ist die Eigenart von Russland."[158]

Passage „Wir sind faktisch im Dreck"
In der anschließenden Passage wird die Unzufriedenheit mit den eigenen lokalen Lebensbedingungen deutlich auf den Punkt gebracht. Alexej zweifelt an der Sinnhaftigkeit der wirtschaftlichen Strategien der Region und stellt Karelien als „Republik der Subventionen" dar. Die Verantwortung für diese Lage wird wieder den Machthabenden (Stadtverwaltung und Prokuratur) zugeschrieben, „es wird nicht aufgeräumt.".

> Borislaw: „Aber was machen sie, wir sind faktisch im Dreck, die Stadt versinkt."[159]

Passage „Schengen-Visa" [dichte Passage]
Die Diskutanten kommen auf die gegenwärtigen Schwierigkeiten der Visa-Beschaffung zu sprechen; eine sehr aufgeregte und interaktiv dichte Gesprächspassage wird dadurch eingeleitet. Verschiedene Erfahrungen aus dem Bekanntenkreis dienen den Teilnehmern ganz offensichtlich als Orientierung und werden teils gleichzeitig und überstürzt wiedergegeben. Die Erzählungen belegen, dass es momentan einfach unmöglich ist, fest mit einem Visum zu rechnen, die Bearbeitungszeiten sind nicht abzuschätzen. In verärgerten Kommentaren zeigen Alexej und Borislaw ihr Unverständnis über die fehlende Kommunikation bei neuen Regulierungen, die Vorgänge am finnischen Konsulat erscheinen den Diskutanten unklar und intransparent. Gefühle der Erniedrigung und Ausgrenzung werden spürbar. Die anwesenden Wissenschaftler/innen werden als Mitglieder der EU gleich mit zur Verantwortung gezogen und adressiert:

> Alexej: „Nein, Ihr seid doch in der Europäischen Union, Leute, also sollte man gar nicht in die Union, richtig? Die Europäische Union sagte, so muss man das machen, also macht es auch so. Und hier auch, Ihr wollt Euch doch nicht von der Europäischen Union trennen, Ihr entscheidet doch alles innerhalb der Europäischen Union, wie viele Staaten gibt es dort? Dann – in diesem Fall braucht man sie nicht. Man hat 35 Euro eingeführt, nun führt man 70 Euro ein, also wird man 70 [zahlen], weshalb aber soll man das ,Vergnügen' um zwei Monate ausdehnen?"[160]

---

158 ebd.
159 ebd.
160 ebd.

Angesichts dieser momentanen Verzögerungen bei der Ausgabe von Visen teilen die Teilnehmer die Sorge, im einen oder anderen Fall überhaupt kein Visum zu bekommen. Das jedoch ist mit noch mehr Unverständnis verbunden. Die Teilnehmer fühlen sich berechtigt, ein Visum für Finnland zu erhalten, da sie dort doch bekannt dafür wären, dass sie nichts Schlimmes tun. In den Aussagen wird die wohl geteilte Orientierung sichtbar, die eine informelle Sonderbehandlung häufiger Grenzgänger gegenüber einer formalen, mechanischen Gleichbehandlung aller Anträge bevorzugt und gewissermaßen auch legitimiert.

> Borislaw: „Alexej, lass das Thema..."
> Alexej: „Warum, das betrifft doch auch die Grenzregion! Das einzige, was man hier fragt ((viele Menschen sprechen gleichzeitig)), das betrifft auch..."
> Moderator: „Ja, ja, das gehört zum Thema, wir interessieren uns für alle diese Fragen."
> Alexej: „Ja, das ist das Wichtigste, das Wichtigste."[161]

Alexej hat sich an diesem Punkt regelrecht in Rage geredet und stellt auf die Beschwichtigungsversuche von Borislaw hin das Thema als das Wichtigste überhaupt heraus. Gerade auch über die Unsicherheit bezüglich der Fristen sind die Diskutanten verunsichert und erbost und man versteht diese Arbeitsweise nicht.

In einem weiteren Gesprächsabschnitt werden die gegenwärtigen Probleme in einen allgemeinen Erfahrungsrahmen hinsichtlich der Beziehungen zu Finnland eingebettet. Die momentanen Visa-Probleme werden als eine Gefahr für die eigentlich guten Beziehungen zwischen den Menschen der beiden Länder dargestellt. Kolja führt sehr verallgemeinernd aus, wie die russischen Bürger/innen sich in ihren Reisezielen bereits umorientieren würden, z.B. nach Israel, wo kein Visum nötig ist. Dabei wären die Beziehungen zum Nachbarland doch sehr wichtig.

> Kolja: „Mit Israel hatten wir ganz andere Beziehungen, viel schlechter als mit Finnland – jetzt, seit diesem Sommer, alle werden wir dorthin ohne Visum fliegen, verstehen Sie, wenn einer will, kann er gleich dorthin fliegen."[162]

Die Diskutanten nehmen wahr, dass eben auch die Umsetzung der Visa-Politik (wie die Zollgesetze) lokal unterschiedlich ausfallen kann. Dennoch empfinden sie die Probleme in Petrosawodsk, in dem dortigen für sie zuständigen Konsulat, als starke Benachteiligung und Demütigung. Während Borislaw seine Wut auf einem Gefühl der Benachteiligung gegenüber anderen Bewohnern Russlands

---

161 ebd.
162 ebd.

(hier: die schnellere Abfertigung in St. Petersburg) zu basieren scheint, erklärt ein anderer Teilnehmer seinen Ärger, indem er auf eine Art natürliches Rechts auf regelmäßige Besuche in Finnland pocht und betont, dass das Gebiet um Joensuu einmal „unser Land, nebenbei gemerkt" gewesen wäre.

Passage „dem finnischen Zöllner ein Denkmal"
In der unerwartet schlechten Arbeitsweise der finnischen Konsulatsmitarbeiter wird auch eine Diskrepanz zu dem eigentlich hohen Ansehen Finnlands und der dortigen Arbeitskultur wahrgenommen. Aus den Erfahrungen am Grenzübergang ist man anderes gewohnt. Alexej stimmt in Unterstützung durch Borislaw einen Lobgesang auf finnische Zöllner an, hebt deren schnelle und zivilisierte Arbeitsweise hervor („ich würde dem finnischen Zöllner ein Denkmal setzen", und beschimpft im Vergleich dazu die Mitarbeiter/innen der Konsulate als „einfach widerlich". Darauf folgt auf der Basis von eigenen Erlebnissen der Teilnehmer ein vergleichender Austausch zum Umgang mit finnischen und russischen Zollbeamten.

Passage „Schmuggel"
Dabei kommt Borislaw auf die Zollregulierungen zu bestimmten Waren zu sprechen, und drückt Unsicherheit im Wissen um die Hintergründe von spezifischen Grenzregulierungen aus. Beim Zoll wäre es sicher der Schutz der eigenen Wirtschaft und Ressourcen, aber die Verzögerungen bei der Visa-Vergabe erscheinen dagegen willkürlich, die könne man sich auch nicht aufgrund politischer Hintergründe erklären.

Borislaw und Kolja berichten von den früheren Schmuggel-Fahrten. Vom Benzinschmuggel hat man auch gehört, aber besonders Alexej findet diesen etwas unrealistisch und nicht wirklich lohnenswert, da die Preisunterschiede zu niedrig sind. Für gegenwärtig lohnenswert stellt er den Lebensmittelschmuggel dar und klärt unter kommentierenden Bemerkungen hinsichtlich des Ausplauderns eines Geheimnisses auch über die Art und Weise des Versteckens auf.

> Alexej: „Was soll man jetzt transportieren. Was transportiert man jetzt als Schmuggelwaren? Vor allem Lebensmittel."
> Moderator: „ Als Schmuggelwaren?"
> Alexej: „Und wie."[163]

Gleichzeitig redend schätzen Alexej und Borislaw die Zollkontrollen hinsichtlich dieses Schmuggels als eher ungefährlich ein. Man fühlt sich auf der sicheren Seite, da auch die Zöllner selbst ja wegen Lebensmitteln über die Grenze führen

---

163 ebd.

und daher trotz Kenntnis der gängigen Verstecke zwei Augen zudrückten. Es gibt also eine Art Zusammenhalt oder gemeinsame Handlungsebene für die Interaktionen. Nur bei Anwesenheit von ‚Kontrollen der Kontrollen' (z.b. von der Zoll-Leitung aus Petrosawodsk) würden die Zollbeamten das eine oder andere Versteck aufdecken.

> Borislaw:„Wiederum hängt vieles vom menschlichen Faktor ab, wenn die Zöllner, viele Zöllner fahren in der Regel am [ ] Übergang und sie werden auch [ ], deshalb wird nicht jeder, selbst wenn er versteht, was dort liegt, wird er nicht darin wühlen, er lässt es durch, und wenn irgendwelche Kontrolle kommt, wenn dort Leute aus Petrozavodsk mit kontrollieren, dann wird er mir etwas sagen, hier und da."[164]

Passage „Alles wird schlechter"
Als der Moderator die in der aktuellen, russischen Presse diskutierte Bestechlichkeit des russischen Zolls zur Sprache bringt, wird diese von Alexej und Borislaw recht deutlich kritisiert. Es wäre grundsätzlich einfach nicht gerechtfertigt, die Höhe der Summe spielt dabei keine Rolle. Die Bestechlichkeit wird als typische Eigenschaft von Russen, als „russische Mentalität" dargestellt, während finnischen und deutschen Beamten solches Verhalten nicht zugetraut wird.

Der Erfahrungsrahmen der russischen Eigenarten als Wurzel allen Unheils wird im Folgenden von Borislaw weiter ausgebaut, als er die schlechte Arbeitsmoral (im Vergleich zu Deutschland oder anderen Ländern) beklagt. Im Austausch von Kommentaren von Alexej und Borislaw wird deutlich, dass sie sich in Karelien eindeutig ins Hintertreffen geraten fühlen. Die Wahrnehmung, dass insgesamt alles schlechter wird, hängt auch recht eng mit den Verschlechterungen des Grenzregimes zusammen:

> Borislaw:„Ja, alles wird schlechter und schlechter."
> Alexej: „ jetzt werden die Schrauben immer enger gezogen, immer enger, also, es ist nicht weit und man wird die Grenze ganz dicht machen."[165]

Besonders die Reflexion über die tatsächliche, momentane Praxis erregt allerdings nun auch zum Ende des Gespräches noch einmal die Gemüter. Die Kombination aus der 35kg-Begrenzung für die Wareneinfuhr und den gegenwärtigen Schwierigkeiten bei der Visa-Beantragung lässt den Teilnehmern nicht mehr viele Möglichkeiten offen und wird als gravierend für die lokalen wirtschaftlichen Entwicklungen wahrgenommen. Trotz der aktualisierten Erkenntnis der

---

164 ebd.
165 ebd.

eigenen schwierigen wirtschaftlichen Lage scheint wird die Alternative bzw. Exit-Strategie ‚Auswandern' zwar diskutiert, aber von den Diskutanten persönlich eher weniger in Betracht gezogen. Als Gründe fürs Bleiben geben die Teilnehmer Unsicherheiten mit der finnischen Mentalität und Sprache sowie die lokale Einbindung in Freundeskreise an.

Alexej: „Ich sage so, jetzt sind die Zeiten vorbei, als – diejenigen, die nach Europa zur Arbeit, die aus Russland raus wollten – sitzen bereits alle schon in Europa, und die, die nicht wollen – sie werden weiter hier sitzen bleiben. Ich sage so – wo, ob in Finnland oder hier, ich würde lieber hier wohnen bleiben. In Finnland ist das überhaupt..."
Teilnehmer: „Dort ist das Leben besser." ((lautes Streitgespräch))
Alexej: „Genauso in Finnland, aber dort zu leben, die Sprache, die Sprache kann man nicht, die Mentalität kennt man nicht, also hört mal."[166]

6.1.3.3 Zusammenfassung

Der Wandel der finnisch-russischen Grenze zur EU-Außengrenze liegt hier schon einige Jahre zurück und wird auch in dieser Gruppe nicht allzu stark thematisiert. Insgesamt werden die Grenzregulierungen allerdings als sehr störend und zum Teil unsinnig empfunden. Mit vielen damit verbundenen Schwierigkeiten hat man sich bereits abgefunden, aber aktuell gibt es wieder Probleme mit der Visumsbeschaffung (vgl. dazu die Erklärungen in Kap. 5.3), die die Teilnehmer sehr verärgert beschreiben. Das Beispiel der temporären Probleme in der Visabearbeitung am Konsulat in Petrosawodsk wird in den allgemeinen Rahmen der Benachteiligung eingeordnet und von daher umso stärker als Ausgrenzung aus der EU empfunden. Bezüglich der Umsetzung der Regulierungen hat man sonst eigentlich vor allem Probleme mit den Beamten des eigenen Landes. An die formale und korrekte Arbeitsweise der finnischen Grenzbehörden hatte man sich schon gewöhnt und ist nun besonders enttäuscht, wenn auch dort etwas nicht so funktioniert.

Doch nicht nur in Bezug auf das Grenzregime, sondern auch in Hinsicht auf andere Ebenen der Steuerungspolitik nehmen sich die Teilnehmer als Mitglieder einer benachteiligten Gruppe wahr. Ihre Erfahrungen sind überwiegend von Ausweglosigkeit und Ohnmacht geprägt. Die Unzufriedenheit mit der eigenen Lebenswelt wird auch mit Tendenzen zur Scham über die lokale Arbeitskultur und Frustration über die lokalen Machtverhältnisse gerahmt.

---

166 ebd.

Für grenzüberschreitende Tätigkeiten sind selbst angepasste Lösungsansätze oft ausweglos. Nur noch wenige Nischen werden angedeutet, eigene grenzüberschreitende Fahrten sind selten. Dabei werden Lebensmittel oder andere Bedarfsgegenstände nach Russland transportiert. Dieser Schmuggel wird mit dem Ziel der Eigenversorgung legitimiert und die Akzeptanz bzw. Nachsichtigkeit der (zum Teil ebenfalls schmuggelnden) Grenzbeamten aus Erfahrung fest einkalkuliert. Zum Teil wird auch von Schwarzhandel mit finnischen Möbeln berichtet, was als gegenwärtig einzige, lohnenswerte grenzüberschreitende Handelstätigkeit eingeordnet wird.

Informelle Aushandlungen werden apzektiert. In manchen Tätigkeitsschritten wäre man auf informelle Unterstützung der Behörden der Stadt angewiesen, die für solche Fälle – für gute Zwecke – ja legitim wäre, die man aber leider aufgrund seiner Positionen nicht bekäme. Man würde die Unterstützung durch informelle grenzüberschreitende Netzwerke nutzen, aber auch das sei recht schwierig. Von der finnischen Seite her nehmen diese Akteure recht wenig Interesse an Kooperation wahr; die Finnen würden sich (u.a. infolge russischer Visumsbestimmungen und veränderter Preisdifferenzen) in Richtung Baltikum orientieren. Insofern werden auch grenzüberschreitende Besuche der Finnen nur in eingeschränktem Ausmaß als nutzbare Einkommensquelle angesehen.

Insgesamt lässt sich eine unzufriedene, von Benachteiligung und Ausweglosigkeit geprägte Grundhaltung rekonstruieren, auf deren Basis jeder individuell sehen muss, wie er seinen Weg findet. Eigentlich wäre woanders alles besser, aber gegenüber anderen Mentalitäten ist man eher unsicher, und die eigenen Freunde hat man hier. Also bleibt man und kämpft sich irgendwie durch.

6.1.4 Fallbeschreibung 4 – Russische Unternehmer/innen

6.1.4.1 Teilnehmer/innen und Diskussion

Die Gruppendiskussion bringt neun Führungskräfte aus lokalen kleinen bis mittelgroßen Unternehmen sowie zwei Vertreter der Wirtschaftsabteilung der Stadtverwaltung an einen Tisch. Nicht nur diese Zusammensetzung der Runde, sondern auch der mit Fahnen dekorierte, etwas steif gehaltene Sitzungssaal in der Stadtverwaltung verleihen dem Treffen einen formalen Charakter. Allerdings scheint dieser Rahmen den Diskutanten sehr vertraut zu sein, man kennt sich gut und diskutiert relativ entspannt.

Etwa die Hälfte der Gruppe (Teilnehmer Kasimir, Demjan und Efim) sind grenzüberschreitend mit finnischen Partnern tätig, die anderen Teilnehmer haben eher indirekte Beziehungen zu finnischen Akteuren in Bereichen des Handels

(Galina), Tourismus (Fedor, Jelena) oder gemeinsamer Bauprojekte (Benedikt und Igor). Die Grenze wird auch in diesem Gespräch als Problem wahrgenommen und diskutiert. Andere wichtige Themen sind die eigenen wirtschaftlichen Aktivitäten der Teilnehmer/innen sowie zahlreiche Aspekte des Kontextes, im welchem diese Handlungen stattfinden.

6.1.4.2 Diskursverlauf

Einstiegsfrage

> Moderator:"(...) wir sind hier sozusagen zum Meinungsaustausch zu diesem Thema, also: Inwieweit beeinflusst die Grenze Ihr Unternehmen, wie sehen Sie die Veränderungen, die in der letzten Zeit stattgefunden haben?. Also, ich weiß zum Beispiel, dass die Menge des unverarbeiteten Nutzholzes angestiegen ist, und das hatte Einfluss auf die Lieferungen für den Export von unverarbeitetem Nutzholz aus Karelien; die gingen stark zurück. Ja, also, was für andere Fragen, die mit dem Zoll oder so zu tun haben, - ähm, mit all diesen Fragen, mit der Regulierung der Europäischen Union, mit Ihrem Erfahrungsaustausch mit Unternehmern."[167]

Passage „Abgehängte Peripherie"
Auf die Eingangsfrage hin betont Artjom in einer ausführlichen Einschätzung, dass grenzüberschreitende Beziehungen in früheren Jahren ein positiver Entwicklungsfaktor für die Unternehmen in der Region waren. Heute wird die Gegend eher als abgehängte Peripherie empfunden. Finnische Unternehmen hätten sich tendenziell nach Westen umorientiert und somit würden sich auch viele einheimische Unternehmen ihre Kooperationspartner zunehmend in östlicher Richtung suchen müssen.

Passage „Russischer Zoll als eigener Staat"
In Interaktion mit Fedor stellt Artjom die tatsächlich noch weiterhin stattfindende Zusammenarbeit mit finnischen Partnern als eine durchaus positive Erfahrung heraus. Über die Zeit hätte man auch im Umgang mit den sehr verschiedenen Mentalitäten ein gutes Verständnis füreinander entwickelt. Ein „allgemeines Ärgernis" und Hindernis für diese Tätigkeiten wäre momentan die russische Zollbehörde. Die allgemeine Erfahrung der Teilnehmer/innen ist, dass die Gebührenpolitik der Behörde in hohem Maße intransparent ist und die Gesetze stark subjektiv umgesetzt werden. Eine resignierende Grundhaltung wird in arbeitstei-

---
167 Gruppendiskussion mit Unternehmer/inne/n, Sortavala (Russland), 20.05.2008

liger Weise ausgedrückt, man fühlt sich denen, die Gebühren einnehmen, ausgeliefert und sucht nach Auswegen.

Fedor: „Dass das ein Staat im Staat ist, darüber hat es keinen Sinn, hier an diesem Tisch zu reden. Sie haben da ihre eigenen Regeln, und keiner hier von uns kann da mit ihnen etwas machen."[168]

Die einzige Lösung solcher Probleme wird in der individuellen Aushandlung eines Sonderstatus mit der Zollbehörde bzw. in guten Kontakten zur Regierung gesehen. Exemplarisch wird von Artjom beschrieben, wie man gegebenenfalls den Zoll „schmieren" muss, da die Konkurrenz groß ist unter den Unternehmen, die nach Finnland liefern. Nach Fortführungen dieser Feststellung wird die Zollbehörde des eigenen Landes konkludierend von Artjom als eine „Schande" bezeichnet. Dies wird von Artjom und Fedor zusätzlich mit den gegenteiligen, vergleichsweise unproblematischen Erfahrungen mit dem finnischen Zoll gerahmt.

Passage „Reparatur unmöglich"
Teilnehmer Benedikt lenkt die Diskussion wieder zurück auf das Thema der wirtschaftlichen Lage der Grenzregion. Er beklagt vor allem die große wirtschaftliche und technische Abhängigkeit vom westlichen Ausland, in welcher sich lokale Unternehmen befinden. Die Zusammenarbeit mit den Finnen wird auch von ihm als positiv bewertet, und die Lernprozesse im Rahmen gemeinsamer Bauprojekte hervorgehoben. Aber es gäbe gravierende Probleme mit technischen Ausstattungen, und auch Reparaturen bereits vorhandener, früher aus dem Westen bezogener Maschinen wären nun nahezu unmöglich.

Benedikt: „Wenn man sich die schwache Verfassung des russländischen Maschinenbaus anschaut, da macht es traurig, dass man sagen kann: Wir fliegen ins All, aber Maschinen können wir nicht herstellen. Vor allem unsere ganzen Rolltreppen sind alle importiert."[169]

Diesen Missständen fühlt man sich als Unternehmer ausgeliefert – und Auswege durch den Import von Maschinen oder Ersatzteilen aus Finnland und anderen westlichen Ländern werden durch den Zoll be- bzw. verhindert. Die Gesetzgebungen im Bereich der Steuern und Zollregulierungen werden mit Verweis auf diese Problematik als realitätsfern und absurd beschrieben.

---

168 ebd.
169 ebd.

6.1 Handlungsmöglichkeiten im Diskurs: vier Gruppendiskussionen 183

> Benedikt: „Bei uns gibt es ein Problem mit den Ersatzteilen, aber jetzt ist es so, dass wir nichts machen können mit unserem geliebten Zoll, weder zur Reparatur ausführen, noch es nach der Reparatur wieder einführen, absolut nichts geht."[170]

Die Erfahrung dieser Mangelsituation als ein schwerwiegendes Problem wird anschließend gemeinsam weiter bearbeitet, als nun Artjom und Fedor die Feststellungen bestätigen und ergänzen. Als Vergleichsbasis werden die Bedingungen während der Zeit der Sowjetunion angeführt, die aufgrund des damals geringeren Bürokratismus noch besser gewesen wären. Der gegenwärtige Bedarf an Reparaturunternehmen wird als wirtschaftliches Potential der Region dargestellt, dem man sich aber aufgrund der schlechten technischen Voraussetzungen nicht widmen kann. Teilnehmer Benedikt ordnet diese schlechte Lage abschließend als Folge der Vernachlässigung der Region durch die Regierung ein, welche ihre (Zoll-)politik zu wenig differenziert anlegen würde und die Probleme einer solchen peripheren Region nicht im Blick hätte.

Passage „Schmuggel"
In der sich weiterhin um die nicht funktionierende Wirtschaft drehenden Diskussion wirft Fedor die Frage des Arbeitsmarktes und des von Unternehmern erfahrenen Mangels an Arbeitskräften auf. Eingebettet in diese Wahrnehmung führt er das Thema des grenzüberschreitenden Schmuggels als eine der von der Bevölkerung alternativ wahrgenommenen Beschäftigungsfelder ein. Exemplarisch weist F auf den Benzinschmuggel und dabei genutzte Netzwerkbeziehungen mit den Finnen hin. Gemeinsam mit Äußerungen anderer Teilnehmer wird eine ablehnende Haltung gegenüber dieser Tätigkeit deutlich. Es wird vor allem beklagt, dass solche, teilweise gut ausgebildeten Personen dann in anderen Bereichen der lokalen Wirtschaft fehlen.

> Fedor: „...auf der anderen Seite sollte man das nicht erlauben: dass ein Mensch einfach Benzin verkaufen fährt und nicht arbeitet. Und dieses Problem gibt es, vielleicht in den letzten Jahren weniger dringend, aber es wird weiter existieren. Und da muss man irgendwelche Maßnahmen ergreifen. Und sich darüber auszutauschen, hier an diesem Tisch, das löst die Probleme nicht, aber eine Lösung ist notwendig."[171]

In der interaktiven Fortführung der Diskussion um den Benzinschmuggel und Möglichkeiten seiner Unterbindung wird das Grenzregime als potentieller Schutzmechanismus der lokalen Wirtschaft vor solchen Phänomenen eingeord-

---
170 ebd.
171 ebd.

net. Die Erfahrung wäre jedoch, dass die Kontrolle der Benzintransporte etwas schwierig ist, und Grenz- und Zollbeamten der russischen Seite diesen Schmuggel generell eher ignorierten.

Die Haltung der Diskutant/inn/en in Bezug auf die Legitimität grenzüberschreitenden Handels wird weiter differenziert durch Artjom, der einwirft, dass zu unterscheiden ist zwischen dem gegenwärtig diskutierten Schmuggel auf der einen, und dem Mitbringen notwendiger Gegenstände für den Eigenbedarf auf der anderen Seite. Letzteres wird als völlig legitim angesehen. Beispielhaft beschreibt er die auf hochkomplizierte Weise umgesetzte Einfuhr eines Kühlschrankes vor vielen Jahren. Er grenzt sich damit (unter zustimmenden Kommentaren von anderen Teilnehmern) ab von den „Schwarzhändlern, die die Sachen herbringen".

Passage „Zoll und Bürokratie"
In dem Erfahrungsrahmen der Herausforderungen der grenzüberschreitenden Einfuhr von Waren verbleibend lenkt der Moderator mit dem Beispiel der Holzindustrie das Thema auf die *unternehmerischen* Grenzüberschreitungen. Der Unternehmer Efim erfährt die hohen und – seiner Meinung nach – zum Teil willkürlich erhöhten Abgaben als großes Problem für die Zusammenarbeit mit ausländischen Partnern. Schwierigkeiten bestehen nicht nur bei der Ausfuhr von Holz und den damit verbundenen Prüfungen an der Grenze, sondern auch bei der Einfuhr von in der Holzindustrie benötigten Maschinen. Die Unternehmer Kasimir, Demjan und Efim arbeiten interaktiv heraus, dass der größte Störfaktor dabei in dem Bürokratismus der Zollregulierungen begründet läge. Die Interaktionen mit dem Zoll wären mit so viel Aufwand verbunden, „man fragt sich, *wofür* das Ganze" (Herv.i.Orig.).

Passage „Wirtschaften in Grenznähe"
Artjom ordnet anschließend die geteilte Wahrnehmung der schlechten Qualität der eigenen, lokalen Wirtschaft in einen speziellen Erfahrungsraum der Unternehmer/innen in Grenznähe ein. Man hätte hier auf Basis der Erkenntnisse aus der Produktion für finnische Abnehmer schon einen anderen Qualitätsmaßstab für wirtschaftliche Aktivitäten entwickelt, neue Technologien und Standards erlernt. Demjan und Efim entgegnen den Ausführungen eher mit Skepsis und beklagen die Abhängigkeit der Region Karelien von den föderalen Organen und makrowirtschaftlichen Strukturen, welche andere, konkurrenzfähigere Regionen begünstigen. Mit einem Anflug von trotzigem Stolz wehrt Artjom diese pessimistische Gegenbemerkung ab mit einem: „Ach was, sollen sie doch, was soll's." und deutet wenig später mit: „So ist es eben." die Notwendigkeit des Arrangierens mit diesem Zustand an. Auch Unternehmer Igor relativiert den

Pessimismus der Diskutierenden und berichtet, dass es schon einfacher geworden sei, jetzt, wo es „schon die ein oder andere Strasse" gäbe. Dabei wird deutlich, wie stark die Diskutierenden die Einschätzung ihrer Handlungsmöglichkeiten mit sehr grundsätzlichen Entwicklungskriterien wie die der lokalen Infrastruktur in Zusammenhang bringen.

In der nun folgenden, recht kurzen, aber interaktiven Passage dokumentiert sich ein weiterer kollektiver Bewertungsmaßstab der Teilnehmer/innen. Als der Moderator nach Geschäftstätigkeiten russischer Unternehmer/innen auf der finnischen Seite fragt, reagieren die Diskutanten mit der Gegenfrage, ob denn damit etwa *legale* Tätigkeiten gemeint wären. Die verbreitet erfahrene Schwierigkeit und somit fast Undenkbarkeit der erfolgreichen Ausführung von Tätigkeiten in Finnland im *legalen* Rahmen kommt darin zum Ausdruck. Die Situation wird mit Lachen und Husten kommentiert. Aber auch auf ernsthafte Art wird diese Haltung bestätigt, als ein Sprecher von einem Beispiel eines solchen Versuches einer Tätigkeit in Finnland aus dem Bekanntenkreis berichtet. Es wäre wohl nicht weiter interessant, die Unternehmung wäre sehr klein gewesen, und der institutionelle Rahmen hätte die Tätigkeit stark erschwert. Die wirtschaftliche Orientierung auf grenzüberschreitende Unternehmensgründung wird zusammenfassend als „ein großes Problem" eingestuft.

Bezüglich der Handlungsmöglichkeiten von Akteuren wird auch auf den Arbeitsmarkt eingegangen. Eine Distanzierung von anderen Bevölkerungsgruppen kommt zum Ausdruck, als die Nichtmeldung von Arbeitslosen kollektiv beklagt und pauschalisierend mit fehlendem Arbeitswillen dieser Personen begründet wird.

> Teilnehmer: „Aber jeder soll letztlich [ ], es reichen [ ] [nicht nur nicht die Fachkräfte], es fehlen einfach Menschen, die arbeiten können."[172]

Eine sehr gewünschte Option wäre die Anwerbung von Fachkräften aus Finnland, doch auch diese grenzüberschreitende Orientierung wird aus bisherigen Erfahrungen als wenig aussichtsreich eingeschätzt. Man erklärt sich das Wegbleiben solcher Arbeitnehmer/innen mit der so wahrgenommenen Unattraktivität der eigenen Region. Oppositionell ergänzend zum vorher Gesagten wird allerdings auch dargestellt, dass die Region für die Finnen doch in einigen Punkten durchaus interessant wäre. Dies belegt man mit Erzählungen von den langen Schlangen finnischer Besucher an der Grenze. Auch finnische Grenzbeamte würden viel hin und her fahren. Neben Einkaufsfahrten würden viele Finnen auch im Zusammenhang mit Vereinstreffen oder für Seminare zur grenzüberschreitenden Zusammenarbeit über die Grenze kommen. Diese Austausche wer-

---

172 ebd.

den als positives Zeichen wahrgenommen. Konkludierend wird somit die Grenznähe als sowohl positiv als auch negativ für eigene Handlungsmöglichkeiten bewertet:

> Teilnehmer: „In der Tat ist diese Grenznähe letztlich ziemlich gut, nur [ ] [manchmal].."[173].

Die Besuche aus Finnland seien ein großes Potential, allerdings fehlte es an Infrastrukturen, um diese Ressource vollständig auszunutzen. Aus lokalen Kräften könne man aber die nötigen Entwicklungen nicht aufbringen. Daher übernehmen Investor/inn/en aus Moskau und St. Petersburg dieses Tätigkeitsfeld, während lokale Unternehmer/innen vom Markt verdrängt werden. Diese Erfahrung wird von anderen bestätigend und sehr verärgert kommentiert und in allgemeine Beklagungen zum Zustand der hohen Abhängigkeit von äußeren Kräften eingebettet. Der Diskursverlauf steigert sich in eine Phase hoher interaktiver Dichte, welche durch den Einwurf des Themas ‚Immobilien' durch den Moderator noch zusätzlich angefacht wird. Es scheint, als wäre ein wunder Punkt angesprochen, als mehrere Diskutanten gleichzeitig den fehlenden Schutz vor externen, profitsüchtigen Investoren bestätigen und missmutig beklagen.

> Moderator: „Ich habe darüber etwas in der Zeitung gelesen, vielleicht in der von Sortavala oder in der von Karelien, dass es notwenig ist, eine große, breite Grenzzone einzurichten, damit die Finnen hier nicht die ganzen Immobilien aufkaufen können."
> Fedor: „Ach was, so etwas gibt es hier (nicht)" ((alle rufen laut und durcheinander)). (...)
> Fedor: „Nein, also, wenn [nicht] der Moskauer [ ], dann der Finne. [Die] kaufen auch in Finnland schon alles, [aber auch bei uns]. In Sortavala wissen viele schon nicht mehr, wohin mit dem Geld. Jetzt [ ] ein anderer [ ] – haben, haben."[174]

Passage „Abschluss"
Nachdem noch einmal die touristische Bedeutung der Region diskutiert wird, beschließt Galina, die offensichtlich eine geachtete Stellung innerhalb der Runde einnimmt, das Gespräch mit einer provokativen Bemerkung. Auf die Frage nach noch fehlenden Aspekten in der Diskussion stellt sie fest, man solle die traurigen Sachen wohl lieber weglassen. Diese wörtlich oder ironisch gemeinte Äußerung vermittelt den Eindruck, dass man mit den besprochenen Mängeln und Schwierigkeiten gerade einmal an der Oberfläche gekratzt hätte.

---

173 ebd.
174 ebd.

6.1.4.3 Zusammenfassung

Bereits zu Beginn des Gespräches gehen die Wortmeldungen schnell von den Grenzregulierungen über zu allgemein negativen Erfahrungen mit Regulierungen und Gesetzgebung in Russland. Eine scheinbar generell geteilte, sehr verurteilende Haltung gegenüber der Regierung und den regionalen und lokalen Behörden ist gekoppelt mit einem starken Gefühl der Abhängigkeit von genau diesen Akteuren. Es sind vor allem diese Aspekte der Machtlosigkeit gegenüber anderen Akteuren, welche die Wut und Redelust einiger Teilnehmer/innen besonders anfacht. Zwar besteht offenbar bei diesen Akteuren kein existenzieller Notstand, aber man fühlt sich von größer angelegten, regionalen Investitionsmöglichkeiten ausgeschlossen. So würden sowohl die Gesetzgebung als auch die lokale Umsetzung derselben die endogene Entwicklung der peripheren Region behindern.

Die geltenden Grenzregulierungen werden allgemein als problematisch reflektiert und als zusätzlicher Faktor der Peripherisierung der ohnehin wirtschaftlich stark abgehängten Region eingeordnet (vgl. Müller 2013). Die EU-Grenzregulierungen sind schon länger gültig und werden kaum thematisiert. Dagegen erregen die momentanen Veränderungen der russischen Zollregulierungen die Gemüter der Diskutant/inn/en. Zwar wird ihre Funktion als Schutzmechanismen für das eigene Land anerkannt, aber dennoch werden sie als realitätsfern und zu undifferenziert beklagt. Sie seien gerade für die Wirtschaft in peripheren Gebieten eher mit Schaden als Schutz verbunden. Bezüglich dieser Gesetze und anderer Grenzregulierungen wird vor allem die *Umsetzung* als problematisch dargestellt. Besonders der Bürokratismus der russischen Zollbehörde und letztendlich des russischen, institutionellen Kontextes allgemein wird diskutiert. Der Erfahrungsrahmen der Abhängigkeit von den zweifelhaft agierenden Behörden führt dazu, dass Willkür und Unberechenbarkeit von Zoll- und Grenzbeamten zwar beklagt werden, gleichzeitig aber die Bestechung dieser Personen als relativ normaler Ausweg auch für die eigenen Handlungen gilt.

Auffallend ist jedoch, dass die Diskutant/inn/en kaum von eigenen Grenzüberschreitungen berichten. Auch die Visaproblematik, welche in der am gleichen Tag stattfindenden Diskussion der Kleinhändler die Gemüter erregte, wird in diesem Gespräch mit keinem Wort erwähnt. Zusammenarbeit mit finnischen Partnern wird weiterhin betrieben, die unterschiedlichen Mentalitäten hat man schon gegenseitig akzeptiert. Die mit der Kooperation verbundenen Lernprozesse in Hinsicht auf technisches Wissen etc. werden als äußerst bedeutungsvoll herausgestellt. Innerhalb dieses Erfahrungsrahmens der Kooperation mit finnischen Partnern hat man entsprechende Standards und Qualitätsansprüche übernommen. Man reflektiert, dass diese nun auch als Orientierung für die eigene Arbeit dienen, beklagt allerdings die schwierige Umsetzung solcher Kriterien im eigenem Land und die problematische Abhängigkeit von westlicher Technik. Die Orientierung an diesen Maßstäben steht daher im Konflikt zu anderen Handlungsvorgaben, insbesondere des Grenzregimes, und muss in der Praxis je nach entstehenden Möglichkeiten (z.b. Einladung von finnischen Partnern) ausgehandelt werden. Von systematisch betriebenen, grenzüberschreitenden Schmuggeltätigkeiten distanzieren sich die meisten Diskutanten in dieser Gruppe sehr deutlich. Als Möglichkeit der positiven Nutzung des Warenverkehrs an der Grenze werden die Einkaufsreisen der Finnen und deren Nachfrage nach russischen Produkten erwähnt.

Insgesamt wird die Grenznähe von den Diskutanten als positiv bewertet. Die Ausnutzung der damit verbundenen Potentiale wird allerdings durch die Gesetzgebungen und ihre Umsetzung (einschließlich der Grenzregulierungen), durch mangelnde Infrastruktur sowie durch die fortgeschrittene Umorientierung finnischer Geschäftspartner und Kunden eingeschränkt.

6.2 Vergleichende Auswertung und Typengenerierung

In diesem zweiten Teil des Kapitels werden die Vergleichsdimensionen, die sich aus dem Material der Gruppendiskussionen heraus ableiten ließen, diskutiert. Darauf aufbauend wird die sinngenetische Herausarbeitung von Typen von Handlungsorientierungen sowie ihre soziogenetische Erweiterung erläutert.

6.2.1 Die Vergleichshorizonte

Während die Teilnehmer/innen ihre Probleme diskutieren und sich austauschen über verschiedene Möglichkeiten und Unmöglichkeiten der Grenzüberschreitung, werden ihre Erfahrungsrahmen und Bewertungsmaßstäbe in Bezug auf ökonomische Handlungen entlang der EU-Außengrenze sichtbar. In den zum Teil ähnlichen, aber auch oft leicht abweichenden Einschätzungen von Situationen oder Bedingungen zeigen sich verschiedene Vergleichshorizonte für die Handlungsorientierungen der Akteure. In Bezug auf den Umgang mit der Grenze kamen einige spezifische Dimensionen der Praxis der Akteure besonders intensiv hervor:

- *Die eigenen Spielräume*
- *Offizielle Gesetze? Die Willkür der Mächtigen*
- *Informalität als Normalität*
- *Die Bedeutung der Grenze für ökonomisches Handeln*

6.2 Vergleichende Auswertung und Typengenerierung 189

Entlang dieser thematischen Dimensionen lassen sich unterschiedliche Positionen der Akteure in Hinsicht auf ihre Wissensbestände und Bewertungsschemata ordnen und daraufhin verschiedene Typen der Handlungsorientierung in Bezug auf die Grenze ableiten. Zunächst werden die Vergleichshorizonte vorgestellt, bevor dann näher auf die hier vorgenommene Typengenerierung eingegangen wird.

6.2.1.1 Die eigenen Spielräume

Die Analyse der Erfahrungen und Suche nach Handlungsmöglichkeiten der Akteure lenkt den Blick automatisch auf die Frage nach den Handlungsspielräumen, welche die verschiedenen Akteure für sich wahrnehmen und beschreiben. Die Bandbreite von Handlungsalternativen ist dabei sehr unterschiedlich weit ausgeprägt. Eventuelle in der Diskussion deutlich werdende Veränderungen dieser Bandbreiten geben einen Hinweis auf die Verschiebung sozialräumlicher Positionierungen durch die Umsetzung neuer Erfahrungen und zeigen somit die Verortungswirkung an.

6.2.1.2 Offizielle Gesetze? Die Willkür der Mächtigen

In einander recht ähnlicher Weise drücken sich in den Gesprächen negative Erfahrungen mit staatlichen Gesetzgebungen aus. Formale Regelwerke werden meist unzureichend durchgesetzt; in der Praxis hat man mit Bürokratismus und Korruption zu tun. Staatliche Machtträger und ihnen wohl gesonnene Akteure können ihre eigenen Interessen mit verschiedensten Mitteln durchsetzen, während machtlosere Akteure benachteiligt werden. Dies hat eine entscheidende Bedeutung für die Orientierungen der hier ausgewählten Akteure. Ihre Erzählungen zeigen, dass sie formale Gesetze bisher als etwas kennen gelernt haben, was überbürokratisiert wird, was von den „Großen" umgangen wird bzw. zu eigenen Zwecken angepasst wird. Ihr Erfahrungsrahmen ist also weitgehend, dass man offizielle Regeln gar nicht im Detail kennen kann, da sie in der Praxis immer verschieden und mit viel Willkür angepasst werden. Sowohl die russischen als auch die ukrainischen Akteure beschreiben diesen Umstand mit sehr ähnlichen Worten als eine ganz spezifische Eigenart ihres Landes, die man mit Beschämung feststellt, der man aber im eigenen Handeln kaum entgehen oder entgegnen kann. Nur minimal macht sich in wenigen Aussagen ein leicht anwachsendes Interesse an der Einhaltung fester Regeln bemerkbar.

Die Erfahrungen im Umgang mit offiziellen Regulierungen sind daher überwiegend von hohem Misstrauen geprägt. Und so ist es auch wenig verwunderlich, dass auch den Grenzregulierungen der EU-Außengrenze wenn auch in unterschiedlichem Maße, so doch weit verbreitet mit Unsicherheit und Argwohn begegnet wird. Man kann sich die Regeln zum Teil nicht erklären, empfindet sie als willkürlich; und an eine rechtmäßige Umsetzung der Regulierungen kann man ohnehin nicht glauben.

6.2.1.3 Informalität als Normalität

Eng verbunden mit dem Misstrauen in formelle Gesetzgebungen und ihre Umsetzung ist die in allen Gesprächen zum Ausdruck kommende Legitimierung von informellen Handlungen. Vom Schmuggel von Lebensmitteln für den Eigenbedarf über Bestechungsgelder für die Grenzbeamten bis hin zu gefälschten, offiziellen Dokumenten oder Korruption im Umgang mit staatlichen Unternehmen – Informalität ist Bestandteil des Alltags der untersuchten Akteure. Dies bildet einen Rahmen, innerhalb dessen auch aktuelle Handlungsorientierungen in ihrer Legitimität bewertet werden. Welche Handlungen dabei von wem als legitim betrachtet werden, ist zum Teil verschieden. Während der Schmuggel zum Eigenbedarf von allen Diskutierenden akzeptiert ist, beziehen verschiedene Akteure in Hinsicht auf kommerziell angelegten Zigarettenschmuggel oder die Bestechlichkeit von Behörden unterschiedliche Positionen.

Durch die Interaktion mit anderen institutionellen Rahmenbedingungen, unter denen die finnischen Grenzbehörden schon länger, und die polnischen Grenzbehörden seit Einführung der EU-Regulierungen arbeiten, wird der lange gültige Erfahrungsrahmen der Informalität als Normalität zum Teil erschüttert. Dennoch hat er für viele Entscheidungen noch stets eine tief sitzende Bedeutung.

6.2.1.4 Die Bedeutung der Grenze für ökonomisches Handeln

Im Rahmen der jeweiligen Erfahrungen werden die Grenze und die damit verbundenen Handlungsoptionen insgesamt von den Akteuren unterschiedlich bewertet. In dieser Bewertung kommt zum einen die routinierte Erfahrung der Ausnutzung der Vorteile der Grenze, zum anderen aber auch die Anpassung dieser Bewertungen durch die Veränderungen der Bedingungen dieses Handelns zum Ausdruck.

Bevor die EU-Grenzregulierungen gültig wurden, spielte grenzüberschreitender Handel eine größere Rolle. Viele Bewohner/innen der Grenzregionen nutzten die Ressource des Kleinhandels zur Absicherung des eigenen Einkommens und Überlebens. Für einen Großteil der hier zu Wort kommenden Akteure erbrachte der Handel ein zweites Einkommen, das je nach eigener wirtschaftlicher Situation eine mehr oder weniger existenzielle Bedeutung hatte. Auch Erfahrungen von Personen, die gänzlich vom grenzüberschreitenden Handel leben, wurden diskutiert. Im Bereich unternehmerischer Handlungen nehmen Grenzüberschreitungen wiederum andere Bedeutungen an. Da sind zum einen die Handelsbeziehungen, Warenlieferungen und Dienstleistungen, zum anderen aber auch der Wissensaustausch zur Erhöhung der Profitmöglichkeiten geeignet.

6.2.2 Die Generierung von Typen grenzbezogener Praxis

6.2.2.1 Sinngenetische Typenbildung

Innerhalb der Fallgruppen traten entlang der soeben beschriebenen Vergleichsdimensionen unterschiedliche Ausprägungen von Erfahrungen, Einschätzungen und Bewertungen auf. Im Zusammenhang mit diesen Positionen stehen verschiedene Orientierungsmuster der Akteure, welche in ihren Tendenzen gebündelt und als Typen genauer analysiert werden können. Als Ausgangskriterium für die Unterscheidung wurde die Bandbreite der Spielräume der Akteure gewählt. Dieser Vergleichshorizont zeichnete sich während der Gespräche als wesentliche Dimension für die Differenzierung von Handlungsorientierungen auch innerhalb der Fallgruppen ab. Die Einschätzung der Handlungsspielräume in der Praxis ist unmittelbar verbunden mit den Orientierungen, welchen die Akteure in ihrem Umgang mit der Grenze folgen.

Eine Verortung wird erst dann wirksam, wenn sie auch in der Praxis angenommen wird, wenn die Praktiken angepasst werden. Das Ausmaß, in welchem die Akteure im Rahmen ihrer ökonomischen Praktiken Handlungsmöglichkeiten sehen, zeigt die Wirkung der Grenzregulierungen an. Um diese Auswirkungen genauer zu bestimmen, werden zusätzlich die Ausprägungen der Handlungstypen hinsichtlich der anderen Vergleichsdimensionen einbezogen.

6.2.2.2 Soziogenetische Erweiterung der Handlungstypen

In einem nächsten Schritt wird die sinngenetische Typenbildung durch die Einbeziehung der Aussagen zu den Lebensbedingungen der Akteure erweitert. Diese Bedingungen werden in den Diskussionen vor allem durch die Erklärungen zur sozioökonomischen Situation der Akteure und der damit verbundenen, mehr oder weniger existenziellen Abhängigkeit von der Grenze als Ressource verdeutlicht. Ein Großteil der Diskutanten beschreibt die Möglichkeiten der Einkommenssicherung an den peripheren und wirtschaftlich wie infrastrukturell abgekoppelten Orten als stark eingeschränkt. Die Optionen auf dem Arbeitsmarkt sind gering, die Chancen auf stabile Einkünfte aus selbständiger Tätigkeit auch sehr begrenzt. Korruption und Bürokratismus verunsichern die Akteure in unterschiedlichem Maße und drängen viele in ihren ökonomischen Tätigkeiten zusätzlich an den Rand. Unter diesen Bedingungen stellt die Ressourcenfunktion, die mit der Grenzüberschreitung verbunden ist, in verschiedener Weise einen wichtigen Bestandteil der sozioökonomischen Absicherung der Bewohner/innen der Grenzregion dar. Die ökonomische Abhängigkeit vom grenzbezogenen Handeln ist daher verschieden.

Basierend auf den damit verbundenen, typenspezifischen Ausgangspositionierungen wird die sozialräumliche Verortungswirkung innerhalb der Ausdifferenzierung der Handlungsorientierungen sichtbar gemacht. Fast ausnahmslos ist erkennbar, dass die Grenzüberschreitung seit der Übernahme der Regulierungen des Schengener Abkommens komplizierter ist. Die Anforderungen für die Visumsbeschaffungen wurden erhöht, das Antragsverfahren ist umständlich geworden, die Kontrollen am Grenzübergang haben sich verändert. Die tatsächliche Barrierewirkung, die von diesem Wandel ausgeht, ist für verschiedene Akteure in der Praxis im Ausmaß recht unterschiedlich. Während die neuen Bestimmungen einige Akteure zur Aufgabe ihrer Tätigkeiten gezwungen haben, ist für andere die Durchlässigkeit geringer geworden, aber nicht ganz verschwunden. Die Grenze ist heute nur noch mit Einschränkungen nutzbar für eigene wirtschaftliche Aktivitäten. Die Unterschiedlichkeit dieser Barriere-Wirkung weist abschließend auf die differenzierenden Wirkungen der Grenzregulierungen hin.

Diese Typologie ist dynamisch zu verstehen, sie soll keinesfalls eine feste Kategorisierung der Akteure bedeuten. Es gibt in den Gruppen auch solche Teilnehmer, die zwischen zwei Typen einzuordnen sind. Dadurch wird auch die Dynamik der Differenzierungs- und Verortungsprozesse durch die Grenze sichtbar.

6.3 Typen der Handlungsorientierung an der EU-Außengrenze

Im folgenden werden die im Laufe der Interpretation der Ergebnisse entwickelten Typen von Handlungsorientierungen vorgestellt, und in ihrer Verknüpfung mit sozialen Bedingungen der Herstellung der handlungstypischen Orientierungsmuster diskutiert. Diese Handlungstypen werden nicht vollkommen deckungsgleich mit den Mitgliedern jeweils einer Gruppendiskussion ausgemacht,

6.3 Typen der Handlungsorientierung an der EU-Außengrenze   193

sondern stellen diesbezügliche eine Art ‚Korrektur' der Darstellung kollektiver Interpretationsgemeinschaften dar. Sie fassen die Handlungsorientierungen von Personen zusammen, die im praktischen Umgang mit den Grenzregulierungen ähnliche Handlungsorientierungen entwickeln.

6.3.1 Typ 1 ‚Ohne Grenze geht es nicht'

Kennzeichen:
- Versuch der weiteren Nutzung der grenzbezogenen Handlungen
- Grenze als einzige Einkommensquelle
- informelle Handlungen, Netzwerke

Vertreter/innen:
- der russische Kleinhändler Alexej (früher)
- indirekte Beispiele aus mehreren Diskussionen

Abbildung 19: Passanten beim Grenzübertritt Ukraine-Polen (Medyka/ Šegyni)
Qu.: Eigene Aufnahme, April 2009

Die hauptsächliche Handlungsorientierung dieses Typs liegt darin, die grenzbezogenen Handlungen so weit es irgend geht fortzuführen. An der finnisch-russischen Grenze wird deutlich, dass der Verlust der Möglichkeit des grenzüberschreitenden Kleinhandels eine große Herausforderung für viele Personen darstellt, wie z.B. für Alexej in der russischen Kleinhändler-Gruppe. Auch an der polnisch-ukrainischen Grenze ist es nun sehr kompliziert geworden.

Eigene Spielräume

Man leistet höchstmöglichen Widerstand gegen Verortung, selbst wenn dies auch das Beschreiten illegaler Wege bedeutet. Man nutzt die Lücken der Praxis am stärksten aus, man probiert, was man kann. Das gelingt am besten, wenn man informelle Netzwerke hat, und das lokale, spezifische Wissen der Praxis, wie dieses folgende Zitat am Beispiel grenzüberschreitender Netzwerke für den Benzinschmuggel an der finnisch-russischen Grenze beschreibt:

---

175 Gruppendiskussion mit Unternehmer/inne/n, Sortavala (Russland), 20.05.2008

Fedor: „Ich muss dazu sagen, das ist alles schon geregelt wie ein Fließband. Es gibt da eine abgesprochene Siedlung, da kommt nicht nur einer hin, sondern Dutzende. Dort gibt es Behälter, da hin wird das Benzin verkauft. Und dort kommen sie hin und kaufen es, da ist alles schon bereit. Es ist wie ein Fließband."[175]

Hat man die richtigen Kontakte, so findet man auch die kleinen Spielräume, die sich in der Umsetzung der groß angelegten Grenzregulierungen ergeben. Einige legen den eigentlichen Grenzübertritt völlig formal an und halten auch die Mengenbegrenzungen der Waren ein. Die Möglichkeiten der Praxis liegen dann in der effizienten Organisation von Warenabsatz und Transport.

Formale Gesetze sorgen schon an sich für eine nicht zu rechtfertigende Benachteiligung. Man ist gewohnt, dass erst die Praxis bestimmt, welche Wirkung die Gesetze tatsächlich haben. *Offizielle Gesetze*

Informalität ist daher für diesen Handlungstyp selbstverständlich. Man kennt die besonderen Spielregeln der lokalen Praxis, wendet informelle Lösungen an, um den Einkommenserwerb durch das Geschäft über die Grenze sicherzustellen. Das sind hier eher die kleinen, spontan angepassten Taktiken, wie ein Geldschein im Pass zur Bestechung des Beamten. Auch informelle Kontakte untereinander spielen eine große Rolle für die Handlungsentscheidungen und Möglichkeiten. *Informalität*

Die langjährige Erfahrung dieser Akteure ist mit einer uneingeschränkten Ausrichtung ihrer ökonomischen Tätigkeiten auf die Nutzung der Ressourcenfunktion der Grenze verbunden. Die Preisdifferenzen, welche an den Verläufen von politischen Grenzen und somit Trennlinien zweier nationaler Wirtschaftsräume bestehen, wurden von den Vertretern dieses Typs durch alltägliche, eigene Grenzübertritte und dabei integrierten Warentransport ausgenutzt. *Bedeutung der Grenze*

Lebensbedingungen und Auswirkung der Grenzregulierungen
Die Abhängigkeit dieses Typs von dem Einkommen, welches durch Grenzüberschreitung generiert wird, ist sehr hoch und unmittelbar. Dies wird in folgendem Zitat deutlich:

Kyrilo: „Es ist viel schwieriger für die armen Menschen geworden. Man merkt es, dass ein einfacher armer Mensch-"

6.3 Typen der Handlungsorientierung an der EU-Außengrenze

Bohdan: "Wenn alles so gut wäre, würde dann niemand in der Warteschlange vor dem Konsulat stehen. Das sind solche Massen."[176]

Man kann eigentlich nichts anderes versuchen, als die Handelsaktivitäten über die Grenze fortzusetzen. Durch diese Abhängigkeit zeichnet sich dieser Typus in den untersuchten Gruppendiskussionen ab, wenn ihm auch nur wenige Teilnehmer/innen der Gespräche in ihren Praktiken direkt zuzuordnen sind. Besonders in den Diskussionen der russischen und ukrainischen Kleinhändler werden Erfahrungen und Orientierungen dieses Typs deutlich, häufig in Übereinstimmung zu vergangenem, eigenen Handeln oder in der Abgrenzung zu den selbst gewählten Positionierungen. Der Teilnehmer Alexej aus der Diskussion russischer Kleinhändler ist in seinen früheren Tätigkeiten diesem Typ zuzuordnen, war aber gezwungen, sich umzuorientieren, bisher mit wenig Erfolg.

Die neuen Grenzregulierungen stellen für diese Art von Handlungsorientierungen eine starke Barriere dar. Dazu gehören vor allem die Unsicherheit des Erhalts eines Schengen-Visums an sich, die mit der Beantragung verbundenen Kosten (sowohl für Gebühren als auch für Wege zum Konsulat), der benötigte Nachweis ausreichender finanzieller Mittel. Da die Vertreter dieses Types grundsätzlich weniger zu den potentiellen ‚bona fide'-Antragstellern gehören dürften (vgl. Kapitel 4.3.2), ist das Risiko einer Ablehnung groß.

Hat man tatsächlich ein Visum erhalten, so können auch am Grenzübergang selbst Verdachtsmomente auf Seiten der Grenzbeamten noch zur Verweigerung der Einreise führen, besonders im Zusammenhang mit gründlichen Zollkontrollen, die bei regelmäßig die Grenze passierenden Kleinhändler/innen und Schmuggler/innen besonders wahrscheinlich sind und sich seit Polens Übernahme der Schengen-Regulierungen gegenüber den ukrainischen Händler/innen in einseitiger, als diskriminierend empfundener Weise verschärft haben.

---

176 Gruppendiskussion mit Kleinhändlern, Žovkva (Ukraine), 22.07.2008

6.3.2 Typ 2 „Die Zeiten sind vorbei"[177]

Abbildung 20: Informeller Strassenverkauf in Žovkva (Ukraine)
Qu.: Eigene Aufnahme, Juli 2008

Kennzeichen:
- vor allem Resignation und Aufgabe von Praktiken
- Abhängigkeit von Grenze hoch: vorher als Ausgleich, vor allem als Zweiteinkommen genutzt

Konstituierender Fall:
- Ukrainische Kleinhändler (Bohdan und Kyrilo)

Weitere Vertreter/innen:
- russische Kleinhändler Alexej und Kolja

Angesichts der Grenzregulierungen werden von den Vertretern dieses Typs Ohnmacht und Resignation ausgedrückt. In der Ukraine nutzt man gerade noch die bekannten Spielregeln, um sich den Grenzübergang zu erleichtern. Aber es lohnt eigentlich nicht mehr. Grenzüberschreitendes, ökonomisches Handeln ist zu kompliziert geworden, um es als Nebeneinkommen zu betreiben. Man muss sich entweder ganz der Grenze widmen, oder es aufgeben. Die Umorientierung gestaltet sich für diesen Typ besonders schwierig, man sieht kaum Spielräume. Spielräume haben ja die anderen, die Großen, über deren Machenschaften man sich auslässt und dagegen die eigene Lage insgesamt als stark benachteiligt darstellt.

Eigene Spielräume

Die Akteure dieses Handlungstyps sind gegenüber formalen Gesetzen und ihrer Gültigkeit misstrauisch und leicht irritiert. Gerade bei den ukrainischen Akteuren dieses Typs ist zu merken, dass der Übergang zum Grenzregime der EU-Außengrenze und die dabei sichtbar werdende, konsequentere Durchsetzung formaler Regulierungen für Verunsicherung sorgen. In Russland hat man bereits einen neuen Erfahrungsrahmen aufgebaut. Den Umgang mit formalen Gesetzen, die tatsächlich gelten, hat man schon jahrelang in der Interaktion mit finnischen Grenzbehörden erlebt, die Beamten werden für

Offizielle Gesetze

---

177 Gruppendiskussion der Kleinhändler in Žovkva (Ukraine), 22.07.2008

ihre Arbeitsweise gelobt. Dann aber ist man auch umso mehr enttäuscht, dass (momentan/zum Zeitpunkt der Gruppendiskussion) am Finnischen Konsulat das Chaos ausgebrochen scheint. Unverständnis macht sich breit, man kann nur eine böse Absicht dahinter vermuten, denn so kennt man es eben. In dem Falle wird also wieder auf alte Bewertungsschemata zurückgegriffen. Wenn Behörden sich stur stellen, dann ist das in ihrer Erfahrung eine absichtliche Benachteiligung, und nicht etwa ein technisches Problem.

Die ukrainischen Kleinhändler machen es besonders deutlich, eigentlich war Informalität als Teil von Handlungsorientierungen grenzüberschreitend überall gültig. Jetzt werden diese ungeschriebenen Gesetze durch das EU-Grenzregime ‚beschnitten', informelle Aushandlungen haben nur noch bis zur Linie der ukrainischen Beamten Gültigkeit, dahinter ist man schon unsicher, wie man sich verhalten soll. Von diesen Veränderungen fühlt man sich als kleiner Unternehmer besonders betroffen, die Großen dagegen hätten die Macht, ihre korrupten Geschäfte weiter durchzuführen.

Informalität

Die Ressource des grenzüberschreitenden, ökonomischen Handelns stellte für diese Akteure lange Zeit eine zweite, aber relevante Einkommensquelle dar. Angesichts der Verunsicherung über die instabilen, wirtschaftlichen Handlungsstrukturen im eigenen Land nahm der kleine Schmuggel oder Handel über die Grenze eine recht verlässliche Ausgleichsfunktion ein. Unter den neuen Bedingungen der Grenzüberschreitung zeigen die Akteure in ihren Äußerungen eine starke Revidierung dieser Bedeutungszuweisung.

Bedeutung der Grenze

Lebensbedingungen und Auswirkung der Grenzregulierungen
Die Vertreter dieses Typs der Handlungsorientierung zeigen wie auch die des Typ 1 überwiegend eine große Abhängigkeit von der Grenze und den mit ihrer Überquerung verbundenen Einnahmen. Es sind zumeist kleine Unternehmer/innen, in machtlosen Positionen, die mit ihren Wirtschaftsaktivitäten im eigenen Land nicht genügend Sicherheit und Stabilität erreichen können. Die Ressource des grenzüberschreitenden Handelns stellt daher für sie eine – wenn auch zweite, so doch kaum minder existenziell notwendige – Einkommensquelle dar, die ihnen nun in den meisten Fällen verloren gegangen ist. Die Grenzüberschreitung wird von den Akteuren selbst durchgeführt und so sind sie von der

persönlichen Interaktion an der Grenze abhängig. Der Zugang zu helfenden Netzwerken fällt diesen Akteuren schwer, es sind die ohne Sozialkapital. In Hinsicht auf die Barrierewirkung der neuen Grenzregulierungen lässt sich dieser Handlungstyp als doppelt peripherisiert auffassen: sowohl im eigenen Staat benachteiligt als auch durch den Wandel des Grenzregimes. Konkret entfaltet die EU-Außengrenze für diese Akteure ihre Barrierewirkung in erster Linie in der Art und Weise der Visumsbeantragung. Man muss einen hohen Aufwand für ein Visum betreiben. Nicht nur die damit verbundenen monetären Kosten, sondern vor allem die Dauer des Prozesses sowie die Unsicherheit über den letztendlichen Erhalt eines Visums sind für diese Akteure große Erschwernisse.

> Bohdan: „Wenn selbst der Bürgermeister, der abgeschlossene Verträge mit den Partnerstädten Zamost, Tomash, hat, das Problem nicht lösen kann und auch eine Absage bekommt..."[178]

Zusätzlich stellen die nun durchzustehenden, eingehenden Kontrollen und zum Teil schikanösen Behandlungen am Grenzübergang und die damit verbundenen Wartezeiten nicht nur eine Unannehmlichkeit, sondern auch eine Unsicherheit für die erfolgreiche Durchführung der wirtschaftlichen Aktivitäten dar. Dieses Risiko einzugehen wird für diese Akteure nicht mehr durch den potentiellen Nutzen des Grenzhandels gerechtfertigt. Die EU-Außengrenze wird daher als unüberwindliche Barriere empfunden. Während das Gespräch der ukrainischen Kleinhändler noch die momentane Entfaltung dieser Grenzziehung widerspiegelt, ist in Russland die Verortung schon viel stärker ‚angekommen'. Russische sowie finnische Kunden haben sich umorientiert, andere Warenströme sind entstanden.

---

178 Gruppendiskussion mit Kleinhändlern, Žovkva (Ukraine), 22.07.2008

6.3.3 Typ 3 ‚Das Handschuhfach halb voll mit Briefen'[179]

Abbildung 21: Autos in Kontrolle am Grenzübergang Medyka/Šegyni (Polen/Ukraine)
Qu.: Eigene Aufnahme, Juni 2008

Kennzeichen:
- weiterhin Nutzung von Spielräumen
- relativ hohes wirtschaftliches und soziales Kapital
- Abhängigkeit von Grenze eher mittelmäßig

Konstituierender Fall:
- Ukrainische Unternehmer/innen: Konstantin, Denis, Elisaweta

Weitere Vertreter:
- Artjom (russ. Unternehmer), Arkadi (ukr. Kleinhändler), Borislaw (russ. Kleinhändler)

In der Diskussion der ukrainischen Unternehmer/innen fällt der Begriff „Grenze machen" sehr häufig. Die damit gemeinten eigenen Strategien der problemlosen Grenzüberschreitung werden immer wieder im Detail erläutert. Diese Art der Diskussion zeigt einen, diesen Akteuren aufgrund ihrer Spielräume möglichen, selbstbewussteren Umgang mit den Problemen im Vergleich zum Typ 2:

Eigene Spielräume

> Denis: „Ich sage es Ihnen ehrlich. Ich gestehe, wenn ich die Grenze überqueren muss, mache ich mir eine, äh-.„
> Bratislaw:„Grenze."
> Denis: „Grenze, ja."[180]

Nicht nur die stabilere ökonomische Existenz, auch die Kontakte zu einflussreichen Personen helfen den Akteuren dieses Typs, grenzbezogene Handlungen trotz Barrierewirkung erfolgreich zu organisieren. Einige müssen nicht selbst über die Grenze fahren, sondern können Arbeitsschritte auslagern und sich von den Unannehmlichkeiten der Grenzüberschreitung fernhalten.

---

179 Um die schnelle und problemlose Grenzüberschreitung abzusichern, nutzen die Unternehmer/innen ihre Kontakte zu den Behörden, die ihnen entsprechende Dokumente ausstellen. (Gruppendiskussion mit Unternehmer/inne/n in Žovkva (Ukraine), 22.07.2008)
180 Gruppendiskussion mit Unternehmer/innen, Žovkva (Ukraine), 22.07.2008

Denis: „Also wir merken es nicht. Wir beschäftigen sehr gute Logistikunternehmen und dementsprechend haben wir keine Probleme."
Moderatorin:„Also, sie stehen an der Grenze nicht oder, oder-
Denis: „Es kann sein, dass sie stehen." ((lachend))[181]

Anpassungen an die Bedingungen der Grenze werden meist als notwendig eingeschätzt, und sind mit eingeschränkter Macht möglich. Die grundlegenden Entwicklungen der Grenze kann man allerdings leider nicht zu den eigenen Gunsten beeinflussen.

Der korrupte Staat und die Nichteinhaltung der Gesetze bestimmen die Erfahrungen der Akteure in wesentlicher Weise. Stärker als Typ 2 muss man sich im Alltag der unternehmerischen Organisation mit den formalen Gesetzen, ihrer Nichteinhaltung, mit der Korruption der Mächtigen auseinandersetzen.

Offizielle Gesetze

Die Normalität informeller Regelungen stellt auch in diesem Fall einen Grundpfeiler kollektiver Handlungsorientierung dar. Ganz ähnlich wie im Typ 2 sorgt die Abnahme der gewohnten informellen Regelungen für Verunsicherung. Man sieht sich im Recht auf Privilegien, man versteht auch die Gleichbehandlung bei Visumsanträgen oder Grenzübertritten nicht. Unternehmer/innen, regionale Verwaltungsangestellte oder auch einfach häufige Grenzgänger würde man doch kennen, die sollten doch wohl bevorzugt werden, gern auch informell, auch das wäre legitim.

Informalität

Grenzüberschreitende Aktivitäten sind ein Bestandteil ihres unternehmerischen Handelns, vor allem im Rahmen von Zulieferbeziehungen. Die durch den Grenzbezug gewonnenen, ökonomischen Vorteile sind zwar wichtig, lassen sich aber im Zweifelsfall auch durch die Umorganisation des Unternehmens irgendwie anders erbringen.

Bedeutung der Grenze

Lebensbedingungen und Auswirkung der Grenzregulierungen
Die Vertreter/innen dieses Typs verfügen über eine stabilere, ökonomische und soziale Basis als Typ 2. Sie sind meist relativ erfolgreiche Unternehmer/innen, in deren unternehmerischer Betriebsführung der Austausch mit der anderen Seite der Grenze einen festen Bestandteil einnimmt oder einnahm. Sie sehen ihre Praktiken als wertvoll für den grenzüberschreitenden, ökonomischen Austausch an, was ihre selbständige Position gegenüber ökonomischen Handlungsmöglichkei-

---

[181] ebd.

ten in der Region kennzeichnet. Die Abhängigkeit von der Ressourcenfunktion der Grenze ist daher eher mäßig stark ausgeprägt. Man hat genügend wirtschaftliches und soziales Kapital, um entweder die grenzüberschreitenden Wege umzugestalten, oder auch ohne den Grenzbezug relativ erfolgreich zu sein. Die Barrierewirkung der Grenze besteht für diesen Typ vor allem in wachsenden Planungsunsicherheiten. Die Dauer der Visumsbeantragung ist nicht einschätzbar, die Wartezeiten an den Grenzen ebenso wenig. Die Planungsschwierigkeiten wirken sich mit einiger Verzögerung auf die Kundenbeziehungen auf der EU-Seite der Grenze aus. Die Partner in Finnland haben sich vielfach schon umorientiert, die Geschäftsbeziehungen mit russischen Kooperationspartnern sind ihnen zu unzuverlässig, die Schwierigkeiten in der Visumsbeschaffung verhindern schon seit längerem persönliche Kontakte. Auch die ukrainischen Erfahrungen zeigen schon einige solcher Beispiele. Insofern ist die heutige Grenze durchaus eine Barriere, der man sich aber einigermaßen gut anpassen kann.

6.3.4 Typ 4 ‚In der Tat ist diese Grenznähe letztlich ziemlich gut'[182]

Abbildung 22: Russisches Holz für Finnland, Übergang Niirala/ Vjartsilja
Qu.: Eigene Aufnahme, Mai 2008

Kennzeichen:
- privilegiert, viele Spielräume
- nur mäßig bis gering abhängig von Grenze
- hohes wirtschaftliches und soziales Kapital

Konstituierender Fall:
- Gruppe der russischen Unternehmer/innen (außer Artjom)

Weitere Vertreter:
- Andrij und Bratislaw (ukr. Unternehmer)

Die eigenen Spielräume in Bezug auf den Umgang mit dem EU-Grenzregime sind bei Vertretern dieses Typs vergleichsweise groß. Man verfügt über gute Kontakte zu Mitgliedern der Regierung oder Behörden, hat also Netzwerke auf hohen Ebenen. Die eigenen Handlungsmöglichkeiten werden weniger in Abhängigkeit von der Grenze, sondern stärker am lokalen wirtschaftlichen

Eigene Spielräume

---

182 Gruppendiskussion mit Unternehmer/inne/n in Sortavala (Russland), 20.05.2008.
183 Gruppendiskussion mit Unternehmer/inne/n, Žovkva (Ukraine), 22.07.2008

Kontext orientiert. Zwar muss man mit vielen Herausforderungen und Einschränkungen umgehen, allerdings ist die sonst häufig thematisierte Ausweglosigkeit hier weniger spürbar. Die dennoch nötigen Anpassungen an veränderte Grenzregulierungen sind unterschiedlich weit fortgeschritten. Im Vergleich zur Ukraine, wo sich das Grenzregime noch im Umbruch und in der Umgestaltung befindet und von einflussreichen Unternehmern eventuell noch etwas bewegt werden kann, sind in Russland die Unternehmer/innen viel stärker von den Besuchen der Finnen auf der russischen Seite abhängig; eigene unternehmerische Aktivitäten auf der finnischen Seite werden dagegen als sehr schwierig eingestuft.

Ein Teil der Angehörigen dieses Typs gehört aber auch zu den Privilegierten, für die die Grenzüberschreitung weiterhin kaum ein Problem darstellt (bona-fide-Regelung). Sie können diese Bevorzugung oft mithilfe entsprechender Kontakte durchsetzen:

> Bratislaw: „Ich habe gerade den Antrag auf das Visum gestellt bzw. ich habe ein Multivisum, aber es ist abgelaufen. Das dauert, ich muss mich fast einen Monat vorher anmelden, damit [..] Natürlich ist es möglich meinen Partner in Dänemark zu bitten, dass er den Konsul anruft. Wir versuchen auf jeden Fall –"
> Denis: „Naja und den Brief besorgen. Sie bestätigen auch die Vollmacht."[183]

Diesem Handlungstyp gehören auch solche Akteure an, die durch regelmäßige Treffen zwischen Unternehmer/inne/n und Grenzbehörden mitunter selbst an den politischen Prozessen der Ausgestaltung des Grenzregimes beteiligt werden. Dass dies nur auf Einladung hin möglich ist, wurde auch in den Interviews mit Kontextakteuren bestätigt.

Aus makroökonomischer Sicht wird hier teilweise Verständnis für Grenzregulierungen gezeigt. Visapolitik und Zollregulierungen könnten als Schutz für die jeweils nationalen Wirtschaften zum Teil nachvollzogen werden. Die Art und Weise der Umsetzung formeller Gesetze – zum Beispiel der russischen Zollregulierungen – wird allerdings mitunter als sehr lästig empfunden.

Offizielle Gesetze

Kennzeichnend für die ausgedrückten Meinungen dieses Typs ist die Ablehnung gegenüber organisierten Schmuggelaktivitäten, wobei die russischen Akteure eine weitaus deutliche Distanzierung zu Schmuggeltätigkeiten zum Ausdruck bringen als die ukrainischen Unternehmer. Schmuggel zur Eigenversorgung ist allerdings legitim. Die eigentliche Ablehnung informeller Lösungen wird durch die Notwendigkeiten der Realität ihrer Handlungsumfelder offensichtlich in eine teilweise Akzeptanz gezwungen.

Informalität

Die Unternehmer/innen dieses Typs schätzen die grenzübergreifende Kooperation als wichtig für die Entwicklung der Region ein. Die Bedeutung der Grenze wird stärker auf einer Makroebene bewertet als in Bezug auf eigenes Handeln. Vorteile der Grenznähe liegen nach ihrer Einschätzung vor allem im grenzüberschreitenden Wissensaustausch und Kooperationsbeziehungen.

Bedeutung der Grenze

Lebensbedingungen und Auswirkung der Grenzregulierungen
Im Vergleich zu anderen Akteuren befinden sich die meisten der Akteure dieses Typs als mittelgroße Unternehmer/innen in einer sehr stabilen, ökonomischen Situation. Sie sind vergleichsweise am wenigsten von der Grenze als Ressource abhängig. Grenzübergreifende Kooperation wird zwar für eine erfolg- und profitreiche Unternehmensführung als vorteilhaft angesehen, sie sind aber nicht existenziell daran gebunden.

Vertreter dieses Typs bedauern die wirtschaftlichen Einbußen durch die Grenzregulierungen auf abstrakterer Ebene. Es fehlt ihnen der grenzüberschreitende Wissensaustausch, gegebenenfalls auch der Zugang zu Ersatzteilen oder Reparaturen. Man könnte sagen, es sind Luxusprobleme, die natürlich auch nicht ohne Folgen bleiben. Auf ihre Möglichkeiten, sich die eigenen hohen sozialräumlichen Positionen zu erhalten, hat die Barrierewirkung der Grenze allerdings vergleichsweise geringen Einfluss.

6.4 Verortungswirkungen der EU-Außengrenze

Aufbauend auf der Typologie folgt nun die Auswertung der rekonstruierten Handlungsorientierungen in Hinblick auf die in ihnen zum Ausdruck kommenden Verortungswirkungen der EU-Grenzregulierungen. Im Zuge dessen wird die sozialräumliche Differenzierung infolge dieser Verortung verdeutlicht.

6.4.1 Handlungsmöglichkeiten: Mittel der Aushandlung der Verortung

Die Handlungsorientierungen zeigen, dass den Akteuren in der alltäglichen Praxis verschiedene Mittel der Aushandlung einer sozialen Verortung zur Verfügung stehen. Das Grenzregime beruht in der Umsetzung seiner Macht auch auf materiellen Objekten. Auch den Akteuren stehen in der alltäglichen Praxis materielle ‚Problemlöser' zur Verfügung, wie z.B. informell ausgestellte Briefe als Ausdruck der Macht persönlicher Netzwerke, die das Verhalten der Grenzbeamten beeinflussen oder eine bessere Organisation der eigenen ökonomischen Praktiken in anderer Weise zulassen.

Eine bedeutende Rolle der Macht in der alltäglichen Praxis der Aushandlung der Verortung nimmt auch das lokale Wissen ein. Die Sicherheit darüber, welche Form der Praxis noch wie funktioniert, und welchen Spielraum es so vielleicht nicht mehr gibt, hat unmittelbaren Einfluss auf die situativen Handlungsentscheidungen der Akteure. Auf diese Weise wird die Aushandlung der Wirkung formaler Handlungsstrukturierungen fortgeführt, oder aber die als notwendig erachtete Akzeptanz der Regel und Einverleibung neuer Handlungsmuster bestimmt. Letzteres zeigt die Wirksamkeit der Verortung an, die sozialräumliche Positionierung wurde angepasst.

Informalität spielt in den Entgegnungsbemühungen zur Verortung durch die EU-Außengrenze weiterhin eine wichtige Rolle. Oft wird in der Bestechung der Grenzbehörden der einzige Weg gesehen. Allerdings zeigt sich hier auch der Verlust der Spielräume besonders deutlich. Beispielsweise ist die Ausdehnung informeller Netzwerke von der russischen auf die finnische Seite der Grenze schwierig, da selbst die in Finnland lebenden russischen Freunde und Familienangehörigen es vorziehen, sich an die in Finnland geltenden formalen Regeln zu halten. Auch im Umgang mit polnischen Grenzbehörden nimmt das Vertrauen auf informelle Lösungen rapide ab, neue Normen und Regeln werden im Zuge der Formalisierung der EU-Außengrenze wirksam. Eine andere Möglichkeit, der Verortungswirkung zu entgehen, ist die Anpassung der genutzten oder die Aneignung neuer Räume. Über die Umorganisation der eigenen Aktivitäten kann in einigen Fällen eine Strategie gefunden werden, den Austausch mit Akteuren der anderen Grenzseite aufrecht zu erhalten. Kontakte und Netzwerke können helfen, die Lieferströme und Begegnungsorte zu verändern. Wieder anderen Akteuren stehen die wirtschaftlichen und sozialen Mittel zur Verfügung, ihre Aktivitäten vollständig auf andere Räume um zu orientieren und ihre sozialräumliche Position dabei erfolgreich beizubehalten.

6.4.2 Verdrängung ins Abseits. Differenzierte Verortungswirkung der Grenze

„Die Grenze wurde geschaffen, um solchen einfachen Menschen wie uns das Leben zu erschweren."[184]

Die Mittel zur Aushandlung der Verortung sind nicht jedem Akteur in gleicher Weise zugänglich. Die den jeweiligen Typen möglichen Handlungen geben einen Hinweis darauf, inwieweit die Einführung der Regulierungen des Schengener Abkommens als sozialräumliche Positionierung in differenzierender Weise wirksam wird.

Dem *Typ 1* der Handlungsorientierung (,*Ohne Grenze geht es nicht*') gehören Akteure an, die in ihrer Existenz unmittelbar von der eigenen Grenzüberschreitung abhängig sind. Ihre alltägliche Praxis ist vollständig darauf ausgerichtet; ihre ökonomische Position erlaubt keinen Verlust der damit verbundenen Einkommensquelle. Diese Akteure versuchen, ihr grenzbezogenes Handeln trotz der Erschwernisse durch die EU-Grenzregulierungen fortzusetzen, sie haben kaum Möglichkeiten zur Aneignung anderer Räume. Ihnen bleibt nur die Entgegnung der Verortung durch das Auffinden von Spielräumen in der grenzbezogenen Praxis selbst, durch den Einsatz eines spezifischen, lokalen Wissens und der Bildung von informellen Netzwerken untereinander als kleines Mittel der Macht. So können geringfügige Abweichungen und Unsicherheiten in der formalen Umsetzung der Regulierungen genutzt werden, solange diese Lücken angesichts der wachsenden Homogenisierung und Technisierung der Grenzkontrollen noch bestehen.

Die Orientierung von Vertretern des *Typs 2* (,*Die Zeiten sind vorbei*') zeigt eine starke Resignation in Anbetracht der neuen Regulierungen. Die mit den Grenzregulierungen verbundenen Schwierigkeiten bedeuten für diese Akteure – entsprechend ihrer Abwägung von Aufwand und Nutzen – eine zu hohe Unsicherheit für die Fortführung grenzbezogenen Handelns. Trotz erheblicher Konsequenzen für die eigene Existenzsicherung fühlen sie sich gezwungen, die grenzüberschreitenden Handlungen aufzugeben. Diese Akteure sind von der Verortungswirkung der EU-Außengrenze besonders stark betroffen. Sie stellen ihre räumliche Praxis in einer Weise um, die mit einem Verlust von Handlungsmöglichkeiten verbunden ist. Sie nehmen die Ordnungswirkung der Grenze an, ohne das materielle oder soziale Kapital für einen ausreichenden Ausgleich aufbringen zu können. Sie sind nun einseitig von ihren unverlässlichen Einkommensquellen in der landeseigenen Wirtschaft abhängig. Der Zugang zu erwünschten Gütern und Personen bleibt ihnen nun versperrt, ihre sozialräumliche Positionierung verschlechtert sich.

---

184 Gruppendiskussion mit Kleinhändlern, Žovkva (Ukraine), 22.07.2008

Typ 3 (,Das Handschuhfach halb voll mit Briefen') ist durch die Erschwernisse der neuen Grenzregulierungen ebenfalls stark verunsichert. Die Akteure dieses Typs haben allerdings eine bessere Ausgangsposition und sind deutlich weniger von der Verortung betroffen. Ihre materielle Situation erlaubt es ihnen, nicht ausschließlich von der Grenze als Einkommensquelle abhängig zu sein. Zusätzlich – und das unterscheidet sie von Typ 2 – verfügen sie über die entsprechenden sozialen Kontakte, um sich im Zuge erfolgreicher Handlungsanpassungen und Umorientierungen gegen die soziale Verortung zur Wehr setzen zu können. Ihnen wird zwar der eigene Grenzübertritt erschwert, aber sie finden dennoch (andere) Wege und Zugänge zu den erwünschten Personen und Gütern. Dazu setzen sie gegebenenfalls auch informelle Lösungen (z.b. über Kontakte zu Grenzbeamten), vor allem aber ihre sozialen und wirtschaftlichen Netzwerke für die Umorganisierung und Auslagerung von Teilaktivitäten grenzbezogener Praktiken ein, um die negativen Einflüsse der neuen Grenzregulierungen gering zu halten und abzufangen.

Die Akteure des Typ 4 (*„In der Tat ist diese Grenznähe letztlich ziemlich gut"*) orientieren sich in ihren Handlungen sehr viel weniger an der Grenze, sondern stärker am lokalen wirtschaftlichen Kontext insgesamt. Sie sind aufgrund ihrer sozialen Positionen am geringsten von den Auswirkungen der Grenzregulierungen betroffen. Sie können ihre ökonomischen Aktivitäten im Großen und Ganzen fortführen bzw. sie gegebenenfalls umorientieren, wenn auch zum Teil der geringere grenzüberschreitende Wissensaustausch oder erschwerte Zugang zu Gütern bedauert wird. Die sozialräumliche Verortungswirkung durch das Grenzregime ist bei diesen Akteuren kaum spürbar. Mitglieder dieses Typs haben mitunter sogar die Gelegenheit, an Diskussionen und Entscheidungsprozessen zur Umsetzung der Grenzregulierungen teilzuhaben und somit an den Schalthebeln der Verortung selbst mit zu wirken.

Die Möglichkeit der Nutzung der Grenzüberschreitung zur Verbesserung der eigenen Lebensbedingungen, zum Ausgleich der schwierigen ökonomischen Verhältnisse durch die Transformation und der peripherisierten Lage überhaupt war zuvor einer breiteren Masse der Bevölkerung zugänglich. Die Akteure fanden einen Zugang zu einem sozialen Raum, welcher ihnen half, ihre eigene soziale Position trotz schwieriger Bedingungen zu verbessern. Seit dem Inkrafttreten der Regulierungen des Schengener Abkommens an diesen Landesgrenzen werden verschiedene Bevölkerungsgruppen in differenzierter Weise von der Nutzung der Grenzüberschreitung ausgeschlossen. Die erzwungene Aufgabe dieser Einkommensgenerierung bedeutet für bestimmte Akteure – ganz besonders Typ 1 und 2 – einen Rückfall auf eine sehr schwierige Position innerhalb der sozialräumlichen Strukturen. In der Praxis ist die Verortungswirkung daher nicht für alle gleich. Dies zeigte sich schon allein an der Stimmung der Diskussionen im russischen Sortavala am 20. Mai 2008. Während die Teilnehmer der Kleinhändlerdiskussion stark verärgert über große Probleme mit dem Schengen-Visum klagten, war für die Diskutanten der Unternehmergruppe das Problem quasi kaum vorhanden; in ihrem Gespräch fiel das Wort Visum nicht ein einziges Mal.

6.4.3 Verortung im Prozess

Der Vergleich der Erfahrungen der russischen Akteure mit denen der ukrainischen Gesprächspartner zeigt, dass die Aufrechterhaltung von Handlungsmöglichkeiten und angeeigneten Räumen in vielen Fällen temporär sein können, und sich eine stärkere Verortung auch noch in mehreren Phasen der Anpassung in der Praxis im Laufe der Zeit durchsetzen kann. Wie schon in den hier geschilderten, im Jahr 2008 erhobenen Erfahrungen der Ukrainer angedeutet, verursachen die seit Dezember 2007 geltenden Visabestimmungen Planungsunsicherheiten in den Geschäftsbeziehungen. Das kann vielfach zur Aufgabe der grenzüberschreitenden Geschäftsbeziehungen führen. Noch bewirkte die Orientierung an vorherigen Erfahrungen ein bestimmte Fortsetzung gewisser Handlungsmuster, aber Veränderungen zeichneten sich bereits deutlich ab.

Auch an der Durchsetzungskraft formaler Gesetze in der eigentlichen Praxis zeigt sich die Prozesshaftigkeit der Verortung. Neue Regelungen in diesen hier betrachteten, institutionellen Kontexten entfalten mitunter erst nach Jahren ihre Wirksamkeit auf Handlungsorientierungen und somit Handlungsentscheidungen. Während viele russische Akteure aus der langjährigen Erfahrung des Umgangs mit der formalen Korrektheit der finnischen Grenzbeamten eine gewisse Planungssicherheit ableiten, zeigen sich die ukrainischen Kleinunternehmer und Händler stark verunsichert durch das veränderte Verhalten polnischer Grenzbeamter und verdrängen die Möglichkeit der Akzeptanz neuer Gesetze mit einem Verweis auf die nächste Generation.

7 Grenzziehung und Differenzierung – Fazit und Ausblick

Grenzen haben – oft unbeabsichtigte – Auswirkungen auf individuelle Lebensbedingungen. Die Debatten um die Erweiterung der Europäischen Union, um finanzielle Solidarleistungen unter den Mitgliedsstaaten und um die Art und Weise des Schutzes des gemeinsamen Wirtschaftsraums in einer zunehmend globalisierten Welt dürfen nicht davon ablenken, dass auch und gerade an ihren äußeren Rändern Menschen leben, die unmittelbar von den politischen Entscheidungen der Union betroffen sind.

Diese Arbeit hatte zum Ziel, die Handlungsorientierungen von Akteuren im Umgang mit dem EU-Grenzregime zu ermitteln und den damit verbundenen sozialräumlichen Differenzierungen auf den Grund zu gehen. In einem ersten Teil dieses Schlusskapitels werden die Ergebnisse der Analyse der Handlungsorientierungen in Hinblick auf diese Leitfragen der Arbeit diskutiert. Daran anschließend wird die Anwendung des praxeologischen Forschungszugangs in Bezug auf die Anforderungen einer kritischen Grenzforschung (siehe Einleitung) reflektiert. Schlussfolgernd aus den Ergebnissen werden daraufhin Handlungsempfehlungen abgeleitet sowie ein abschließender Ausblick auf den weiteren Forschungsbedarf vorgenommen.

7.1 Differenzierte Handlungsorientierungen an der EU-Außengrenze

Mit der Konstruktion der politisch-territorialen Abgrenzung der Europäischen Union ist ein Prozess der sozialräumlichen Verortung von Akteuren verbunden. Dem praxistheoretischen Zugang der Arbeit folgend wird diese Positionierung erst innerhalb von Praktiken und ihrer jeweiligen Veränderungen hergestellt. Die Praxis des Umgangs mit den EU-Grenzregulierungen stellt somit das Scharnier zwischen der erwünschten politisch-territorialen Ordnung und den individuellen Akteuren dar. Betrachtet man Praktiken der Akteure als einen Ausdruck ihrer impliziten und expliziten Wissensbestände, so bietet die Analyse dieser Wissensbestände oder auch Handlungsorientierungen einen Einblick in die sozialräumlichen Auswirkungen der Grenzziehung der EU.

Den Schwerpunkt der Forschungsresultate dieser Arbeit stellen daher die rekonstruierten kollektiven Handlungsorientierungen der grenzbezogen handelnden russischen und ukrainischen Akteure dar. Die Ergebnisse der Arbeit lenken den Blick darauf, dass die Grenzregulierungen in unterschiedlicher Weise und Stärke zu Beschränkungen der Handlungsmöglichkeiten führen. Die Analyse der Handlungsorientierungen zeigt, dass den Bewohner/inne/n der grenznahen Gebiete in der Interaktion mit den EU-Grenzregulierungen in differenziertem Ausmaß Spielräume bereitstehen. Entsprechend ihres Umgangs mit den Grenzregulierungen ließen sich die Akteure daher in verschiedene Typen zusammenfassen. Dabei wurden auch einige grundsätzliche Ausrichtungen der untersuchten grenzbezogenen Handlungen der Akteure an den östlichen Rändern der EU-Außengrenze sichtbar.

Kennzeichnend für die beobachteten Handlungsformen sind zum einen die langjährigen, jedoch in abgestuften Maßen bedeutenden Erfahrungsrahmen der Grenze als eine ökonomische Ressource. Dies prägt die individuelle Relevanz der weiteren Verfolgung des grenzbezogenen Handelns auch unter veränderten Bedingungen. Weiterhin zeigen die Handlungsorientierungen, dass die Erfahrungen im Umgang mit offiziellen Regulierungen überwiegend negativ sind. Informelle Handlungen dagegen gelten als weitestgehend legitim und werden noch immer bei der Grenzüberschreitung eingesetzt, wenn auch in unterschiedlichem Ausmaß und mit zum Teil abnehmendem Erfolg. Und so ist es auch wenig verwunderlich, dass den neuen Grenzregulierungen der EU-Außengrenze vielfach mit Unsicherheit und Mißtrauen begegnet wird.

Die entwickelte Typologie der Handlungsorientierungen zeigt anhand der jeweiligen Anpassungen der Handlungspraxis aber vor allem die Differenziertheit des sozialräumlichen Verortungsprozesses durch das Grenzregime der EU. Aus den Handlungsorientierungen wird deutlich, dass sich die Akteurstypen in ihren Zugängen zu Kenntnissen der lokalen Abläufe oder zu relevanten formellen wie informellen Kontakten stark unterscheiden. Gekoppelt mit ihren bestehenden sozialräumlichen Positionen führt dies zu unterschiedlichen Möglichkeiten, sich der Positionierung durch die EU-Grenzregulierungen zur Wehr zu setzen.

Für einige Kleinhändler/innen und Unternehmer/innen gehen die Aktivitäten trotz der Schwierigkeiten durch das EU-Grenzregime auf ganz eigenen Wegen weiter. Ihnen stehen die nötigen Materialitäten, Mittel und Kontakte für eine reibungslose Fortsetzung der gewohnten Praktiken, oder aber für kleine Anpassungen der Abläufe zur Verfügung. Ein Großteil der Akteure ist jedoch gezwungen, bewährte Routinen aufzubrechen und bisherige Praktiken aufzugeben. Je nach ihren Positionen, ihren lokalen Kenntnissen und informellen Netzwerken schaffen es manche von ihnen, auch ohne Grenzüberschreitung neue Handlungsmöglichkeiten zu entwickeln und ihre sozialräumliche Position weiterhin abzusichern. Eines stellt die Analyse der Handlungsorientierungen allerdings deutlich heraus: Die ausgrenzenden Wirkung der EU-Grenzregulierungen trifft in besonderem Maße solche Akteure, die ohnehin auf einer machtlosen Position sind, und denen es an den Zugängen zu entscheidenden Kenntnissen und Netzwerken für die Fortsetzung ihrer ökonomischen Tätigkeiten fehlt. Ihnen wird eine Handlungsmöglichkeit genommen, die unter den Bedingungen von gesellschaftlicher Transformation und peripherer Lage von entscheidender, oftmals existenzsichernder Bedeutung war und ist. Durch die Einschränkung ihrer Spielräume infolge der Umsetzung der EU-Außengrenze werden sie noch stärker in eine Abseitsposition gedrängt.

7.2 Ein Zugang zur Handlungspraxis. Reflexion des Forschungszugangs

Die politische Grenzziehung der Europäischen Union an ihren Rändern wurde in ihrer Wirkungsweise einer sozialräumlichen Grenzziehung thematisiert. Dies eröffnete einen besondere Perspektive hinsichtlich der Erforschung der Konsequenzen der Umsetzung des Schengener Abkommens. Ansatz dieser Arbeit war es, das praktische Wissen der an der Grenze handelnden Menschen selbst, ihre implizit angewandten Bewertungsmaßstäbe als Urteilskraft aus dem Alltag heraus zu erforschen. Die Abgrenzung der Europäischen Union auf diese Weise in den Blick zu nehmen, erwies sich in mehrerer Hinsicht als ein gewinnbringender Zugang:

Erstens wurden die bisherigen wissenschaftlichen Kenntnisse über die EU-Außengrenze um Inhalte und Perspektiven erweitert. Im Rahmen dieser Arbeit wurden Einblicke gewonnen in die Komplexität dieser Grenzziehung und die Schwierigkeiten, die damit auf der lokalen Ebene verbunden sind. Die in den peripheren Grenzgebieten Russlands und der Ukraine durchgeführten Feldforschungen und ihre praxisnahe Auswertung zeigen einen detaillierten Ausschnitt der Problemlagen und Lebensbedingungen der lokalen Bevölkerung am Rande der EU.

Zweitens verdeutlichen die hier gewonnenen Ergebnisse die Rolle von Raum für gesellschaftliche Entwicklungen und Ordnungsprozesse. Die Grenzbestimmungen der Einreise in die EU unterscheiden in erster Linie zwischen Bürgern der Schengen-Mitgliedstaaten und den so genannten Drittstaatenbürgern. Indem die Wirkung der Verortungsprozesse dieser EU-Grenzregulierungen in den Praktiken der Bewohner/innen aufgedeckt wurde, konnte gezeigt werden, welche Auswirkungen die Bindung von Regulierungen an territorial basierte Kriterien haben kann. Die zum Schein natürliche Grundlage der Unterscheidung verleiht dieser Grenzziehung eine zum Teil unhinterfragte Objektivität (Lippuner/Lossau 2004: 58). Territorialität ist ein starkes, machtvolles Mittel der Herrschaft über die Handlungsmöglichkeiten und somit sozialräumlichen Positionen einzelner Personen. Der hier angewandte sozialgeographische Forschungsansatz konnte die Konsequenzen solcher territorialen hegemonialen Raumaneignungen aufzeigen.

Drittens hat sich die empirische Umsetzung des praxeologischen Zugangs als besonders wertvoll herausgestellt. Zum einen kommt Raum erst in Praxis zur Geltung, erst dort ist die Bestimmung der tatsächlichen Verortungen und Raumaneignungen möglich. Zum anderen war die empirische Analyse von Praktiken auch deshalb *hier* so wichtig, da es sich um die Erforschung der Wirkung von Gesetzen, speziell EU-Regulierungen in einem institutionell fremden und im Wandel begriffenen Umfeld handelte. Sehr deutlich brachten die Erzählungen und Erfahrungen der untersuchten Akteure beispielsweise zum Ausdruck, dass das geschriebene Gesetz in ihren Erfahrungsrahmen eine minder große Bedeutung hat. Ihre Kenntnisse sagen ihnen, dass Gesetze nicht *an sich*, sondern erst in ihrer Umsetzung eine Rolle spielen – und diese Umsetzung kann ihrer Erfahrung nach vollkommen anders sein als die formale Regel des Gesetzes. Daraus ergeben sich erst die eigentlichen Spielregeln für die Interaktionen und Handlungen.

Viertens verlangt besonders diese letzte Erkenntnis nach einem Umdenken in der wissenschaftlichen, aber auch moralischen Einordnung von Informalität. Die Kenntnis der Beweggründe aus der Praxis heraus fordert dazu auf, die in vielfältigster Weise vorkommenden, informellen Lösungswege der Bewohner/innen der Nachbarregionen der Europäischen Union nicht als subversiven Widerstand gegen das Gesetz zu bewerten. Nicht die Infragestellung und absichtliche Veränderung einer sozialen Ordnung erklärt das Bestreben der Akteure, sondern die Befolgung der in ihren Kontexten gültigen Spielregeln. Auch der Schmuggel, auch die uns illegitim erscheinenden Techniken oder Taktiken der Erleichterung der Grenzüberquerung sind Teil des Gesamtsystems dieser Gesellschaften. Sie sollten daher ebenso in theoretischer Hinsicht als gesamtgesellschaftliches Phänomen hergeleitet und untersucht werden. Solche Überlegungen und Erkenntnisse als Bestandteil in Planungsprozesse und Interventionen in räumliche Fixierungen von gesellschaftlichen Verhältnissen einzubeziehen, wäre wünschenswert, wenngleich Grenzziehungen auf anderen Ebenen und mit anderen Zielsetzungen erdacht werden als zum Wohle einer sozial verträglichen Form ihrer Umsetzung.

Fünftens und umso wichtiger in Hinsicht auf das zuletzt gesagte ermöglichte diese Arbeit einen konkreten Einblick in die Perspektive der durch politische Grenzziehungen Ausgeschlossenen. In der Erforschung der Grenzziehung wurden die von ihr Betroffenen als Experten zu Wort gebeten, Personen, deren Meinungen und Erfahrungen nicht oft gehört werden. Dadurch wurden ihre Sicht auf die Dinge als wertvolles Wissen gewürdigt sowie der wissenschaftliche Kenntnisstand um wesentliche Einsichten erweitert.

7.3 Lessons learned?

Wissenschaftliche Forschungsvorhaben verfolgen recht viele und zum Teil unterschiedliche Zielsetzungen. Eine davon ist es, aus den gewonnenen Erkenntnissen – sofern diese es zulassen – Schlussfolgerungen und Empfehlungen für weitere Handlungen abzuleiten. Praktikabel ist das besonders dann, wenn der Adressat der Ergebnisse und die Fragestellungen der Untersuchung von Anfang an aufeinander bezogen sind. Das war in dieser Arbeit nicht der Fall, und die Frage nach den Handlungsempfehlungen müsste in erster Linie mit einer Gegenfrage beantwortet werden – *Für wen?* Kann dieses spezifische Wissen den Politiker/inne/n der Europäischen Union helfen, die Grenzregulierungen der EU-Außengrenze in ihrer Wirksamkeit zu überdenken und an einigen Stellen lokalen Gegebenheiten anzupassen? Oder sind die Ergebnisse eher für lokale Entscheidungsträger/innen in den untersuchten Orten interessant? Würden diese Kenntnisse ihnen helfen, Entwicklungsprozesse anzustoßen, die der Bevölkerung dieser peripheren Regionen zugute kommen? Oder gibt es vielleicht Akteure, welche sich aufgrund guter Argumente und detailliertem Wissen über diese Bedingungen an der Grenze eine bessere Position zu erhandeln hoffen?

Die kritische Auseinandersetzung mit den Grenzziehungen in unserer Gesellschaft hat eine gesamtgesellschaftliche Relevanz. Grenzen bestehen nicht einfach so, sondern werden durch Menschen konstruiert, so auch die EU-Außengrenze. Ein besseres Verständnis für die Prozesse ihrer Umsetzung zu entwickeln und sich ihrer Auswirkungen bewusst zu sein hat nicht nur Bedeutung für Wissenschaftler/innen, Politiker/innen und Planer/innen, nicht allein für Verwaltungen oder Grenzbehörden, sondern für jede(n) Bürger/in eines europäischen Staates und darüber hinaus.

Dennoch soll hier die Ebene staatlicher Politik und Planung im Besonderen angesprochen werden. Was hier in ihren Auswirkungen untersucht wurde, ist die Grenzziehung der Europäischen Union. Diese wurde auf der politischen Ebene des Staatenbündnisses vorbereitet und entwickelt. Die Macher von Gesetzen sind von der eigentlichen Umsetzung, der Praxis der Anwendung der Regeln, oft weit entfernt. In Hinsicht auf die Fortführung der Grenzpolitik der Europäischen Union sowie des nationalen, regionalen und lokalen Umgangs mit derselbigen leitet sich aus den Ergebnissen dieser Untersuchung die Empfehlung zur Berücksichtigung folgender Punkte ab:

1 Die starke Ausrichtung der Schengener Grenzregulierungen auf die personenbezogene Unterscheidung nach EU/Nicht-EU geht in ihrer Praxis zum Teil an den eigentlichen Zielen der Grenzpolitik vorbei und verdient daher eine kritische Reflexion und Überdenkung. Sie stellt ein Hindernis für den grenzüberschreitenden Austausch und die stabile wirtschaftliche Entwicklung der Nachbarregionen der EU dar. Die Folgen sind unter anderem ein wachsender Unmut in den Nachbarregionen und eine Verschlechterung der zwischenstaatlichen Beziehungen (vgl. auch Boedeltje/Van Houtum 2011). Die Einführung der Regelung des Kleinen Grenzverkehrs an einigen Abschnitten der EU-Außengrenze widmet sich diesen Problemen zum Teil, ist aber hinsichtlich ihrer personenbezogenen Beschränkungen und vor allem gebietsgebundenen Gültigkeit kritisch auf ihre Wirksamkeit zu prüfen.

2 Die Regelungen für Drittstaatenbürger/innen und Bürger an sich sollten hinsichtliche ihrer sozialen Verträglichkeit und möglichen gesellschaftlichen Konsequenzen stärker beleuchtet werden. Die Bestimmungen für die Visumsbeantragung und Grenzkontrollen wirken in ihrer Umsetzung nicht nur in ethnischnationaler sondern auch in sozialer Hinsicht diskriminierend. Vor allem sozial schwächere Personen werden von der Nutzung der Grenze als Ressource ausgeschlossen, während dieser Zugang zu Einkommensquellen vor allem vermögenderen Anwohner/inne/n weiterhin zur Verfügung steht.

3 Die Art und Weise der Informationsverbreitung über Neuerungen in den Grenzregulierungen in den Regionen entlang der Außengrenze sollte stärker an lokale Kommunikationskulturen angepasst werden. Der Informationsstand zu den Grenzregulierungen ist unter den Anwohner/inne/n der Grenzregionen recht unterschiedlich ausgeprägt; oft zählt in einigen Regionen Osteuropas das gesprochene Wort unter Bekannten mehr als Gesetzestexte oder Aushänge. Insbesondere mangelnde Kenntnisse zur (Umsetzung der) Visavergabekriterien, den Abläufen der Antragstellung und Kontrollen an den Grenzübergängen führen zu viel Unsicherheit und Fehleinschätzungen unter der Bevölkerung. Mehr Transparenz könnte helfen, die Auswirkungen des neuen Grenzregimes zu kleinen Teilen abzumildern.

4 Die Ergebnisse legen nahe, die Unterstützung von Entwicklungen in peripheren Gebieten an den äußeren Rändern der EU gezielt auf verschiedene Akteursgruppen auszurichten. Die Förderung von grenzüberschreitender Zusammenarbeit und Austausch sollte vor allem solchen Akteuren zuteil werden, die durch die Grenzziehung der Europäischen Union besonders beeinträchtigt werden. Um die Bedürfnisse dieser Akteure und die ihnen zugrunde liegenden Wertesysteme zu erkennen, sollten die lokalen Kontexte generell größere Beachtung finden.

7.4 Weiterer Forschungsbedarf und Ausblick

Mit der in dieser Arbeit vorgenommenen Erforschung von Auswirkungen der EU-Grenzregulierungen auf die Handlungsorientierungen von Akteuren am äußeren Rande Europas konnten für den Bereich der sozialgeographischen Grenzforschung einige wertvolle Erkenntnisse gewonnen werden. Die Durchführung einer kritischen sozialgeographischen Analyse von Grenzziehungen wie die der Abgrenzung der EU ist auch in Zukunft erforderlich. Dies soll anhand der folgenden Aspekte verdeutlicht werden.

Zum einen scheint es sinnvoll, die Erforschung der Grenze in Hinsicht auf Akteursgruppen, Ort und Zeitdauer der Untersuchungen auszudehnen. Die Berücksichtigung weiterer Akteure, ihrer Positionen im Sinne von Macht, von Zugang zu Kapital und zu verschiedenen Handlungsmöglichkeiten könnte helfen, die vom Grenzregime ausgehenden Differenzierungsprozesse noch detaillierter zu bestimmen. Auch konnte der Umgang mit den Regulierungen des Schengener Abkommens in dieser Arbeit nur an zwei verschiedenen Abschnitten der EU-Außengrenze genauer analysiert werden. Bereits die dabei gewonnenen Ergebnisse zeigen jedoch die Vielfältigkeit der Handlungsformen auf. Die Erforschung der Auswirkungen der für viele Orte immer noch recht neuen Grenzregulierungen könnte daher auf mehr Orte und Abschnitte der EU-Außengrenze ausgeweitet werden. Die Entwicklungen im Umgang mit der Grenze sind jedoch nicht nur an verschiedenen Orten sehr unterschiedlich, sondern zeigen auch in der zeitlichen Dimension Veränderungen auf. Zusätzlich zu der örtlichen Ausdehnung der Forschung können auch Verlaufsstudien bzw. Langzeitstudien an festen Orten mehr Kenntnisse über die Prozesse der Verortungswirkungen der Grenzziehung hervorbringen.

Zum anderen konnte diese Arbeit nur eine Momentaufnahme des Umgangs mit den im Untersuchungszeitraum gültigen Regulierungen liefern. Die Grenzpolitik ihrerseits allerdings steht nicht still. Seit 2008 gab es an den beobachteten Grenzabschnitten bereits Änderungen und Anpassungen des Grenzregimes, unter anderem durch die Einführung der Regelung des Kleinen Grenzverkehrs an der polnisch-ukrainischen Grenze im Juli 2009 (vgl. Kap. 5.1.1). Diese Regulierung ist ebenfalls an physisch-räumliche Grundlagen gebunden und lässt die Frage nach der Entstehung wieder neuer Grenzlinien an der Peripherie der betroffenen Länder aufkommen. Derartige Veränderungen der Grenzpolitik der EU zu ihren Nachbarstaaten verdienen daher neben Beobachtungen durch die Verwaltungen der Europäischen Union selbst (siehe Europäische Kommission 2011) auch auf wissenschaftlicher Ebene eine hohe Aufmerksamkeit.

Schließlich scheint es sinnvoll, der Perspektive der Exkludierten weiterhin eine große Beachtung in den Studien der Grenzforschung zu geben. In Bezug auf die Erforschung der EU-Außengrenze ist dazu ein intensiver internationaler Austausch einschließlich einer starken Vernetzung auch mit Wissenschaftlern in den Nachbarregionen der Europäischen Union ratsam. Nicht nur das EU-Regime, auch die EU-Forschung zeigt diesbezüglich bisher ein eher einseitiges Engagement auf. Die Erkenntnisse über verschiedene Umgangsformen mit der Außengrenze sollten in die Orte zurückgespielt werden und auch dort Wissen generieren.

Die geographische Grenzforschung kann auch in Zukunft dazu beitragen, das kritische Bewusstsein und die intensive Auseinandersetzung mit gesellschaftlichen Entwicklungen und Ordnungsbestrebungen zu erhöhen. An dieser Stelle wird an einen Hinweis vom Beginn der Arbeit erinnert: Wenn man wissen will, wie eine Gesellschaft oder ein Staat funktioniert, so muss man sich die Grenzen ansehen. Die vorliegende Arbeit hat den Alltag an den Rändern der Europäischen Union erforscht und gezeigt, dass Grenzen sowohl eine wertvolle Ressource als auch eine Quelle doppelter Peripherisierung sein können. Die EU-Außengrenze ist für viele Akteure vor ihren Toren deutlich letzteres. Auf diese Weise vertieft die Grenzziehung der EU nicht nur die Trennlinien zwischen der Union und ihren angrenzenden Staaten, sondern auch die sozialen Differenzierungen innerhalb der benachbarten Gesellschaften. Die Einsichten in die Art und Weise, in welcher die Europäische Union ihre Abgrenzung vom ‚anderen' definiert, und wie diese Grenzziehung an ihren Rändern wirksam wird, ist angesichts der gegenwärtigen Probleme sowohl an den östlichen als auch südlichen Grenzen der Union dringend notwendig.

Literatur

Aarebrot, Frank H./Bakka, Pal H. (1997): Die vergleichende Methode in der Politikwissenschaft. In: Berg-Schlosser, Dirk/Müller-Rommel, Ferdinand (Hg.): Vergleichende Politikwissenschaft – Ein einführendes Studienhandbuch. Opladen: Leske & Budrich, 49-66

Administration of the Republic of Karelia (2010): The Republic of Karelia (http://www.gov.karelia.ru/gov/Different/karelia3_e.html, letzter Zugriff: 10.03.2011)

Agnew, John (2000): Territoriality, in: Johnston, Ron J./Gregory, Derek/Pratt, Geraldine/Watts, Michael (Hg.): The Dictionary of Human Geography. Malden, Oxford, Carlton: Blackwell Publishing Ltd.

Agnew, John (2001a): Disputing the nature of the international in political geography. In: Geographische Zeitschrift 89 (1), 1-16

Agnew, John (2001b): How many Europes? The European Union, eastward enlargement and uneven development. In: European Urban and Regional Studies 8 (1), 29-38

Amin, Ash/Thrift, Nigel (1997): Globalization, Socio-Economics, Territoriality. In: Lee, Roger/Wills, Jane (Hg.): Geographies of Economies, London, New York: Arnold, 147-157

Anderson, Malcolm (1996): The Political Science of Frontiers. In: Scott, James W./Sweedler, Alan/Ganster, Paul/Eberwein, Wolf-Dieter (Hg.): Border Regions in Functional Transition. European and North American Perspectives. Erkner: Institute for Regional Development and Structural Planning (IRS), 27-40

Anderson, Malcolm/Apap, Joanna (Hg.) (2002): Police and Justice Co-operation and the New European Borders. The Hague, London, New York: Kluwer Law International

Andreas, Peter (2003): Redrawing the line. Borders and Security in the Twenty-first Century. In: International Security 28 (2), 78-111

Ante, Ulrich (1995): Grenze. In: Akademie für Raumforschung und Landesplanung (Hg.): Handwörterbuch der Raumordnung. Hannover: ARL, 432-436

Balibar, Etienne (2004): At the borders of Europe. In: Balibar, Etienne/Swenson, James (Hg.): We, the people of Europe. Reflections on Transnational Citizenship. Princeton: University Press, 1-10

Bauder, Harald (2003): Equality, Justice and the Problem of International Borders: The Case of Canadian Immigration Regulation. In: ACME: An International E-Journal for Critical Geographies 2 (2): 167-182 (http://www.acme-journal.org/vol2/Bauder1.pdf, letzter Zugriff: 25.10.2006)

Beckford, Clinton/Barker, David (2007): The role of local knowledge in Jamaican agriculture: adaptation and change in small-scale farming. In: The Geographical Journal 173 (2), 118-128

Beer, Bettina (2003): Systematische Beobachtung. In: Beer, Bettina (Hg.): Methoden und Techniken der Feldforschung. Berlin: Reimer, 119-141

Belina, Bernd/Michel, Boris (2007): Raumproduktionen. Beiträge der Radical Geography. Eine Zwischenbilanz. Münster: Westfälisches Dampfboot

Belina, Bernd/Miggelbrink, Judith (Hg.) (2010): Hier so, dort anders. Raumbezogene Vergleiche in der Wissenschaft und anderswo. Münster: Westfälisches Dampfboot

Berg, Eiki/Van Houtum, Henk (2003a): Prologue: A border is not a border. Writing and reading borders in space. In: Berg, Eiki/Van Houtum, Henk (Hg.): Routing Borders between territories, discourses and practices. Burlington (VT): Ashgate, 1-12
Berg, Eiki/Van Houtum, Henk (Hg.) (2003b): Routing Borders between territories, discourses and practices. Burlington (VT): Ashgate
Berger, Peter L./Luckmann, Thomas (2004): Die gesellschaftliche Konstruktion der Wirklichkeit. Eine Theorie der Wissenssoziologie. Frankfurt a.M.: Fischer Taschenbuch Verlag
Berking, Helmut (2006a): Global Images: Ordnung und soziale Ungleichheiten in der Welt, in der wer leben. In: Berking, Helmut (Hg.): Die Macht des Lokalen in einer Welt ohne Grenzen. Frankfurt a.M.: Campus, 66-86
Berking, Helmut (2006b): Raumtheoretische Paradoxien im Globalisierungsdiskurs. In: Berking, Helmut (Hg.): Die Macht des Lokalen in einer Welt ohne Grenzen. Frankfurt a.M.: Campus, 7-22
Bigo, Didier (2002): Border regimes, police cooperation and security in an enlarged European Union. In: Zielonka, Jan (Hg.): Europe unbound. Enlarging and Reshaping the Boundaries of the European Union. New York: Routledge, 213-239
Boedeltje, Freerk J./Van Houtum, Henk (2011): Brussels is Speaking: The Adverse Speech Geo-Politics of the European Union Towards its Neighbours. In: Geopolitics 16 (1), 130-145
Bogner, Alexander/Leuthold, Margit (2002): "Was ich dazu noch sagen wollte..." Die Moderation von Experten-Fokusgruppen. In: Bogner, Alexander/Littig, Beate/Menz, Wolfgang (Hg.): Das Experteninterview : Theorie, Methode, Anwendung. Opladen: Leske & Budrich, 155-172
Bohnsack, Ralf (1999): Rekonstruktive Sozialforschung: Einführung in die Methodologie und Praxis qualitativer Forschung. Opladen: Leske & Budrich
Bohnsack, Ralf (2001): Typenbildung, Generalisierung und komparative Analyse: Grundprinzipien der dokumentarischen Methode. In: Bohnsack, Ralf/Nentwig-Gesemann/Iris/Nohl, Arnd-Michael (Hg.): Die dokumentarische Methode und ihre Forschungspraxis. Grundlagen qualitativer Sozialforschung. Opladen: Leske & Budrich, 225-252
Bohnsack, Ralf/Przyborski, Aglaja (2006): Diskursorganisation, Gesprächsanalyse und die Methode der Gruppendiskussion. In: Bohnsack, Ralf/Przyborski, Aglaja/Schäffer, Burkhard (Hg.): Das Gruppendiskussionsverfahren in der Forschungspraxis. Opladen: Verlag Barbara Budrich, 233-248
Bohnsack, Ralf/Przyborski, Aglaja/Schäffer, Burkhard (2006): Einleitung: Gruppendiskussionen als Methode rekonstruktiver Sozialforschung. In: Bohnsack, Ralf/Przyborski/Aglaja/Schäffer, Burkhard (Hg.): Das Gruppendiskussionsverfahren in der Forschungspraxis. Opladen: Verlag Barbara Budrich, 7-22
Border Monitoring Project Ukraine (2010): Access to Protection Denied. Refoulement of Refugees and Minors on the Eastern Borders of the EU – the case of Hungary, Slovakia and Ukraine (http://bordermonitoring-ukraine.eu/files/2010/11/refoulement-report.pdf, letzter Zugriff: 15.04.2011)
Bourdieu, Pierre (1991): Physischer, Sozialer und Angeeigneter Raum. In: Wentz, Martin (Hg.): Stadt-Räume. Frankfurt a.M., New York: Campus, 25-34
Bourdieu, Pierre (1997): Méditations pascaliennes. Éléments pour une philosophie négative. Paris : Éditions du Seuil
Bourdieu, Pierre (1998): Ortseffekte. In: Bourdieu, Pierre Bourdieu, Pierre/Balazs, Gabrielle/Beaud, Stéphane/Broccolichi, Sylvain/Champagne, Patrick/Christin, Rosine/Lenoir, Remi/Oeuvrard, Francoise/Pialoux, Michel/Sayad, Abdelmalek/Schultheis, Franz/Soulié, Charles: Das Elend der Welt. Zeugnisse und Diagnosen alltäglichen Leidens an der Gesellschaft. Konstanz: Universitätsverlag Konstanz, 159-167
Bourdieu, Pierre/Balazs, Gabrielle/Beaud, Stéphane/Broccolichi, Sylvain/Champagne, Patrick/Christin, Rosine/Lenoir, Remi/Oeuvrard, Francoise/Pialoux, Michel/Sayad, Abdelma-

lek/Schultheis, Franz/Soulié, Charles (1997): Das Elend der Welt : Zeugnisse und Diagnosen alltäglichen Leidens an der Gesellschaft. Konstanz: Universitätsverlag Konstanz

Brand, Ulrich/Görg, Christoph/Wissen, Markus (2007): Verdichtungen zweiter Ordnung. Die Internationalisierung des Staates aus einer neo-poulantzianischen Perspektive. In: PROKLA. Zeitschrift für kritische Sozialwissenschaft 37 (2), 217-234

Brenner, Neil (1997): Globalisierung und Reterritorialisierung: Städte, Staaten und die Politik der räumlichen Redimensionierung im heutigen Europa. In: WeltTrends 17, 7-30

Brenner, Neil (2009): Open questions on state rescaling. In: Cambridge Journal of Regions, Economy and Society 2 (1), 123-139

Browning, Christopher S./Christou, George (2010): The constitutive power of outsiders: The European neighbourhood policy and the eastern dimension. In: Political Geography 29 (2), 109-118

Browning, Christopher S./Joenniemi, Pertti (2008): Geostrategies of the European Neighbourhood Policy. In: European Journal of International Relations 14 (3), 519-551

Bruns, Bettina (2010): Grenze als Ressource: Die soziale Organisation von Schmuggel am Rande der Europäischen Union. Wiesbaden: VS Verlag für Sozialwissenschaften

Bruns, Bettina/Meyer, Frank/Miggelbrink, Judith/Müller, Kristine/Wust, Andreas/Zichner, Helga (im Erscheinen): Geographien an den Rändern des europäischen Projekts

Bruns, Bettina/Miggelbrink, Judith/Müller, Kristine (2011): Smuggling and small-scale trade as part of informal economic practices – empirical findings from the Eastern external EU border. In: International Journal of Sociology and Social Policy 31 (11/12), 664-680

Bruns, Bettina/Miggelbrink, Judith/Müller, Kristine/Wust, Andreas/Zichner, Helga (2009): Handeln an der Außengrenze der Europäischen Union. In: Krämer, Raimund (Hg.): Grenzen in den internationalen Beziehungen (= WeltTrends Lehrmaterialien 14), Potsdam: Universität Potsdam, 212-223

Bruns, Bettina/Müller, Kristine/Wust, Andreas/Zichner, Helga (2010a): Grenzüberschreitende ökonomische Praktiken an den östlichen EU-Außengrenzen - der Umgang von KleinhändlerInnen und UnternehmerInnen mit Grenzregimen. In: Wagner, Mathias/Łukowski, Wojciech (Hg.): Alltag im Grenzland. Schmuggel als ökonomische Strategie im Osten Europas. Wiesbaden: VS Verlag für Sozialwissenschaften, 129-146

Bruns, Bettina/Müller, Kristine/Wust, Andreas/Zichner, Helga (2010b): Praktiken der Grenzüberschreitung. Die Produktion der Außengrenze der EU zwischen Homogenisierung und lokaler Aushandlung. In: Belina, Bernd/Miggelbrink, Judith (Hg.): Hier so, dort anders. Raumbezogene Vergleiche in der Wissenschaft und anderswo. Münster: Westfälisches Dampfboot, 62-84

Bruns, Bettina/Zichner, Helga (2009): Übertragen - Übersetzen - Aushandeln? Wer oder was geht durch Übersetzung verloren, oder kann etwas gewonnen werden? In: Social Geography Discussion 5, 71-96 (http://www.soc-geogr-discuss.net/5/71/2009/sgd-5-71-2009.pdf, letzter Zugriff: 06.10.2011)

Bürkner, Hans-Joachim (2011): Zwischen Naturalisierung, Identitätspolitik und Bordering - Theoretische Ansatzpunkte für die Analyse von Identitäten in Grenzräumen. In: Heller, Wilfried (Hg.): Identitäten und Imaginationen der Bevölkerung in Grenzräumen: Ostmittel- und Südosteuropa im Spannungsfeld von Regionalismus, Zentralismus, europäischem Integrationsprozess und Globalisierung. Münster: LIT-Verlag, 17-56

Bürkner, Hans-Joachim/Kowalke, Hartmut (Hg.) (1996): Geographische Grenzraumforschung im Wandel. Potsdam: Selbstverlag der Abteilungen Anthropogeographie und Geoinformatik des Institutes für Geographie und Geoökologie der Universität Potsdam

Bürkner, Hans-Joachim/Matthiesen, Ulf (2002): Grenzmilieus im potentiellen Verflechtungsraum von Deutschland mit Polen. IRS Working Paper 2/2002. Erkner: Leibniz-Institut für Regionalentwicklung und Strukturplanung (http://www.irs-net.de/download/grenzmilieus.pdf, letzter Zugriff: 12.10.2009).

Callero, Peter L. (2003): The sociology of the self. In: Annual Review of Sociology 29, 115-133

Cameron, Angus (2007): Geographies of welfare and exclusion: reconstituting the 'public'. In: Progress in Human Geography 31 (4), 519-526
Castells, Manuel (1996): The Rise of the Network Society. (= The Information Age: Economy, Society and Culture, Volume 1) Cambridge (MA), Oxford: Blackwell
Cholewinski, Ryszard (2002): Borders and discrimination in the European Union In: Anderson, Malcolm/Apap, Joanna (Hg.): Police and Justice Co-operation and the New European Borders. The Hague, London, New York: Kluwer Law International, 81-102
Council of Oulu Region (2009): Euregio Karelia Neighbourhood Programme projects 2001–2008. Oulu.
Cuttitta, Paolo (2010): Das europäische Grenzregime: Dynamiken und Wechselwirkungen. In: Hess, Sabine/Kasparek, Bernd (Hg.): Grenzregime. Diskurse, Praktiken, Institutionen in Europa. Berlin, Hamburg: Assoziation A, 23-40
Dangschat, Jens (1997): Sozialer Wandel in der Stadt - Beispiel Ostdeutschland. In: Kovacs, Zoltan/Wießner, Reinhard (Hg.): Prozesse und Perspektiven der Stadtentwicklung in Ostmitteleuropa. Passau: L.I.S. Verlag, 97-122
De Certeau, Michel (1988): Kunst des Handelns. Berlin: Merve Verlag
De Gijsel, Peter/Janssen, Manfred/Wenzel, Hans-Joachim/Woltering, Michael (1998): Grenzüberschreitende Arbeitsmärkte - Schlußfolgerungen, Strukturen und Probleme grenzüberschreitender Arbeitsmärkte – Eine Bestandsaufnahme aus Sicht deutscher und niederländischer Institutionen. Osnabrück: Institut für Migrationsforschung und Interkulturelle Studien (IMIS), 64-71
Dear, Michael (2000): State. In: Johnston, Ron J./Gregory, Derek/Pratt, Geraldine/Watts, Michael (eds.) The Dictionary of Human Geography. Malden, Oxford, Carlton, Blackwell Publishing Ltd., 788-789
Deleuze, Gilles/Guattari, Félix (1987): A thousand plateaus. Capitalism and Schizophrenia. Minneapolis: University of Minnesota Press
Deppermann, Arnulf (2008): Gespräche analysieren. Eine Einführung. Wiesbaden: VS Verlag für Sozialwissenschaften
DiMaggio, Paul (1994): Culture and Economy. In: Smelser, Neil J./Swedberg, Richard (Hg.): The handbook of economic sociology. Princeton, NJ: Princeton University Press, 27-57
Donnan, Hastings/Wilson, Thomas M. (1999): Borders: frontiers of identity, nation and state. Oxford: Berg
Dreher, Michael/Dreher, Eva (1995): Gruppendiskussionsverfahren. In: Flick, Uwe/Kardorff, Ernst von/Keupp, Heiner/Rosenstiel, Lutz von/Wolff, Stephan (Hg.): Handbuch Qualitative Sozialforschung. Grundlagen, Konzepte, Methoden und Anwendungen. Weinheim: Beltz Psychologie Verlags Union, 186-188
Drosdowski, Günther (1989): Grenze. In: Drosdowski, Günther (Hg.): Duden "Etymologie": Herkunftswort der deutschen Sprache. Mannheim, Wien, Zürich: Dudenverlag, 254
Durkheim, Émile (1938/1895): The Rules of Sociological Method.
Eigmüller, Monika/Vobruba, Georg (2006a): Einleitung: Warum eine Soziologie der Grenze? In: Eigmüller, Monika/Vobruba, Georg (Hg.): Grenzsoziologie. Die politische Strukturierung des Raumes. Wiesbaden: VS Verlag für Sozialwissenschaften, 7-14
Eigmüller, Monika/Vobruba, Georg (2006b): Grenzsoziologie. Die politische Strukturierung des Raumes. Wiesbaden: VS Verlag für Sozialwissenschaften
Ernste, Huib (2005): Debordering subjectivity. In: Van Houtum, Henk, Kramsch, Oliver/Zierhofer, Wolfgang (Hg.): B/ordering space. Aldershot: Ashgate, 155-169
Eskelinen, Heikki (2006): Path dependency vis-a-vis new drivers: development patterns of peripheries on the EU-Russian border. International Summer School on European Peripheries. Santander (Spanien), 2.-15. Juli 2006 (unveröffentlichter Tagungsbeitrag)
Eskelinen, Heikki/Haapanen, Elisa/Druzhinin, Pavel (1999): Where Russia meets the EU. Across the divide in the Karelian Borderlands. In: Eskelinen, Heikki/Liikanen, Ilkka/Oksa, Jukka (Hg.):

Curtains of iron and gold: Reconstructing borders and scales of interaction. Aldershot: Ashgate, 329-346
Eskelinen, Heikki/Liikanen, Ilkka/Scott, James W. (2012): The EU-Russia borderland. New contexts for regional cooperation. London,New York: Routledge
Esser, Hartmut (1991): Alltagshandeln und Verstehen : zum Verhältnis von erklärender und verstehender Soziologie am Beispiel von Alfred Schütz und "Rational Choice". Tübingen: Mohr
Europäische Gemeinschaften (2008): 40 Jahre Europäische Zollunion. Schützt Bürger und vereinfacht Handel
(http://ec.europa.eu/taxation_customs/40customs/documents/customs_toolbox/information_material/leafletCU_de.pdf, letzter Zugriff: 26.04.2011)
Flick, Uwe (1996): Qualitative Forschung. Theorie, Methoden, Anwendung in Psychologie und Sozialwissenschaften. Reinbek bei Hamburg: Rowohlt Taschenbuch Verlag
Flick, Uwe/Von Kardorff, Ernst/Keupp, Heiner/Von Rosenstiel, Lutz/Wolff, Stephan (Hg.) (1995): Handbuch qualitative Sozialforschung. Grundlagen, Konzepte, Methoden und Anwendungen. Weinheim: Beltz Psychologie Verlags Union
Flick, Uwe/Von Kardorff, Ernst/Steinke, Ines (Hg.)(2000): Qualitative Forschung. Ein Handbuch. Hamburg: Rowohlt Taschenbuch Verlag
Foucault, Michel (1977): Dispositive der Macht. Berlin: Merve Verlag
Franke, Steffi (2007a): Introduction: Border research in a global perspective. In: Comparativ. Zeitschrift für Globalgeschichte und vergleichende Gesellschaftsforschung 17 (4), 7-15
Franke, Steffi (2007b): "Licking a lollipop through a window". Frontier und Nachbarschaft an der östlichen Außengrenze der Europäischen Union. Borders and Boundaries, Grenzüberschreitungen, Geschichte und Globale Gleichzeitigkeit. Ascona (unveröffentlichter Tagungsbeitrag)
Fritzler, Marc/Unser, Günther (2001): Die Europäische Union. Bonn: Bundeszentrale für politische Bildung
Frontexwatch (2007): Frontex und die europäische Außengrenze
(http://frontex.antira.info/2007/12/13/frontex-und-die-europaeische-aussengrenze/, letzter Zugriff: 08.08.2008).
Fuchs-Heinritz, Werner/König, Alexandra (2005): Pierre Bourdieu: Eine Einführung. Konstanz: UTB
Gaffer, Yvonne/Liell, Christoph (2001): Handlungstheoretische und methodologische Aspekte der dokumentarischen Interpretation jugendkultureller Praktiken. In: Bohnsack, Ralf/Nentwig-Gesemann, Iris/Nohl, Arnd-Michael (Hg.): Die dokumentarische Methode und ihre Forschungspraxis. Grundlagen qualitativer Sozialforschung. Opladen: Leske & Budrich, 179-203
Garfinkel, Harold/Sacks, Harvey (1986): On formal structures of practical actions. In: Garfinkel, Harold (Hg.): Ethnomethodological studies of work. London: Routledge & Kegan Paul, 160-193
Gertler, Meric S. (2003): Tacit knowledge and the economic geography of context, or The undefinable tacitness of being (there). In: Journal of Economic Geography 3 (1), 75-99
Giddens, Anthony (1992): Die Konstitution der Gesellschaft: Grundzüge einer Theorie der Strukturierung. Frankfurt a.M.: Campus
Gläser, Jochen/Laudel, Grit (2004): Experteninterviews und qualitative Inhaltsanalyse als Instrumente rekonstruierender Untersuchungen. Wiesbaden: VS Verlag für Sozialwissenschaften
Goffman, Erving (1977): Rahmen-Analyse. Ein Versuch über die Organisation von Alltagserfahrungen. Frankfurt a.M.: Suhrkamp
Goffman, Erving (1996): Über Feldforschung. In: Knoblauch, Hubert (Hg.): Kommunikative Lebenswelten: zur Ethnographie einer geschwätzigen Gesellschaft. Konstanz: Universitätsverlag Konstanz, 261-269
Goffman, Erving (2004/1959): Wir alle spielen Theater. Die Selbstdarstellung im Alltag. München, Zürich: Piper

Golovko, Darya (2007): Entwicklung und Erstellung einer Kartenserie mittels ArcGIS zum Projekt ‚Geographie[n] an den Rändern des Europäischen Projekts' (unveröffentlichte Karten). Leipzig: Leibniz-Institut für Länderkunde

Grabbe, Heather (2000): The sharp edges of Europe: extending Schengen eastwards. In: International Affairs 76 (3), 497-514

Gripp, Helga (1995): Kommunikation. In: Fuchs-Heinritz, Werner/Lautmann, Rüdiger/Rammstedt, Otthein/Wienold, Hanns (Hg.): Lexikon zur Soziologie. Opladen: Westdeutscher Verlag, 347

Grygar, Jakub (2006): Enacting borders: power at interstitial places. In: Spalová, Barbora/Grygar, Jakub (Hg.): Anthropology at borders: Power, culture, memories. Prag: Multicultural Center Prague, 13-23

Guild, Elspeth/Bigo, Didier (2002): The legal mechanisms - collectively specifying the individual: the Schengen border system and enlargement. In: Anderson, Malcolm/Apap, Joanna (Hg.): Police and Justice Co-operation and the New European Borders. The Hague, London, New York: Kluwer Law International, 121-138

Guttandin, Friedhelm (1995): Habitualisierung. In: Fuchs-Heinritz, Werner/Lautmann, Rüdiger/Rammstedt, Otthein/Wienold, Hanns (Hg.): Lexikon zur Soziologie. Opladen: Westdeutscher Verlag, 261

Habermas, Jürgen (1988): Theorie des kommunikativen Handelns. Bd. 2. Zur Kritik der funktionalistischen Vernunft. Frankfurt a.M.: Suhrkamp

Häkli, Jouni (2008): Re-bordering Space. In: Cox, Kevin R./Low, Murray/Robinson, Jennifer (Hg.): The SAGE Handbook of Political Geography. Thousand Oaks: Sage

Harvey, David (2001): Spaces of capital: towards a critical geography. Edinburgh: Edinburgh University Press

Harvey, David (2006): Space as a Keyword. In: Castree, Noel/Gregory, Derek (Hg.): David Harvey. A critical reader. Oxford: Blackwell Publishing, 270-293

Harvey, David (2007): Zwischen Raum und Zeit: Reflektionen zur Geographischen Imagination. In: Belina, Bernd/Michel, Boris (Hg.): Raumproduktionen. Beiträge der Radical Geography. Eine Zwischenbilanz, Münster, Westfälisches Dampfboot, 36-60.

Heeg, Susanne (2008): Die Europäische Union als fragile Staatlichkeit? Politisch-territoriale Organisation der EU und die Diskussion um Scale. In: Wissen, Markus/Röttger, Bernd/Heeg, Susanne (Hg.): Politics of Scale - Räume der Globalisierung und Perspektiven emanzipatorischer Politik. Münster: Westfälisches Dampfboot, 251-266

Heller, Wilfried/Arambașa, Mihaela (Hg.) (2009): Am östlichen Rand der Europäischen Union. Geopolitische, ethnische und nationale sowie ökonomische und soziale Probleme und ihre Folgen für die Grenzraumbevölkerung. Potsdam: Potsdamer Geographische Forschungen

Hendley, Kathryn (2009): Legal consciousness in post-soviet Russia. A preliminary study. NCEEER Working Paper. Madison: University of Wisconsin

Honer, Anne (1993): Lebensweltliche Ethnographie. Ein explorativ-interpretativer Forschungsansatz am Beispiel von Heimwerker-Wissen. Wiesbaden: Deutscher Universitäts-Verlag

Hörning, Karl H. (2001): Experten des Alltags. Die Wiederentdeckung des praktischen Wissens. Weilerswist: Velbrück Wissenschaft

Hörning, Karl H. (2004): Soziale Praxis zwischen Beharrung und Neuschöpfung. Ein Erkenntnis- und Theorieproblem. In: Hörning, Karl H./Reuter, Julia (Hg.): Doing culture: neue Positionen zum Verhältnis von Kultur und sozialer Praxis. Bielefeld: Transcript, 19-39

Hörning, Karl H./Reuter, Julia (2004): Doing Culture. Kultur als Praxis. In: Hörning, Karl H./Reuter, Julia (Hg.): Doing culture: neue Positionen zum Verhältnis von Kultur und sozialer Praxis. Bielefeld: Transcript, 9-17

Hrytsak, Yaroslav (2005): The borders of Europe - seen from the outside. In: Eurozine (http://www.eurozine.com/pdf/2005-01-10-hrytsak-en.pdf, letzter Zugriff: 14.09.2011).

Human Rights Watch (2010): Buffeted in the borderland. The treatment of migrants and asylum seekers in Ukraine
(http://www.hrw.org/en/reports/2010/12/16/buffeted-borderland-0, letzter Zugriff: 15.04.2011)
John, René/Knothe, Holger (2007): Soziale Verortung. Eine Heuristik zur Beschreibung und Erklärung von Prozessen sozialer Einbettung. München: Institut für Praxisforschung und Projektberatung
Jukarainen, Pirjo (2002): The boundaries of Finland in transition. In: Fennia 180 (1/2), 83-88
Kaczmarek, Tomasz (2003): "Kleine Integration" - europäische Zusammenarbeit der Städte und Gemeinden In: Breysach, Barbara/Paszek, Arkadiusz/Tölle, Alexander (Hg.): Grenze - Granica. Interdisziplinäre Betrachtungen zu Barrieren, Kontinuitäten und Gedankenhorizonten aus deutsch-polnischer Perspektive. Słubice, Berlin: Collegium Polonicum & Logos Verlag, 152-163
Kahl, Martin (2007): Externe Governance der EU. Die Zuweisung von Ordnungsfunktionen an die Nachbarstaaten. In: Ehrhart, Hans-Georg/Jaberg, Sabine/Rinke, Bernhard/Waldmann, Jörg (Hg.): Die Europäische Union im 21. Jahrhundert. Theorie und Praxis europäischer Außen-, Sicherheits- und Friedenspolitik. Wiesbaden: VS Verlag für Sozialwissenschaften, 64-76
Kantor, Paul/Savitch, Hank V. (2005): How to study comparative urban development politics: a research note. In: International Journal of Urban and Regional Research 29 (1), 135-151
Karlsson, Thomas/Österberg, Esa (2009): The Nordic borders are not alike. In: Nordic Studies on Alcohol and Drugs 26 (2), 117-139
Kasparek, Bernd/Hess, Sabine (2010): Perspektiven kritischer Migrations- und Grenzforschung. In: Hess, Sabine/Kasparek, Bernd (Hg.): Grenzregime. Diskurse, Praktiken, Institutionen in Europa. Berlin, Hamburg: Assoziation A, 7-22
Kaufmann, Stefan (2006): Grenzregimes im Zeitalter globaler Netzwerke. In: Berking, Helmut (Hg.): Die Macht des Lokalen in einer Welt ohne Grenzen. New York: Campus, 32-65
Kaufmann, Stefan (2008): Technik als Politik. Zur Transformation gegenwärtiger Grenzregimes der EU, in: Comparativ. Zeitschrift für Globalgeschichte und vergleichende Gesellschaftsforschung 18 (1), 42-57
Kazmierkiewicz, Piotr (2011): Das Schengen-Abkommen als Herausforderung für die polnische Außenpolitik. In: Polen-Analysen (83), 2-8
(http://www.laender-analysen.de/polen/pdf/PolenAnalysen83.pdf, letzter Zugriff: 28.04.2011)
Kloka, Marzena (2005): Die "Orangene Revolution" - Ein Überblick. In: Bürger im Staat 55 (4), 164-167
(http://www.buergerimstaat.de/4_05/bis04_05.pdf, letzter Zugriff: 19.04.2011)
Knoblauch, Hubert (1996): Einleitung: Kommunikative Lebenswelten und die Ethnographie einer ‚geschwätzigen Gesellschaft'. In: Knoblauch, Hubert (Hg.): Kommunikative Lebenswelten: zur Ethnographie einer geschwätzigen Gesellschaft. Konstanz: Universitätsverlag Konstanz, 7-27
Knorr-Cetina, Karin (1988): Das naturwissenschaftliche Labor als Ort der „Verdichtung" von Gesellschaft. In: Zeitschrift für Soziologie 17 (2), 85-101
Kokhan, Halyna (2007): Die neue Visaregelung zwischen der Ukraine und der EU. In: Ukraine-Analysen (32), 2-3
(http://www.laender-analysen.de/ukraine/pdf/UkraineAnalysen32.pdf, letzter Zugriff: 12.04.2011)
Kolossov, Vladimir/O'Loughlin, John (1998): New borders for new world orders: territorialities at the fin-de-siecle. In: GeoJournal 44 (3), 259-273
Kortelainen, Jarmo (1997): Crossing borders. Accumulating regional capital. In: Kortelainen, Jarmo (Hg.): Crossing the Russian border. Regional development and cross-border cooperation in Karelia. Joensuu: Julkaisuja Publications, 167-179

Krämer, Raimund (1999): Zwischen Kooperation und Abgrenzung - Die Ostgrenzen der Europäischen Union. In: WeltTrends 22, 9-26
Krok, Katarzyna/Smętkowski, Maciej (2006): Local and regional cross-border cooperation between Poland and Ukraine. In: Scott, James W. (Hg.): EU enlargement, region building and shifting borders of inclusion and exclusion. Aldershot: Ashgate, 177-191
Laatz, Wilfried/Klima, Rolf (1995): Formell – informell. In: Fuchs-Heinritz,Werner/Lautmann, Rüdiger/Rammstedt, Otthein/Wienold, Hanns (Hg.): Lexikon zur Soziologie. Opladen: Westdeutscher Verlag, 209
Laitinen, Kari (2003): Post-Cold War security borders: A conceptual approach. In: Berg, Eiki/Van Houtum, Henk (Hg.): Routing borders between territories, discourses and practices. Burlington (VT): Ashgate, 13-33
Lavenex, Sandra (2004): EU external governance in 'wider Europe'. In: Journal of European Public Policy 11 (4), 680-700
Lavenex, Sandra (2005): The politics of exclusion and inclusion in 'Wider Europe'. In: De Baerdeleben, Joan (Hg.): Soft or hard borders? Managing the divide in an enlarged Europe. Aldershot: Ashgate, 123-143
Ledeneva, Alena (2006): Informelle Netzwerke in post-kommunistischen Ökonomien: eine "topographische" Karte. In: Bittner, Regina/Hackenbroich, Wilfried/Vöckler, Kai (Hg.): Transiträume. Berlin: Jovis, 300-339
Lefebvre, Henri (1972): Das Alltagsleben in der modernen Welt. Frankfurt a.M.: Suhrkamp
Lefebvre, Henri (1975): Metaphilosophie. Frankfurt a.M.: Prolegomena
Lefebvre, Henri (2006): Die Produktion des Raums. In: Dünne, Jörg/Günzel, Stephan (Hg.): Raumtheorie. Grundlagentexte aus Philosophie und Kulturwissenschaften. Frankfurt a.M.: Suhrkamp, 330-342
Lenk, Hans (1994): Handlungstheorie. In: Seiffert, Helmut/Radnitzky, Gerhard (Hg.): Handlexikon zur Wissenschaftstheorie. München: Deutscher Taschenbuch Verlag, 119-126
Lentz, Sebastian/Meyer, Frank/Miggelbrink, Judith/Waack, Christoph (2007): Regionalisierungen. Raum-Dimensionen in der EU-Politik. In: Osteuropa 57 (2/3), 117-131
Liikanen, Ilkka/Zimin, Dmitry/Ruusuvuori, Juha/Eskelinen, Heikki (2007): Karelia - a cross-border region? The EU and cross-border region-building on the Finnish-Russian border. Joensuu: University of Joensuu, Karelian Institute
Lindenberg, Siegwart (2006a): Rational choice theory. In: Beckert, Jens/Zafirovski, Milan (Hg.): International Encyclopedia of Economic Sociology. New York: Routledge, 548-552
Lindenberg, Siegwart (2006b): Social Rationality. In: Beckert, Jens/Zafirovski, Milan (Hg.): International Encyclopedia of Economic Sociology. New York: Routledge, 616-618
Linklater, Andrew (1998): The Transformation of Political Community. Cambridge: Polity Press
Lippuner, Roland (2003): Wissenschaft und Alltag. Zum theoretischen Problem, Geographien der Praxis zu beobachten. Jena: Friedrich-Schiller-Universität
Lippuner, Roland (2005): Reflexive Sozialgeographie. Bourdieus Theorie der Praxis als Grundlage für sozial- und kulturgeographisches Arbeiten nach dem Cultural turn. In: Geographische Zeitschrift 93 (3), 135-147
Lippuner, Roland/Lossau, Julia (2004): In der Raumfalle. Eine Kritik des Spatial Turn in den Sozialwissenschaften. In: Mein, Georg/Rieger-Ladich, Markus (Hg.): Soziale Räume und kulturelle Praktiken. Bielefeld: Transcript, 47-64
Loos, Peter/Schäffer, Burkhard (2001): Das Gruppendiskussionsverfahren. Theoretische Grundlagen und empirische Anwendung. Opladen: Leske & Budrich
Lüders, Christian (2003): Teilnehmende Beobachtung. In: Bohnsack, Ralf/Marotzki, Winfried/Meuser, Michael (Hg.): Hauptbegriffe Qualitativer Sozialforschung. Opladen: Leske & Budrich, 151-153
Malinowski, Bronislaw (1922): Argonauts of the Western Pacific. London: Malinowski Press

Mamadouh, Virginie (2001): The territoriality of European Integration and the territorial features of the European Union: the first 50 years. In: Tijdschrift voor Economische en Sociale Geografie 92 (4), 420-436
Mannheim, Karl (1980): Strukturen des Denkens. Frankfurt a.M.: Suhrkamp
Marischka, Christoph (2007): Das EU-Grenzregime als Laboratorium der Entrechtung. In: IMI-Magazin Februar 2007, 35-41
Martin, Ron (2000): Institutional Approaches in Economic Geography. In: Sheppard, Eric/Barnes, Trevor J. (Hg.): A Companion to Economic Geography. Oxford, Malden: Blackwell Publishers Ltd., 77-94
Maskell, Peter/Malmberg, Anders (1999a): The competitiveness of firms and regions. 'Ubiquitification' and the importance of localized learning. In: European Urban and Regional Studies 6 (1), 9-25
Maskell, Peter/Malmberg, Anders (1999b): Localised learning and industrial competitiveness. In: Cambridge Journal of Economics 23 (2), 167-186
Merton, Robert K./Kendall, Patricia L. (1946): The focussed interview. In: American Journal of Sociology 51 (6), 541-557
Mey, Günter/Mruck, Katja (2008): Workshop Gruppendiskussion. (unveröffentlichtes Manuskript)
Mills, Melinda/Van de Bunt, Gerhard/De Bruin, Jeanne (2006): Comparative Research. Persistent Problems and Promising Solutions. In: International Sociology 21 (5), 619-631
Minghi, Julian V. (1963): Boundary studies in political geography. In: Annals of the Association of American Geographers 53, 407-428
Monar, Jörg (2005): The European Union's 'Integrated Management' of External Borders. In: De Baerdeleben, Joan (Hg.): Soft or hard borders? Managing the divide in an enlarged Europe. Aldershot: Ashgate, 145-161
Morice, Alain/Rodier, Claire (2010): Europas Mauern. Mobile Hindernisse in Wüsten und Meeren. In: Le Monde diplomatique (11.06.2010) (http://www.monde-diplomatique.de/pm/.dossier/migration_artikel.id,20100611a0009, letzter Zugriff 01.09.2010)
Mruck, Katja/Mey, Günter (2005): Qualitative Forschung: Zur Einführung in einen prosperierenden Wissenschaftszweig. In: Mey, Günter/Mruck, Katja (Hg.): Qualitative Sozialforschung – Methodologische Reflexionen und disziplinäre Anwendungen, 5-27
Müller, Kristine (2013): Yet another layer of peripheralization. Dealing with the consequences of the Schengen treaty at the edges of the EU territory. In: Fischer-Tahir, Andrea/Naumann, Matthias (Hg.): Peripheralization: The Making of Spatial Dependencies and Social Injustice. Heidelberg u.a.: Springer VS, 187-206
Müller, Kristine/Miggelbrink, Judith (im Erscheinen): "The glove compartment half-full of letters" – Informality & cross-border trade at the edge of the Schengen Area. In: Morris, Jeremy/Polese, Abel (Hg.): The informal post-socialist economy. London, New York: Routledge
Müller, Kristine/Wust, Andreas (Eingereicht): Die Methode der Gruppendiskussion in der Praxis: Forschung am östlichen Rand der Europäischen Union. In: Forum Qualitative Sozialforschung (FQS)
Murphy, James T. (2006): Building trust in economic space. In: Progress in Human Geography 30 (4), 427-450
Newman, David (2003): On Borders and Power: A Theoretical Framework. In: Journal of Borderlands Studies 18 (1), 13-25
Newman, David (2006): The lines that continue to separate us. Borders in our 'borderless' world. In: Progress in Human Geography 30 (2), 143-162
Nießen, Manfred (1977): Gruppendiskussion. Interpretative Methodologie, Methodenbegründung, Anwendung. München: Fink

North, Douglas C. (1992): Institutionen, institutioneller Wandel und Wirtschaftsleistung. Tübingen: Mohr
Ott, Thomas (2000): Angleichung, nachholende Modernisierung oder eigener Weg? Beiträge der Modernisierungstheorie zur geographischen Transformationsforschung. In: Europa Regional 8 (3/4), 20-27
Paasi, Anssi (1999a): Boundaries as social practice and discourse: the Finnish-Russian border. In: Regional Studies 33 (7), 669-680
Paasi, Anssi (1999b): Boundaries as social processes: territoriality in the world of flows. In: Geopolitics 3 (1), 69-88
Paasi, Anssi (1999c): The Political Geography of Boundaries at the End of the Millenium: Challenges of the De-territorializing World. In: Eskelinen, Heikki/Liikanen, Ilkka/Oksa, Jukka (Hg.): Curtains of Iron and Gold. Reconstructing Borders and Scales of Interaction. Aldershot: Ashgate, 9-24
Paasi, Anssi (2005a): The changing discourses on political boundaries. Mapping the backgrounds, contexts and contents. In: Van Houtum, Henk/Kramsch, Oliver/Zierhofer, Wolfgang (Hg.): B/ordering space. Aldershot: Ashgate, 17-31
Paasi, Anssi (2005b): Generations and the 'Development' of Border Studies. In: Geopolitics 10 (4), 663-671
Pallitto, Robert/Heyman, Josiah (2008): Theorizing cross-border mobility: surveillance, security, identity. In: Surveillance & Society 5 (3), 315-333
Parsons, Talcott (1937): The structure of social action. New York: Free Press
Piipponen, Minna (1999): Transition in the forest sector of the Republic of Karelia, Russia. In: Fennia 177 (2), 185-233
Pijpers, Roos/Van der Velde, Martin (2007): Mobility across borders: contextualizing local strategies to circumvent visa and work permit requirements´. In: International Journal of Urban and Regional Research 31 (4), 819-835
Pohl, Jürgen (2008): Zur heutigen Stellung der Sozialgeographie. In: Kulke, Elmar/Popp, Herbert (Hg.): Umgang mit Risiken: Katastrophen–Destabilisierung–Sicherheit. Bayreuth, Berlin: Deutsche Gesellschaft für Geographie, 157-177
Polanyi, Michael (1985): Implizites Wissen. Frankfurt a.M.: Suhrkamp
Prescott, John R.V. (1975): Grenzen und Grenzsäume. In: Prescott, John R.V. (Hg.): Einführung in die Politische Geographie. München: Beck Verlag, 70-93
Ratzel, Friedrich (1903): Politische Geographie. München, Berlin: Oldenbourg
Reckwitz, Andreas (2004): Die Entwicklung des Vokabulars der Handlungstheorien: Von den zweck- und normorientierten Modellen zu den Kultur- und Praxistheorien. In: Gabriel, Manfred (Hg.): Paradigmen der akteurszentrierten Soziologie. Wiesbaden: VS Verlag für Sozialwissenschaften, 303-328
Reckwitz, Andreas (2006): Aktuelle Tendenzen der Kulturtheorien. Nachwort zur Studienausgabe 2006 von: Die Transformation der Kulturtheorien. Zur Entwicklung eines Theorieprogramms. Weilerswist-Metternich: Velbrück Wissenschaft
(http://www.velbrueck.de/ws/3-938808-20-9.pdf, letzter Zugriff: 14.12.2010)
Redepenning, Marc (2005): Über die Unvermeidlichkeit von Grenzziehungen. Themenheft „Grenz-Räume – RaumGrenzen". (= Berichte zur deutschen Landeskunde 79 (2/3)), 167-177
Regional Council of North Karelia (2007): Traffic Study of the Niirala Border Crossing Point (unveröffentlichte Studie)
Reuber, Paul (2006): Die Grenzen Europas als soziale und politische Ordnungen. In: Kulke, Elmar/Monheim, Heiner/Wittmann, Peter (Hg.): Grenzwerte. Tagungsbericht und wissenschaftliche Abhandlungen (55. Deutscher Geographentag Trier 2005). Berlin, Leipzig, Trier: Deutsche Gesellschaft für Geographie, 23-32

Round, John/Williams, Colin C. (2010): Coping with the social costs of 'transition': everyday life in post-Soviet Russia and Ukraine. In: European Urban and Regional Studies 17 (2), 183-196
Round, John/Williams, Colin C./Rodgers, Peter (2008): Everyday tactics and spaces of power: the role of informal economies in post-soviet Ukraine. In: Social & Cultural Geography 9 (2), 171-185
Sack, Robert D. (1986): Human Territoriality. Its theory and history. Cambridge: Cambridge University Press
Schäffer, Burkhard (2003): Gruppendiskussion. In: Bohnsack, Ralf/Marotzki, Winfried/Meuser, Michael (Hg.): Hauptbegriffe Qualitativer Sozialforschung. Opladen: Leske & Budrich, 75-80
Scharpf, Fritz W. (2000): Interaktionsformen. Akteurszentrierter Institutionalismus in der Politikforschung, Opladen, Leske & Budrich
Schatzki, Theodore R. (1996): Social Practices: A Wittgensteinian Approach to Human Activity and the Social. New York: Cambridge University Press
Schittenhelm, Karin (2006): Statuspassagen zwischen Schule, Ausbildung und Arbeitswelt. Eine Analyse auf der Basis von Gruppendiskussionen. In: Bohnsack, Ralf/Przyborski, Aglaja/Schäffer, Burkhard (Hg.): Das Gruppendiskussionsverfahren in der Forschungspraxis. Opladen: Verlag Barbara Budrich, 93-107
Schütz, Alfred (1982): Das Problem der Relevanz. Frankfurt a.M.: Suhrkamp
Scott, James C. (1998): Seeing like a state: how certain schemes to improve the human condition have failed. New Haven, Yale University Press
Scott, James W. (Hg.)(2006a): EU enlargement, region building and shifting borders of inclusion and exclusion. Aldershot: Ashgate
Scott, James W. (2006b): Wider Europe: Geopolitics of Inclusion and Exclusion at the EU's New External Boundaries. In: Scott, James W. (Hg.): EU enlargement, region building and shifting borders of inclusion and exclusion. Aldershot: Ashgate, 17-34
Seipel, Christian/Rieker, Peter (2003): Integrative Sozialforschung. Konzepte und Methoden der qualitativen und quantitativen empirischen Forschung. Weinheim, München: Juventa Verlag
Sibley, David (1995): Geographies of exclusion. London: Routledge
Simmel, Georg (1992/1908): Der Raum und die räumliche Ordnung der Gesellschaft. In: Simmel, Georg (Hg.): Soziologie. Untersuchungen über die Formen der Vergesellschaftung. Frankfurt a.M.: Suhrkamp, 687-790
Simmel, Georg (1995/1908): Soziologie des Raumes. In: Kramme, Rüdiger/Rammstedt, Angela/Rammstedt, Otthein (Hg.): Georg Simmel. Aufsätze und Abhandlungen 1901-1908. Frankfurt a. M.: Suhrkamp, 132-183
Smith, Adrian/Stenning, Alison (2006): Beyond household economies: articulations and spaces of economic practice in post-socialism. In: Progress in Human Geography 30 (2), 190-213
Soeffner, Hans-Georg (2004): Auslegung des Alltags – Der Alltag der Auslegung. Konstanz: UVK Verlagsgesellschaft mbH
Stępień, Stanisław (2001): Die polnisch-ukrainische Grenze in den zurückliegenden fünfzig Jahren. In: Schultz, Helga (Hg.): Grenzen im Ostblock und ihre Überwindung. Berlin: Arno Spitz Verlag, 259-271
Strüver, Anke (2005): Significant Insignificance - Boundaries in a Borderless European Union: Deconstructing the Dutch-German Transnational Labor Market. In: Strüver, Anke (Hg.): Stories of the "boring border": the Dutch-German borderscape in people's minds. Münster: LIT-Verlag, 17-37
Stryjakiewicz, Tadeusz (2009): The old and the new in the geographical pattern of the Polish transition. In: AUPO Geographica 40 (1), 5-24 (http://geography.upol.cz/soubory/vyzkum/aupo/Acta-40-1/AUPO_Geographica_40-1.pdf, letzter Zugriff: 15.04.2011)

Therborn, Göran (2000): Die Gesellschaften Europas 1945-2000. Frankfurt a.M., New York: Campus Verlag
Tykkyläinen, Markku (1997): Research methods in the study of transition and development in border areas. In: Kortelainen, Jarmo (Hg.): Crossing the Russian border. Regional development and cross-border cooperation in Karelia. Joensuu: Julkaisuja Publications, 11-26
Urząd Statystyczny W Rzeszowie (2008a): Badanie pilotażowe obrotów towarów i usług w ruchu granicznym na granicy polsko-ukraińskiej w III kwartale 2008 roku. Rzeszów: Urząd Statystyczny W Rzeszowie
Urząd Statystyczny W Rzeszowie (2008b): Polish-Ukrainian borderland in numbers (Pogranicze polsko-ukraińskie w liczbach). Rzeszów: Urząd Statystyczny W Rzeszowie
Urząd Statystyczny W Rzeszowie (2008c): Polish-Ukrainian Border Area Profile. Rzeszów: Urząd Statystyczny W Rzeszowie (http://www.stat.gov.pl/cps/rde/xbcr/rzesz/ASSETS_charakterystyka_pogranicza_pl.pdf, letzter Zugriff: 05.03.2013)
Urząd Statystyczny W Rzeszowie (2009): Badanie pilotażowe obrotów towarów i usług w ruchu granicznym na granicy polsko-ukraińskiej w IV kwartale 2008 roku. Rzeszów: Urząd Statystyczny W Rzeszowie
Van der Velde, Martin/Van Houtum, Henk (2004): The threshold of indifference; rethinking immobility in explaining cross-border labour mobility. In: Jahrbuch der Regionalwissenschaft 24, 39-49
Van Houtum, Henk (1998): The development of Cross-Border Economic Relations. Tilburg: Tilburg University
Van Houtum, Henk (2005): The Geopolitics of Borders and Boundaries. In: Geopolitics 10, 672-679
Van Houtum, Henk (2010): Waiting before the law: Kafka on the border. In: Social & Legal Studies 19 (3), 285-297
Van Houtum, Henk/Kramsch, Oliver/Zierhofer, Wolfgang (2005): B/ordering Space (Prologue). In: Van Houtum, Henk/Kramsch, Oliver/Zierhofer, Wolfgang (Hg.): B/ordering Space. Aldershot: Ashgate
Van Houtum, Henk/Pijpers, Roos (2005): Towards a gated community. In: Eurozine (http://www.eurozine.com/pdf/2005-01-12-houtumpijpers-en.pdf, letzter Zugriff: 14.09.2011).
Van Houtum, Henk/Pijpers, Roos (2006): The European Community as a Gated Community: Between security and selective access. In: Scott, James W. (Hg.): EU enlargement, region building and shifting borders of inclusion and exclusion. Aldershot: Ashgate, 53-61
Van Houtum, Henk/Scott, James W. (2005): Boundaries and the Europeanisation of Space: The EU, Integration and Evolving Theoretical Perspectives on Borders. EXLINEA State of the Art Report. Berlin, Nijmegen: EXLINEA (http://www.exlinea.comparative-research.net/fileadmin/user_upload/reports_and_publications/State_of%20the_art_exlinea.pdf, letzter Zugriff: 06.10.2011)
Vaughan-Williams, Nick (2008): Borderwork beyond Inside/Outside? Frontex, the Citizen-Detective and the War on Terror, in: Space and Polity 12(1), 63-79.
Vobruba, Georg (2004): Grenzen des Projekts Europa. In: Eurozine (http://www.eurozine.com/pdf/2004-06-08-vobruba-de.pdf, letzter Zugriff: 14.09.2011)
Waack, Christoph (2008): Die Außengrenze der erweiterten EU. In: Leibniz-Institut Für Länderkunde (Hg.): Brücken, Barrieren, Bilder: Entwicklungsprozesse in europäischen Regionen. Leipzig: Leibniz-Institut für Länderkunde, 100-111
Wagner, Mathias (2011): Die Schmugglergesellschaft. Informelle Ökonomien an der Ostgrenze der Europäischen Union. Eine Ethnographie. Bielefeld: Transcript
Waldenfels, Bernhard (1984): Lebenswelt. In: Kerber, Harald/Schmieder, Arnold (Hg.): Handbuch Soziologie. Reinbek bei Hamburg: Rowohlt Taschenbuch Verlag, 332-336

Wallace, William (2002): Where does Europe end? Dilemmas of inclusion and exclusion. In: Zielonka, Jan (Hg.): Europe unbound. Enlarging and Reshaping the Boundaries of the European Union. New York: Routledge, 78-94
Walters, William (2002): Mapping Schengenland. Denaturalizing the border. In: Society and space 20 (5), 561-580
Wasilewska, Olga (2009): Analysis oft the visa policies of the Visegrad countries. Relative openness. Polish visa policy towards Belarus, Moldova, Russia and Ukraine (http://www.batory.org.pl/doc/Poland_visas.pdf, letzter Zugriff 19.04.2011)
Weber, Max (1980): Wirtschaft und Gesellschaft: Grundriß der verstehenden Soziologie. Tübingen: Mohr
Wendl, Tobias/Rösler, Michael (1999): Frontiers and borderlands. The rise and relevance of an anthropological research genre. In: Rösler, Michael/Wendl, Tobias (Hg.): Frontiers and Borderlands. Anthropological Perspectives. Frankfurt a.M.: Peter Lang, 1-27
Werlen, Benno (1997): Gesellschaft, Handlung, Raum. Stuttgart: Franz Steiner Verlag.
Werlen, Benno (Hg.)(2000): Sozialgeographie - Eine Einführung. Bern: Haupt
Williams, Allan M./Baláž, Vladimir (2002): International Petty Trading: Changing Practices in Trans-Carpathian Ukraine. In: International Journal of Urban and Regional Research 26 (2), 323-342
Wissen, Markus (2011): Gesellschaftliche Naturverhältnisse in der Internationalisierung des Staates. Konflikte um die Räumlichkeit staatlicher Politik und die Kontrolle natürlicher Ressourcen. Münster: Westfälisches Dampfboot
Wittgenstein, Ludwig (1984): Werkausgabe, Bd. I. Frankfurt a.M.: Suhrkamp
Wolf, Eric R. (2001): Anthropology among the Powers. In: Wolf, Eric R. (Hg.): Pathways of Power, Los Angeles: Berkeley, 63-80
Wust, Andreas/Haase, Annegret (2002): Europas neue Peripherie? Die Regionen beiderseits der polnischen Ostgrenze. In: WeltTrends 34, 11-30
Yablokova, Oksana (2001): Schengen deal to make travel easier for Russians. In: The St. Petersburg Times 655 (22), 23.3.2001
(http://www.sptimes.ru/index.php?action_id=2&story_id=14910&highlight=schengen, letzter Zugriff: 05.09.2007)
Zelger, Josef (2009): Welchen Zielen dient eine PC-unterstützte Textanalyse? Symposium "Technik mit Methode - Methode mit Technik. 5. Berliner Methodentreffen Qualitative Forschung, 26.-27. Juni 2009
(http://www.qualitative-forschung.de/methodentreffen/archiv/texte/texte_2009/zelger.pdf, letzter Zugriff: 06.10.2011)
Zielonka, Jan (Hg.): (2002): Europe unbound. Enlarging and Reshaping the Boundaries of the European Union. New York: Routledge
Zill, Rüdiger (2002): "Dem Denken eine Grenze ziehen". Zur Karriere einer zentralen Metapher der Philosophie. In: Berliner Debatte Initial 13 (1), 30-36

Dokumente der Europäischen Union und Nationalstaaten

Europäische Gemeinschaft und Russische Föderation (2007): Abkommen zwischen der Europäischen Gemeinschaft und der Russischen Föderation über die Erleichterung der Ausstellung von Visa für Bürger der Europäischen Union und für Staatsangehörige der Russischen Föderation
Europäische Gemeinschaft und Ukraine (2007): Abkommen zwischen der Europäischen Gemeinschaft und der Ukraine über Erleichterungen bei der Erteilung von Visa (http://www.kiew.diplo.de/contentblob/1773502/Daten/130891/pdf_visaerleichterungs_ruecku ebernahmeuebereinkommen.pdf, letzter Zugriff: 12.04.2011)
Europäische Kommission (2002): Mitteilung der Kommission an den Rat und das Europäische Parlament. Auf dem Weg zu einem integrierten Grenzschutz an den Aussengrenzen der EU-Mitgliedsstaaten (KOM(2002) 233 endgültig) (http://eur-lex.europa.eu/LexUriServ/LexUriServ.do?uri=COM:2002:0233:FIN:DE:PDF, letzter Zugriff: 03.05.2011)
Europäische Kommission (2003): Mitteilung der Kommission an den Rat und das Europäische Parlament. Größeres Europa - Nachbarschaft: Ein neuer Rahmen für die Beziehungen der EU zu ihren östlichen und südlichen Nachbarn (KOM(2003) 104 endgültig) (http://eur-lex.europa.eu/LexUriServ/LexUriServ.do?uri=COM:2003:0104:FIN:DE:PDF, letzter Zugriff: 11.04.2011)
Europäische Kommission (2004): Europäische Nachbarschaftspolitik. Strategiepapier (KOM (2004) 373 endgültig) (http://ec.europa.eu/world/enp/pdf/strategy/strategy_paper_de.pdf, letzter Zugriff: 08.04.2011)
Europäische Kommission (2006a): Verordnung (EG) Nr. 1931/2006 Des Europäischen Parlaments und des Rates vom 20. Dezember 2006 zur Festlegung von Vorschriften über den kleinen Grenzverkehr an den Landaußengrenzen der Mitgliedstaaten sowie zur Änderung der Bestimmungen des Übereinkommens von Schengen (http://eur-lex.europa.eu/LexUriServ/LexUriServ.do?uri=OJ:L:2006:405:0001:0022:DE:PDF, letzter Zugriff: 18.07.2008)
Europäische Kommission (2006b): Verordnung (EG) Nr. 1987/2006 des Europäischen Parlaments und des Rates vom 20. Dezember 2006 über die Einrichtung, den Betrieb und die Nutzung des Schengener Informationssystems der zweiten Generation (SIS II) (http://eur-lex.europa.eu/LexUriServ/LexUriServ.do?uri=OJ:L:2006:381:0004:0023:DE:PDF, letzter Zugriff: 04.09.2009)
Europäische Kommission (2008): Mitteilung der Kommission an den Rat und das Europäische Parlament. Östliche Partnerschaft (KOM(2008) 823 endgültig) (http://eur-lex.europa.eu/LexUriServ/LexUriServ.do?uri=COM:2008:0823:FIN:DE:PDF, letzter Zugriff: 12.04.2011)
Europäische Kommission (2010): Vorschlag für eine Verordnung des Europäischen Parlaments und des Rates zur Änderung der Verordnung (EG) Nr. 2007/2004 des Rates zur Errichtung einer Europäischen Agentur für die operative Zusammenarbeit an den Außengrenzen der Mitgliedstaaten der Europäischen Union (FRONTEX) (KOM(2010) 61 endgültig)

(http://eur-lex.europa.eu/LexUriServ/LexUriServ.do?uri=COM:2010:0061:FIN:DE:PDF, letzter Zugriff: 06.04.2010)

Europäische Kommission (2011): Mitteilung der Kommission an das Europäische Parlament und den Rat. Zweiter Bericht über die Durchführung und das Funktionieren der Regelung für den kleinen Grenzverkehr nach der Verordnung (EG) Nr. 1931/2006 (KOM(2011) 47 endgültig) (http://eur-lex.europa.eu/LexUriServ/LexUriServ.do?uri=COM:2011:0047:FIN:DE:PDF, 12.04.2011)

European Commission (2000): Communication from the Commission to the Council and the European Parliament on a community immigration policy (http://www.statewatch.org/docbin/com/30.00757.pdf, letzter Zugriff: 12.01.2011)

European Commission (2006): Northern Dimension Policy Framework Document (http://www.eeas.europa.eu/north_dim/docs/frame_pol_1106_en.pdf, letzter Zugriff: 16.01.2008)

Konsolidierte Fassung des Vertrags über die Arbeitsweise der Europäischen Union (2008) (Amtsblatt C 115/47, 09.05.2008) (http://eur-lex.europa.eu/LexUriServ/LexUriServ.do?uri=OJ:C:2008:115:0047:0199:de:PDF, letzter Zugriff: 03.05.2011)

Rat der Europäischen Gemeinschaften (1989): Verordnung (EWG) Nr. 3906/89 des Rates vom 18. Dezember 1989 über Wirtschaftshilfe für die Republik Ungarn und die Volksrepublik Polen (http://eur-lex.europa.eu/LexUriServ/LexUriServ.do?uri=CELEX:31989R3906:DE:HTML, letzter Zugriff: 19.04.2011)

Rat der Europäischen Union (2000): Verordnung (EG, EURATOM) Nr. 99/2000 des Rates vom 29. Dezember 1999 über die Unterstützung der Partnerstaaten in Osteuropa und Mittelasien (http://eur-lex.europa.eu/LexUriServ/LexUriServ.do?uri=OJ:L:2000:012:0001:0009:DE:PDF, letzter Zugriff: 19.04.2011)

Rat der Europäischen Union (2004): Verordnung (EG) Nr. 2007/2004 des Rates vom 26. Oktober 2004 zur Errichtung einer Europäischen Agentur für die operative Zusammenarbeit an den Außengrenzen der Mitgliedstaaten der Europäischen Union (CELEX 32004R2007, Amtsblatt L 349, 25.11.2004) (http://eur-lex.europa.eu/LexUriServ/LexUriServ.do?uri=OJ:L:2004:349:0001:0011:DE:PDF, letzter Zu-griff: 03.05.2011)

Rat der Europäischen Union (2005): Gemeinsame Konsularische Instruktion an die diplomatischen Missionen und die konsularischen Vertretungen, die von Berufskonsularbeamten geleitet werden (2005/C 326/01) (http://eur-lex.europa.eu/LexUriServ/LexUriServ.do?uri=OJ:C:2002:313:0001:0096:DE:PDF, 25.02.2009)

Rat der Europäischen Union (2007): Richtlinie 2007/74/EG des Rates vom 20. Dezember 2007 über die Befreiung der von aus Drittländern kommenden Reisenden eingeführten Waren von der Mehrwertsteuer und den Verbrauchsteuern (CELEX 32007L0074, Amtsblatt L 346, 29.12.2007) (http://eur-lex.europa.eu/LexUriServ/LexUriServ.do?uri=OJ:L:2007:346:0006:01:DE:HTML, letzter Zugriff: 26.10.2010)

Schengen-Besitzstand, Übereinkommen zur Durchführung des Übereinkommens von Schengen vom 14. Juni 1985 zwischen den Regierungen der Staaten der Benelux-Wirtschaftsunion, der Bundesrepublik Deutschland und der Französischen Republik betreffend den schrittweisen Abbau der Kontrollen an den gemeinsamen Grenzen (Amtsblatt Nr. L 239 vom 22/09/2000) (http://eur-lex.europa.eu/LexUriServ/LexUriServ.do?uri=OJ:L:2000:239:0001:0473:DE:PDF, letzter Zu-griff: 24.02.2010)

Schengen-Handbuch, Empfehlung der Kommission vom 06/XI/2006 über einen gemeinsamen „Leitfaden für Grenzschutzbeamte (Schengen-Handbuch)", der von den zuständigen Behörden der

Mitgliedstaaten bei der Durchführung von Grenzkontrollen bei Personen heranzuziehen ist, Europäische Kommission 2006 (http://ec.europa.eu/home-affairs/doc_centre/borders/docs/C_2006_5186_F_de.pdf, letzter Zugriff: 20.09.2010)

Schengener Grenzkodex, Verordnung (EG) Nr. 562/2006 des Europäischen Parlaments und des Rates vom 15. März 2006 über einen Gemeinschaftskodex für das Überschreiten der Grenzen durch Personen (Schengener Grenzkodex) (CELEX 32006R0562, Amtsblatt L 105, 13.4.2006) (http://eur-lex.europa.eu/LexUriServ/LexUriServ.do?uri=OJ:L:2006:105:0001:0032:DE:PDF, letzter Zugriff: 22.09.2011)

Staatlicher Zolldienst Ukraine (2011): Procedures for bringing personal belongings into/out of Ukraine by individuals (http://www.customs.gov.ua/dmsu/control/en/publish/article?art_id=1093966&cat_id=109380 8, letzter Zugriff: 12.04.2011)

Tulli [Finnischer Zoll] (2010): Customs instructions for passengers. (www.tulli.fi, letzter Zugriff 16.03.2011)

Vertrag über die Europäische Union (92/C 191/01) Europäische Gemeinschaften (1992) (http://eur-lex.europa.eu/de/treaties/dat/11992M/htm/11992M.html#0001000001, letzter Zugriff: 06.10.2011)

Vertrag von Amsterdam zur Änderung des Vertrages über die Europäische Union, der Verträge zur Gründung der Europäischen Gemeinschaften sowie einiger damit zusammenhängender Rechtsakte (97/C 340/01), Europäische Gemeinschaften (1997) (http://www.europarl.europa.eu/topics/treaty/pdf/amst-de.pdf, letzter Zugriff: 06.10.2011)

Vertrag zur Gründung der Europäischen Wirtschaftsgemeinschaft (1957) (http://eur-lex.europa.eu/de/treaties/dat/11957E/tif/11957E.html, letzter Zugriff: 23.02.2011)

Visakodex, Verordnung (EG) Nr. 810/2009 des Europäischen Parlamentes und des Rates vom 13. Juli 2009 über einen Visakodex der Gemeinschaft (http://eur-lex.europa.eu/LexUriServ/LexUriServ.do?uri=OJ:L:2009:243:0001:0058:DE:PDF, letzter Zugriff: 05.01.2011)

VS Forschung | VS Research
Neu im Programm Politik

Michaela Allgeier (Hrsg.)
Solidarität, Flexibilität, Selbsthilfe
Zur Modernität der Genossenschaftsidee
2011. 138 S. Br. EUR 39,95
ISBN 978-3-531-17598-0

Susanne von Hehl
Bildung, Betreuung und Erziehung als neue Aufgabe der Politik
Steuerungsaktivitäten in drei Bundesländern
2011. 406 S. (Familie und Familienwissenschaft) Br. EUR 49,95
ISBN 978-3-531-17850-9

Isabel Kneisler
Das italienische Parteiensystem im Wandel
2011. 289 S. Br. EUR 39,95
ISBN 978-3-531-17991-9

Frank Meerkamp
Die Quorenfrage im Volksgesetzgebungsverfahren
Bedeutung und Entwicklung
2011. 596 S. (Bürgergesellschaft und Demokratie Bd. 36) Br. EUR 39,95
ISBN 978-3-531-18064-9

Martin Schröder
Die Macht moralischer Argumente
Produktionsverlagerungen zwischen wirtschaftlichen Interessen und gesellschaftlicher Verantwortung
2011. 237 S. (Bürgergesellschaft und Demokratie Bd. 35) Br. EUR 39,95
ISBN 978-3-531-18058-8

Lilian Schwalb
Kreative Governance?
Public Private Partnerships in der lokalpolitischen Steuerung
2011. 301 S. (Bürgergesellschaft und Demokratie Bd. 37) Br. EUR 39,95
ISBN 978-3-531-18151-6

Kurt Beck / Jan Ziekow (Hrsg.)
Mehr Bürgerbeteiligung wagen
Wege zur Vitalisierung der Demokratie
2011. 214 S. Br. EUR 29,95
ISBN 978-3-531-17861-5

Erhältlich im Buchhandel oder beim Verlag.
Änderungen vorbehalten. Stand: Juli 2011.

Einfach bestellen:
SpringerDE-service@springer.com
tel +49 (0)6221 / 345 – 4301
springer-vs.de

VS COLLEGE
REVIEWED RESEARCH: KURZ, BÜNDIG, AKTUELL

VS College richtet sich an hervorragende Nachwuchswissenschaftlerinnen, die außergewöhnliche Ergebnisse in Workshops oder Abschlussarbeiten erzielt haben und die ihre Resultate der Fachwelt präsentieren möchten.

Dank externer Begutachtungsverfahren fördert das Programm die Vernetzung des wissenschaftlichen Nachwuchses und sichert zugleich die Qualität.

Auf 60 - 120 Druckseiten werden aktuelle Forschungsergebnisse kurz und übersichtlich auf den Punkt gebracht und im Umfeld eines hervorragenden Lehrbuch- und Forschungsprogramms veröffentlicht.

__ Soziologie
__ Politik
__ Pädagogik
__ Medien
__ Psychologie

VS College

Druck: KN Digital Printforce GmbH · Schockenriedstraße 37 · 70565 Stuttgart